АКАДЕМИЯ НАУК СССР
ИНСТИТУТ ЭКОНОМИКИ

ВОПРОСЫ ЭКОНОМИКИ

ЕЖЕМЕСЯЧНЫЙ ЖУРНАЛ

ВЫХОДИТ С ЯНВАРЯ 1929 г.

4

АПРЕЛЬ

1981

МОСКВА. ИЗДАТЕЛЬСТВО «ПРАВДА»

СОДЕРЖАНИЕ

ЭКОНОМИКА И НАУКА

XXVI съезд Коммунистической партии Советского Союза явился важнейшим событием в жизни партии и советского народа, братских социалистических стран, всего прогрессивного человечества. В Отчетном докладе ЦК КПСС, с которым выступил на съезде Генеральный секретарь ЦК КПСС Л. И. Брежнев, дан глубокий и всесторонний научный анализ международной политики партии, экономической политики КПСС в период развитого социализма, рассмотрено социально-политическое и духовное развитие советского общества, определены очередные задачи партии в области внутренней и внешней политики, показана роль КПСС в жизни советского народа. Отчетный доклад, принятые съездом «Основные направления экономического и социального развития СССР на 1981—1985 годы и на период до 1990 года», другие материалы съезда являются документами творческого марксизма-ленинизма, вносят крупный вклад в теорию и практику научного коммунизма. Велико их значение для дальнейшего развития советской науки, в том числе экономической.

Съезд высоко оценил достижения советской науки. В его документах отмечается значительно возросший научно-технический потенциал нашей страны, крупные успехи в области фундаментальных и прикладных исследований. Советская наука существенно расширила фронт исследований и занимает ведущие позиции в важнейших областях знания. На годичном общем собрании Академии наук СССР в марте с. г. говорилось об успехах исследований физиков, завершившихся созданием новых материалов, в том числе монокристаллов с ценными свойствами. В годы десятой пятилетки появились новые лазеры технологического и медицинского назначения, волоконно-оптические системы связи, обладающие огромной пропускной способностью. Завершены работы, важные для дальнейшего совершенствования ЭВМ, станков с числовым программным управлением. Большой цикл исследований проведен в связи с решением проблемы управляемого термоядерного синтеза. Начаты работы по созданию нового промышленного магнитогидродинамического энергоблока на Рязанской ГРЭС.

В минувшем пятилетии получены принципиально новые конструкционные материалы, превосходящие по своим физико-механическим свойствам металлические сплавы. На основе достижений генетиков разработаны промышленные технологии производства кормовых добавок, аминокислот, витаминов, ферментов, медицинских препаратов. Созданы новые высокоурожайные сорта пшеницы, ржи, высокоэффективные средства борьбы с вредителями сельскохозяйственных культур.

На основе научных разработок получили дальнейшее развитие или созданы заново такие современные отрасли, как атомное машиностроение, космическая техника, электронная и микроэлектронная, микробиологическая промышленность, лазерная техника, производство искусственных алмазов, а также других новых синтетических материалов. Всего за пятилетку освоено свыше 1300 научных разработок. Это свидетельствует об активном участии советских ученых в повышении научно-технического потенциала нашей Родины.

Съезд определил главную задачу одиннадцатой пятилетки. Она состоит в обеспечении дальнейшего роста благосостояния советских людей на основе устойчивого, поступательного развития народного хозяйства, ускорения научно-технического прогресса и перевода экономики на интенсивный путь развития, более рационального использования производственного потенциала страны, всемерной экономии всех видов ресурсов и улучшения качества работы. В реализации этой задачи важную роль призвана сыграть Академия наук СССР, все ученые страны. «Партия коммунистов исходит из того, что строительство нового общества без науки просто немыслимо»,— подчеркнул в Отчетном докладе на съезде Л. И. Брежнев. Наука должна быть постоянным «возмутителем спокойствия», показывать, на каких участках наметился застой и отставание, где современный уровень знаний дает возможность двигаться вперед быстрей, успешней.

Условия, в которых народное хозяйство страны будет развиваться в 80-е годы, делают еще более настоятельным ускорение научно-технического прогресса. Развитие науки рассматривается в документах съезда как его основа основ. Съезд указал на необходимость вывести все отрасли народного хозяйства на передовые рубежи науки и техники. Эта установка является конкретизацией исторической задачи органического соединения достижений научно-технической революции с преимуществами социализма. В Отчетном докладе ЦК КПСС XXVI съезду партии подчеркивается, что страна крайне нуждается в том, чтобы усилия «большой науки» наряду с разработкой теоретических проблем в большей мере были сосредоточены на решении ключевых народнохозяйственных вопросов, на открытиях, способных внести подлинно революционные изменения в производство. Научно-исследовательские и проектно-конструкторские работы следует теснее сомкнуть — экономически и организационно — с производством. В решении этой задачи большую помощь могут оказать ученые-экономисты. Они призваны дать обоснованные рекомендации об улучшении планирования и материального стимулирования внедрения научно-технических новшеств с тем, чтобы устранить все, что делает процесс внедрения нового трудным, медленным, болезненным. Производство должно быть жизненно заинтересовано быстрей и лучше осваивать плоды мысли, плоды труда ученых и конструкторов. В свою очередь, от науки во многом зависит выполнение поставленной Основными направлениями задачи: создавать и внедрять в производство принципиально новые технику и материалы, прогрессивную технологию, обеспечить рост выпуска машин и агрегатов большой единичной мощности и производительности, высокоэкономичного оборудования, законченных систем машин для комплексной механизации и автоматизации производства.

XXVI съезд партии определил, что развитие науки и техники должно быть в большей мере подчинено решению экономических и социальных задач советского общества, служить ускорению перевода экономики на путь интенсификации, повышению эффективности общественного производства. Исходя из этого «Основные направления экономического и социального развития СССР на 1981—1985 годы и на период до 1990 года» ставят задачи разработки и реализации комплексной программы научно-технического прогресса, целевых программ по решению важнейших научно-технических проблем, углубления взаимных связей науки и производства, существенного сокращения сроков создания и освоения новой техники, усиления взаимодействия общественных, естественных и технических наук, повышения эффективности использования научного потенциала высших учебных заведений для решения народнохозяйственных задач. Намечена большая программа фундаментальных и прикладных исследований в области общественных, естественных и технических наук.

Широкое поле деятельности для советских ученых открывается в связи с поставленной в докладе Л. И. Брежнева проблемой завершения перехода на преимущественно интенсивный путь развития народного хозяйства. «Интенсификация экономики, повышение ее эффективности,— подчеркнул Л. И. Брежнев,— если переложить эту формулу на язык практических дел, состоит прежде всего в том, чтобы результаты производства росли быстрее, чем затраты на него, чтобы, вовлекая в производство сравнительно меньше ресурсов, можно было добиться большего. Решению этой задачи должны быть подчинены планирование, научно-техническая и структурная политика. На эффективность должны работать и методы хозяйствования, политика в области управления».

Необходимость интенсификации экономики и повышения ее эффективности определяет потребность в дальнейших исследованиях в области общественных, естественных и технических наук, причем должны быть учтены актуальные задачи и специфические проблемы, стоящие перед каждой отраслью. Так, в области развития топливно-энергетического комплекса, как отмечалось на съезде, стоит задача улучшить структуру его баланса. Речь идет о снижении доли нефти как топлива и замене ее газом и углем, о быстром развитии атомной энергетики, в том числе реакторов на быстрых нейтронах, о продолжении поиска новых, принципиально новых источников энергии, включая создание основ термоядерной энергетики. Необходимо более умелое и полное использование металла, сокращение его потерь и отходов в металлургии и металлообработке, потерь от коррозии. Большой эффект дало бы в масштабах страны снижение веса станков и оборудования, повышение качества металла и металлоизделий, расширение производства заменителей металла. «Здесь,— как сказал на съезде Л. И. Брежнев,— есть где развернуться нашим ученым, конструкторам, рационализаторам».

Важные задачи встают перед учеными в связи с разработкой долговременной комплексной программы развития транспорта. Снижение транспортных издержек предполагает более рациональное размещение производительных сил, разработку оптимальных схем грузопотоков, исключающих встречные перевозки.

Существенный вклад могут внести ученые в решение задачи более полного и эффективного использования имеющегося производственного потенциала, значительного увеличения выпуска конечной продукции из наличных ресурсов руд, леса, строительных материалов и др. Огромные резервы заложены в росте извлекаемости нефти из недр, совершенствовании двигателей, в переводе автотранспорта на дизельное и газовое топливо. Эффективность добывающей промышленности может возрасти за счет ускорения научно-технического прогресса, глубокой переработки полезных ископаемых, более широкого использования вторичных ресурсов.

Эффективность производства связана с лучшим использованием производственных мощностей — машин, оборудования, транспортных средств. Поэтому важное значение приобретают рекомендации ученых о путях сокращения простоев, повышения коэффициента сменности, создание технологических схем, сберегающих энергию и материалы.

Решения многих задач экономического, технического, социального, воспитательного характера требует бережное, экономное отношение к трудовым ресурсам. «Советское общество — это общество людей труда»,— подчеркнуто в Отчетном докладе ЦК КПСС XXVI съезду партии. В нашей стране прилагается много усилий, чтобы сделать труд человека не только более производительным, но и содержательным, интересным, творческим. И здесь важную роль призвана сыграть ликвидация ручного, малоквалифицированного и тяжелого физического труда. В решении этой не только экономической, но и социальной проблемы большую помощь могут оказать научные рекомендации в области организации труда, разработки новой техники, обеспечивающей улучшение условий труда и повышение его производительности, комплексную механизацию и автоматизацию производства.

Велика роль ученых в решении главной задачи одиннадцатой пятилетки — обеспечении дальнейшего роста благосостояния советских людей. Они принимают активное участие в разработке продовольственной программы, которая должна обеспечить существенное увеличение производства сельскохозяйственной продукции, теснее сомкнуть сельское хозяйство с отраслями, занимающимися хранением и переработкой его продукции, а также с торговлей. Основой этой программы является подъем сельского хозяйства, прежде всего производства мяса и других продуктов животноводства. В связи с этим XXVI съездом партии предусмотрено повышение в валовом сборе зерновых доли фуражных культур. «Настало время,— подчеркнул Л. И. Брежнев на съезде,— активно взяться за обеспечение планомерного перехода — с учетом природно-экономических условий — на более рациональную структуру зернового клина. Решающее слово в этом деле за наукой и специалистами».

Перед сельским хозяйством в целом, как и перед другими отраслями народного хозяйства, XXVI съезд партии поставил задачу повышения эффективности и качества. Это означает, что центр тяжести переносится на отдачу от капиталовложений, рост продуктивности сельского хозяйства, на углубление и совершенствование его связей со всеми отраслями агропромышленного комплекса. На съезде речь шла о том, чтобы решительно повысить эффективность использования земель, особенно мелиорированных, машин, удобрений, кормов, увеличить урожайность всех культур. Это требует большего внимания к повышению квалификации кадров, рекомендациям науки, изучению и использованию мирового и отечественного опыта. Усилия ученых должны быть направлены на всемерное повышение плодородия почв и урожайности, улучшение семеноводства. Надо создавать и быстрее продвигать на поля новые высокопродуктивные сорта зерновых культур, хлопка, сахарной свеклы, подсолнечника, совершенствовать селекционную работу по улучшению племенных и продуктивных качеств животных. Необходимы также дальнейший рост технического оснащения сельского хозяйства, повышение производительности, долговечности и надежности поставляемых селу машин и оборудования, улучшение качества средств химической защиты растений и удобрений, совершенствование сельского строительства.

* * *

Основополагающее значение в решении грандиозных задач построения коммунистического общества в нашей стране принадлежит разработке и претворению в жизнь экономической политики партии. Для партии и Советского государства экономика, как указывал В. И. Ленин, это главная политика. От успехов экономической политики в решающей степени зависит поступательное движение советского общества к коммунизму и упрочение международных позиций нашей державы.

При определении экономической политики партия исходит из учета объективных потребностей развития экономики, опирается на марксистско-ленинскую экономическую теорию. Политическая экономия социализма раскрывает объективные экономические закономерности развития социалистического общества, служит научной основой разработки экономической политики партии. Крупнейшим вкладом в марксистско-ленинскую теорию является разработка КПСС совместно с другими братскими партиями концепции развитого социалистического общества. Опираясь на эту концепцию, партия уточнила и конкретизировала пути и сроки реализации программных целей, наметила стратегию и тактику на длительный исторический период. Вместе с тем стоит задача осмысления и обобщения новых явлений жизни, дальнейшего творческого развития марксистско-ленинской теории. Это определяет возрастание требований к общественным наукам, в том числе к политической экономии социализма, в которой, как отметил на XXVI съезде КПСС Л. И. Брежнев, накопилось немало проблем, ждущих своего решения.

«Основными направлениями экономического и социального развития СССР на 1981—1985 годы и на период до 1990 года» в качестве одного из направлений сосредоточения усилий в области общественных наук предусмотрено исследование теоретических вопросов развитого социализма, создания материально-технической базы коммунизма и совершенствования производственных отношений, повышения эффективности общественного производства; социально-экономических проблем научно-технического прогресса и труда, проблем совершенствования управления народным хозяйством, экономики отраслей и районов, аграрной теории, демографии.

Плодотворное исследование названных, а также других теоретических проблем возможно только на основе обобщения громадного опыта хозяйственного строительства, накопленного нашей страной, при условии самой тесной связи общественной науки с жизнью, с практикой. Именно обобщение практики хозяйственного строительства позволяет разрабатывать предложения по дальнейшему совершенствованию планирования экономики и управления ею, по повышению уровня руководства народным хозяйством. Эти предложения получили отражение в принятом в 1979 г. ЦК КПСС и Советом Министров СССР постановлении «Об улучшении планирования и усилении воздействия хозяйственного механизма на повышение эффективности производства и качества работы».

В постановлении предусмотрен широкий комплекс мер по повышению эффективности и качества, в том числе и ускорение реализации научно-технических открытий и разработок в целях ускорения темпов роста производительности общественного труда и качества продукции, рациональное использование производственных фондов, материальных, трудовых и финансовых ресурсов, усиление режима экономии и устранение потерь в народном хозяйстве, правильное определение приоритетов в развитии отраслей и экономических районов для обеспечения прогрессивных изменений в народнохозяйственных пропорциях, повышения эффективности капитальных вложений и всего общественного производства. Проведение этих мер в жизнь обусловливает необходимость поднять на качественно новый уровень содержание планирования на основе усиления роли перспективных планов, широкого применения программно-целевого метода, внедрения системы научно обоснованных технико-экономических норм и нормативов. В связи с этим важно совершенствовать методологию планирования. Планы должны опираться на достижения науки, на экономические и инженерные расчеты.

Уже проведена большая работа по подготовке методических указаний, положений и инструкций, в которых принципиальные установки партии и правительства по совершенствованию планирования и хозяйственного механизма конкретизированы применительно к деятельности соответствующих органов управления. Надо последовательно проводить их в жизнь. В то же время нужно идти дальше, решать накопившиеся проблемы. «Задачи, которые выдвигает жизнь, — сказал в Отчетном докладе XXVI съезду КПСС Л. И. Брежнев, — требуют развития теории, экономической науки, ее приближения к нуждам хозяйственной практики». Именно экономической науке отводится важная роль в изыскании путей роста социалистического производства и совершенствования системы планового управления народным хозяйством. Необходимы дальнейшие исследования, направленные на повышение научного уровня планирования, научно обоснованные рекомендации по улучшению функционирования объединений и крупных специализированных комплексов на основе обобщения большого и многообразного накопленного ими опыта, по созданию системы управления группами однородных и взаимосвязанных отраслей.

В дальнейшем развитии советской науки следует изжить недостатки, отмеченные на XXVI съезде партии, ускорить практическую реализацию результатов научных исследований и разработок, повысить эффективность работы научных учреждений и их подразделений, преодолеть склонность к теоретизированию в области общественных наук, расширить исследования проблем политической экономии социализма, вопросов политической жизни общества, социальных последствий научно-технической революции. Съезд подчеркнул необходимость повышения роли и ответственности Академии наук СССР, улучшения организации всей системы исследований. В связи с этим укрепляется материально-техническая база научно-исследовательских, проектно-изыскательских, конструкторских организаций и высших учебных заведений. Долг Академии наук СССР, Государственного комитета СССР по науке и технике, всех министерств и ведомств, сказал в докладе XXVI съезду партии Н. А. Тихонов, рационально использовать выделяемые на науку средства, сконцентрировать их на приоритетных направлениях, совершенствовать координацию деятельности научных учреждений, добиваться более быстрого внедрения результатов научных исследований. Следует расширить разработку и реализацию комплексных программ. Такой подход даст возможность объединить усилия ученых, производственников, работников плановых органов и министерств на решении важнейших научно-технических проблем. В нынешней пятилетке будет разрабатываться 160 крупных научно-технических программ. В большинстве их примет участие Академия наук. Дальнейшее развитие получит такая действенная форма соединения науки с производством, как научно-производственные объединения. Каждое из них должно стать крупным центром создания и выпуска новой высококачественной продукции, совершенствования технологии и организации производства.

Задачи, поставленные перед советской наукой XXVI съездом партии, сложны и многообразны, но есть полная уверенность в том, что наши ученые приложат все свои творческие усилия для их решения и внесут весомый вклад в великое дело построения в нашей стране коммунистического общества.

16 марта 1981 г. состоялось Общее годичное собрание Отделения экономики АН СССР. С докладом выступил академик-секретарь Отделения акад. Н. Федоренко. Собрание приняло «Основные направления работы Отделения экономики АН СССР по развитию экономической науки в свете решений XXVI съезда КПСС». Ниже публикуются «Основные направления» и изложение доклада акад. Н. Федоренко.

ОСНОВНЫЕ НАПРАВЛЕНИЯ РАБОТЫ ОТДЕЛЕНИЯ ЭКОНОМИКИ АН СССР ПО РАЗВИТИЮ ЭКОНОМИЧЕСКОЙ НАУКИ В СВЕТЕ РЕШЕНИЙ XXVI СЪЕЗДА КПСС

Выполняя решения XXV съезда КПСС, научно-исследовательские учреждения внесли значительный вклад в разработку экономических вопросов концепции развитого социализма, уточнение критериев и путей создания материально-технической базы коммунизма в соответствии с современным уровнем развития науки и техники. Важное значение имеют работы по социально-экономическому разделу комплексной программы научно-технического прогресса, разработке методологических аспектов программ развития и размещения производительных сил, теоретическим вопросам оценки эффективности производства и методам стимулирования качества продукции. Многие разработки научных учреждений внедрены в практику, получили широкое отражение в мероприятиях по совершенствованию хозяйственного механизма.

Созданы работы, анализирующие опыт развития мировой социалистической системы, раскрывающие закономерности мирового революционного процесса. Проведены серьезные исследования современного этапа общего кризиса капитализма, развития государственно-монополистического капитализма, структурных и технических сдвигов в капиталистической экономике. Углубилось изучение современных международных отношений, проблем освободившихся стран, путей повышения эффективности внешнеэкономических связей СССР.

Вместе с тем состояние исследований по ряду разделов экономической науки еще не соответствует требованиям практики коммунистического строительства. В работе некоторых институтов и их подразделений не изжито еще схоластическое теоретизирование, тормозящее движение науки вперед. На XXVI съезде КПСС отмечено, что немало проблем, ждущих своего решения, накопилось в политической экономии социализма. «Задачи, которые выдвигает жизнь,— подчеркнул Генеральный секретарь ЦК КПСС товарищ Л. И. Брежнев, — требуют развития теории, экономической науки, ее приближения к нуждам хозяйственной практики».

В свете решений XXVI съезда КПСС развитие экономических исследований должно быть в еще большей мере подчинено выполнению задач обеспечения устойчивого, поступательного развития народного хозяйства, ускорения научно-технического прогресса и повышения эффективности производства, перевода его в основном на интенсивный путь развития. Это требует опережающего развития фундаментальных и повышения результативности прикладных исследований.

В соответствии с положениями и задачами, выдвинутыми Генеральным секретарем ЦК КПСС товарищем Л. И. Брежневым в Отчетном докладе ЦК КПСС XXVI съезду партии, «Основными направлениями экономического и социального развития СССР на 1981—1985 годы и на период до 1990 года» и другими материалами XXVI съезда КПСС, необходимо сосредоточить развитие экономической науки в первую очередь на разработке следующих комплексных программ: «Экономические проблемы развитого социализма и закономерности его перерастания в коммунизм»; «Разработка теории и методов планирования и управления социалистической экономикой»; «Программа исследований по проблемам демографии»; «Региональная экономика и размещение производительных сил СССР»; «Закономерности развития мирового социалистического хозяйства, проблемы социалистической экономической интеграции и развития долгосрочных экономических связей СССР с социалистическими странами»; «Закономерности и тенденции развития экономики капиталистических и развивающихся стран и мирового капиталистического хозяйства, проблемы внешнеэкономических связей Советского Союза с этими странами». В свете решений XXVI съезда партии организовать разработку новой программы «Теоретические проблемы эффективности и интенсификации производства».

В соответствии с этим сконцентрировать усилия научных учреждений на исследовании следующих основных проблем.

1. В области экономики развитого социализма и закономерностей ее перерастания в коммунистическую

Методологические проблемы политической экономии социализма: формы использования принципов материалистической диалектики в научных исследованиях; механизм действия и механизм использования экономических законов в хозяйственной практике; вопросы взаимодействия производительных сил и социалистических производственных отношений; взаимоотношения политической экономии с другими экономическими науками, обеспечение путей комплексного характера исследований; связь анализа производственных отношений, экономических законов и категорий с потребностями практики; движущие противоречия общественного производства, специфика и единство интересов в развитом социалистическом обществе; разработка путей и форм усиления идеологической роли политической экономии социализма.

Экономические проблемы зрелого социализма, его преимущества и возросшие возможности, пути их реализации в практике коммунистического строительства, общие закономерности и особенности построения развитого социализма в странах социалистического содружества. Структура материально-технической базы развитого социализма с учетом новейших достижений научно-технического прогресса и пути ее перерастания в материально-техническую базу коммунизма. Социально-экономические проблемы научно-технической революции, изменения в содержании и характере труда, стирание социально-экономических различий в труде. Экономические вопросы демографии в СССР и отдельных экономических регионах; разработка рекомендаций по осуществлению эффективной демографической политики.

Проблемы расширенного социалистического воспроизводства. Подготовка рекомендаций по оптимизации соотношения темпов роста I и II подразделений, фондов накопления и потребления в долгосрочной перспективе. Проблемы обобществления социалистического производства, совершенствования производственных отношений: отношения собственности, пути развития ее государственной и кооперативно-колхозной форм, преодоления существенных различий между умственным и физическим трудом.

Теоретические вопросы системы потребностей в развитом социалистическом обществе, их количественного выражения и соизмерения методом использования категории общественной полезности. Выработка рекомендаций по совершенствованию распределительных отношений как с учетом повышения эффективности и интенсификации производства, так и социальных задач.

Экономические основы социалистического образа жизни, вопросы всестороннего и гармонического развития человека, дальнейшего повышения творческой активности трудящихся, материального и морального стимулирования, формирования коммунистического отношения к труду, развития социалистического соревнования.

Подготовка трудов «Экономический строй социализма», по истории политической экономии социализма, новых изданий учебников политической экономии.

2. В области планового управления народным хозяйством как единым комплексом

Проблемы оптимального планирования социалистической экономики, разработка теоретических вопросов и методических рекомендаций по увязке различных планов в единую систему, согласованию отраслевого и территориального, натурально-вещественного и стоимостного аспектов экономического и социального планирования.

Обобщение опыта реализации разработанных ЦК КПСС и Советским правительством мероприятий по совершенствованию хозяйственного механизма и усилению его воздействия на повышение эффективности производства и качества работы, разработка рекомендаций по усилению ориентации всего хозяйственного механизма на конечные народнохозяйственные результаты. Обоснование практических предложений по рациональному сочетанию централизованного планирования с развитием демократических начал в управлении экономикой. Экономические проблемы комплексного управления научно-техническим прогрессом. Теоретические вопросы планового ценообразования.

Завершение разработки комплекса методик долгосрочного и среднесрочного прогнозирования как инструмента формирования долгосрочной концепции развития народного хозяйства и комплексной программы научно-технического прогресса. Составление долгосрочной концепции сбалансированности натурально-вещественных и денежно-финансовых потоков в народном хозяйстве; социально-экономических разделов комплексной программы научно-технического прогресса. Разработка комплекса экономико-математических моделей перспективного и текущего планирования развития народного хозяйства и рекомендаций по их включению в автоматизированную систему плановых расчетов.

Методология обоснования комплексных целевых программ, их увязки с государственными планами экономического и социального развития, методы построения и реализации программ по решению социально-экономических и научно-технических проблем. Подготовка научных материалов для важнейших государственных целевых комплексных программ.

Теоретические вопросы усиления взаимосвязи различных рычагов хозяйственного механизма, обоснование рекомендаций по совершенствованию хозяйственного расчета, ценообразования, финансово-кредитной системы, платы за использование ресурсов производства, механизма борьбы с нарушениями плановой, договорной дисциплины.

Теоретические вопросы размещения производительных сил, создания методов оптимизации развития и размещения производства, разработки крупномасштабных программ «Сибирь», «Урал», «Дальний Восток», программ развития Нечерноземья и хозяйственной зоны освоения БАМ, концепции Генеральной схемы развития и размещения производительных сил страны.

Совершенствование организационной структуры управления единым народнохозяйственным комплексом, вопросы построения систем управления группами однородных отраслей и крупными территориально-производственными комплексами, создания методов совершенствования отраслевого планирования и управления производством. Проблемы народнохозяйственного агропромышленного комплекса, разработка методических основ продовольственной программы. Механизм формирования и использования резервов, управления производственными запасами в едином народнохозяйственном комплексе.

Экономика районов, методы прогнозирования и планирования их развития, вопросы социально-экономических аспектов рационализации системы расселения, планирования и управления развитием крупных городов как центров региональных народнохозяйственных комплексов. Выработка предложений по экономическим аспектам управления природопользованием и охраной окружающей среды.

Обобщение опыта работы производственных объединений, совершенствования хозяйственного механизма их функционирования. Вопросы углубления кооперации, специализации и оптимизации масштабов производства, планирования и управления производственно-хозяйственной деятельностью объединений, совершенствования внутрихозяйственного расчета.

Формирование информационно-технической базы управления единым народнохозяйственным комплексом. Анализ опыта развития сети автоматизированных систем управления различными звеньями общественного производства, путей повышения их эффективности и увязки в единую общегосударственную систему сбора и обработки информации.

Организация социалистического соревнования, формы и методы его связи с практикой хозяйственного управления, повышения его эффективности.

Методологические проблемы статистики, совершенствование системы статистических показателей и методов анализа в связи с потребностями развития хозяйственного механизма, усилением режима экономии и бережливости во всех звеньях народного хозяйства.

Подготовка серии монографий по вопросам системы оптимального планирования и управления общественным производством на базе использования экономико-математических методов и электронной вычислительной техники, по проблемам труда, управления социалистической экономикой как единым народнохозяйственным комплексом.

3. В области повышения эффективности производства

Теоретические основы, критерии и система показателей социально-экономической эффективности общественного производства и его отдельных звеньев. Проблема перевода экономики на путь интенсивного развития. Разработка рекомендаций по интенсификации использования производственного потенциала, научно-технического прогресса, капитальных вложений и природных ресурсов, а также по улучшению использования трудовых ресурсов, повышению качества продукции и работы, борьбе с потерями сырья, материалов и готовой продукции, эффективности внешней торговли.

Поиск наиболее эффективных способов преодоления причин, усложняющих экономическое развитие страны в 80-е годы: сокращения прироста трудовых ресурсов, увеличения затрат в связи с освоением Востока и Севера, роста расходов на охрану окружающей среды, необходимости коренной перестройки ряда старых предприятий, развития сети дорог, улучшения работы транспорта и связи. В частности, подготовка рекомендаций по оптимизации топливно-энергетического баланса, повышению эффективности добывающей промышленности, наиболее эффективным формам сотрудничества братских социалистических стран в решении энергетических проблем.

Пути повышения эффективности использования научно-технического потенциала СССР, предложения по органическому сочетанию работ научно-исследовательских и проектных организаций с производством.

Подготовка Комплексной методики измерения эффективности хозяйственных мероприятий, призванной стать единой методологической и методической основой для оценки эффективности капитальных вложений и научно-технического прогресса, организационных, экономических и иных хозяйственных решений.

4. В исследовании мировой экономики

Экономические и политические аспекты перехода от капитализма к социализму в современных условиях.

Мировая социалистическая система хозяйства. Особенности действия экономических законов в мировой социалистической системе хозяйства, актуальные проблемы социально-экономического и политического развития социалистических стран; обобщение опыта братских стран в решении задач совершенствования хозяйственного механизма, интенсификации производства и других областях социалистического строительства.

Совершенствование международного механизма социалистической экономической интеграции, планирования и использования товарно-денежных отношений, институциональных инструментов, а также внутренней системы управления интеграционным процессом.

Подготовка рекомендаций по развитию социалистической экономической интеграции в современных условиях, в том числе по международной концентрации социалистического производства, выработке согласованных путей научно-технического развития, совершенствованию сотрудничества на уровне предприятий и объединений, сотрудничеству и интеграции стран с разными уровнями промышленного развития.

Изучение взаимодействия экономики, политики, идеологии социалистических стран на современном этапе, совершенствование политической организации общества. Роль социалистической системы во всемирном хозяйстве, отношения социалистических стран с развивающимися и промышленно развитыми капиталистическими странами.

Подготовка монографии «Мировое социалистическое хозяйство (вопросы политической экономии)» и серии работ «Экономика и политика зарубежных стран социализма».

Освободившиеся страны. Комплексное изучение экономических и социально-политических проблем освободившихся стран Азии, Африки и Латинской Америки, их возросшей роли в мировой экономике и политике, закономерностей и предпосылок их развития, прежде всего по пути социалистической ориентации.

Экономические и политические аспекты отношений стран социалистического содружества с освободившимися странами, перестройки международных экономических отношений на справедливых, равноправных началах. Подготовка рекомендаций по расширению взаимовыгодного сотрудничества СССР с освободившимися странами.

Современный капитализм и проблемы мирового революционного процесса. Новые явления в мире капитализма, современного империализма, его противоречия и тенденции развития в условиях борьбы двух систем; особенности углубления общего кризиса капитализма на современном этапе. Проблемы, связанные с научно-технической революцией и структурными сдвигами в капиталистической экономике.

Социально-экономические последствия возрастания роли военно-промышленного комплекса во внутренней и внешней политике империалистических государств. Влияние транснациональных корпораций на обострение противоречий в экономике и политике империалистических стран. Особенности новых форм монополизации экономики и противоречий государственно-монополистического регулирования.

Особенности воспроизводства капитала и цикла на современном этапе. Воздействие научно-технического прогресса на эффективность производства в главных капиталистических странах. Социальные и политические последствия долговременного роста безработицы и инфляции. Проблемы классовой и антимонополистической борьбы в странах капитала, тенденции мирового революционного процесса.

Межимпериалистические противоречия; усиление борьбы за рынки, источники сырья, энергии между главными империалистическими державами. Проблемы всемирного хозяйства, международных экономических отношений на современном этапе. Основные тенденции развития международных отношений в связи с политикой социалистических стран, направленной на мирное сосуществование и взаимовыгодное сотрудничество с капиталистическими государствами. Прогнозирование развития производства, науки и техники, внутренних социальных процессов в капиталистическом мире и возможных изменений в международной обстановке.

Изучение глобальных проблем человечества — предотвращения термоядерной войны, энергетической, сырьевой, продовольственной, демографической, экологической, освоения космоса и океана, преодоления отсталости развивающихся стран.

Подготовка серии монографий «Глобальные проблемы современности и мировое развитие», монографий «Современная внешняя политика США», «Социалистическая ориентация и революционный процесс в Африке», энциклопедического справочника «Латинская Америка» и других крупных коллективных трудов.

5. В области критики антимарксистских концепций

Проблемы повышения роли идеологической борьбы в соревновании двух общественных систем в связи с обострением противоречий капитализма на современном этапе.

Методологические вопросы критики антимарксистских концепций, приемов идеологической защиты капитализма, эклектизма, клеветы на социализм, разоблачение классово-апологетического содержания этих теорий. Критика буржуазных, ревизионистских и реформистских концепций экономического развития, современных фальсификаций марксистско-ленинского экономического учения.

Критика буржуазных и ревизионистских концепций теории и практики реального социализма, раскрытие эволюции их взглядов на развитие социализма, сущности антисоветизма как идеологического направления империализма, его истоков. Разоблачение буржуазных экономических теорий развития капитализма, империалистических концепций, искажающих смысл освободительной борьбы народных масс, опасных для дела мира империалистических милитаристских доктрин. Разоблачение реакционной сущности маоистских концепций в области экономической теории, их исторических и социальных истоков.

6. В области организации экономических исследований и подготовки научных кадров

Институтам Отделения экономики АН СССР и академий наук союзных республик внести необходимые изменения в планы научно-исследовательских работ на 1981—1985 гг. в соответствии с положениями и задачами, выдвинутыми Генеральным секретарем ЦК КПСС товарищем Л. И. Брежневым в Отчетном докладе ЦК КПСС XXVI съезду партии, решениями XXVI съезда КПСС, сконцентрировать силы на проведении фундаментальных и прикладных исследований для обеспечения решения важнейших экономических и социальных задач советского общества.

Повысить роль и ответственность Отделения экономики АН СССР, научных советов по комплексным проблемам, институтов АН СССР, академий союзных республик в координации экономических исследований, укреплении связи с планово-хозяйственными органами, министерствами, производственными объединениями и предприятиями.

Бюро Отделения экономики АН СССР систематически рассматривать деятельность и оказывать помощь периферийным научным учреждениям, практиковать выездные сессии в союзных республиках и важнейших регионах РСФСР для укрепления связей с местными научными силами и привлечения их к решению общих проблем экономической науки. Улучшить планирование научно-исследовательских работ, шире использовать методы программно-целевого планирования, повысить ответственность руководителей научных учреждений и всех исполнителей за выполнение планов исследований и качество научных трудов и рекомендаций по вопросам развития социалистической экономики и совершенствования хозяйственного механизма. Своевременно определять и изменять направленность исследований и разработок, организационную структуру научных учреждений, закрывать бесплодные отделы и лаборатории.

Расширить практику совместных исследований институтов Академии наук СССР и академий наук союзных республик с научными учреждениями отраслей народного хозяйства. Больше использовать потенциал вузовской науки, усилить координацию исследований по методическим вопросам преподавания политической экономии. Развивать творческое сотрудничество экономистов с представителями других общественных и естественно-технических наук.

Поднять роль научных советов Отделения экономики и журналов институтов АН СССР в обсуждении актуальных дискуссионных вопросов экономической теории и подготовке рекомендаций по решению задач хозяйственного строительства.

Обеспечить расширение и улучшение подготовки, переподготовки и аттестации специалистов, особенно политэкономов и специалистов высшей квалификации, расширить подготовку кадров ученых-экономистов для Сибири, Дальнего Востока, Европейского Севера, а также для союзных республик. Повысить требования к теоретическому уровню и практической значимости диссертаций.

Активизировать работу ученых-экономистов по пропаганде экономических знаний, выпуску научно-популярной литературы, развитию экономического мышления среди хозяйственных кадров и широких масс трудящихся, воспитанию чувства бережливости и экономии. Усилить пропаганду достижений советской экономики, обеспечить более тесное сотрудничество с издательством «Наука», другими центральными, республиканскими и местными издательствами по выпуску научной и научно-популярной литературы, отбору иностранной экономической литературы для перевода на языки народов СССР, отбору советской литературы для публикации на иностранных языках.

Расширить сотрудничество институтов Отделения экономики АН СССР и союзных республик с научными учреждениями братских социалистических стран в исследовании фундаментальных проблем и подготовке коллективных трудов; повысить активность советских ученых-экономистов в работе международных теоретических конференций, симпозиумов, укреплять связи с прогрессивными учеными капиталистических и развивающихся стран.

Акад. Н. Федоренко

ЗАДАЧИ ЭКОНОМИЧЕСКОЙ НАУКИ В СВЕТЕ РЕШЕНИЙ XXVI СЪЕЗДА КПСС*

XXVI съезд КПСС определил путь нашего народа на ближайшее пятилетие и на более длительные сроки, поставил новые ответственные задачи перед учеными-экономистами, как и всем советским народом, подвел итоги за прошедший период.

Деятельность научных учреждений Отделения экономики в десятой пятилетке была направлена на выполнение решений XXV съезда партии. Ученые Отделения экономики приняли непосредственное участие в подготовке решений партии и правительства о совершенствовании хозяйственного механизма и усилении его воздействия на эффективность производства и качество работы. Продолжалась работа по всем шести комплексным программам фундаментальных исследований: «Экономические проблемы развитого социализма и закономерности его перерастания в коммунизм»; «Разработка теории и методов планирования и управления социалистической экономикой»; «Программа исследований по демографии»; «Региональная экономика и размещение производительных сил СССР»; «Закономерности развития мирового социалистического хозяйства, проблемы социалистической экономической интеграции и развития долгосрочных экономических связей СССР с социалистическими странами»; «Закономерности и тенденции развития экономики капиталистических и развивающихся стран и мирового капиталистического хозяйства; проблемы внешнеэкономических связей Советского Союза с этими странами».

В ходе подготовки к XXVI съезду КПСС научными учреждениями Отделения были представлены в директивные органы материалы по актуальным проблемам развития советской и зарубежной экономики. В этих материалах рассмотрены такие крупные, имеющие важное народнохозяйственное значение проблемы, как особенности современного этапа развитого социализма; концепция долгосрочного социально-экономического развития СССР; пути совершенствования хозяйственного механизма и повышения эффективности производства; актуальные проблемы дальнейшего совершенствования планового управления социалистической экономикой; направления более эффективного использования инвестиционного комплекса, трудовых и природных ресурсов. Крупные разработки были представлены по проблемам научно-технического прогресса, структурно-организационным проблемам машиностроения, формирования высокоэффективного агропромышленного комплекса страны, а также по вопросам повышения народного благосостояния и развития социалистического образа жизни в перспективном периоде. Экономистами-международниками были подготовлены разработки по мировой экономике, обоснованию внешнеэкономической стратегии нашего государства. Коллективы институтов Отделения приняли активное участие в развернувшемся перед съездом всенародном обсуждении

* Изложение доклада на Общем собрании Отделения экономики АН СССР 16 марта 1981 г.

проекта Основных направлений экономического и социального развития СССР на 1981—1985 гг. и на период до 1990 г. Ряд дополнительно внесенных ими предложений нашел отражение в окончательной редакции этого документа.

Ученые Отделения участвовали в подготовке предложений к общегосударственной продовольственной программе, которой партия придает особое значение. «...Ее цель,— подчеркнул Л. И. Брежнев на XXVI съезде КПСС,— в возможно более сжатые сроки решить задачу бесперебойного снабжения населения продуктами».

В ИЭ АН СССР завершена первая редакция макета труда «Экономический строй социализма» (в трех томах). В нем обширный спектр проблем экономики развитого социализма рассмотрен по трем направлениям: создание материально-технической базы коммунизма, перерастание социалистических производственных отношений в коммунистические; проблемы социалистического воспроизводства; методологические и теоретические проблемы использования экономических законов социализма в хозяйственной практике развитого социалистического общества. Учеными ЦЭМИ совместно с другими организациями АН СССР, министерств и ведомств подготовлены Методические указания о порядке разработки и уточнения Комплексной программы научно-технического прогресса СССР на 20 лет, Основные методические положения по разработке целевых комплексных народнохозяйственных программ, Методика разработки прогноза социально-экономических последствий воздействия хозяйственной деятельности на окружающую среду, ряд материалов по многоступенчатой системе оптимизации перспективных планов развития народного хозяйства; разработан Комплексный прогноз развития народного хозяйства СССР на 1990—2000 гг. Коллективом Института социально-экономических проблем АН СССР подготовлены основные направления дальнейшего совершенствования планирования развития крупных городов.

Учеными-экономистами СО АН СССР определены основные направления экономического и социального развития Сибири, разработаны предложения по выполнению региональных программ и намечены первоочередные задачи развития хозяйства регионов Сибири, в том числе система мероприятий по целевой комплексной программе хозяйственного освоения зоны БАМ. Экономисты Института экономических исследований ДВНЦ АН СССР проделали большую работу по составлению сводного межотраслевого баланса Дальнего Востока с экспериментальным разделением потоков районной и ввозимой продукции. Экономисты Уральского научного центра АН СССР составили схему построения системы моделей прогнозирования и перспективного планирования социально-экономического развития региона с высокой концентрацией тяжелой промышленности. Ученые-экономисты Кольского и Карельского филиалов АН СССР разработали экономические основы развития производительных сил Европейского Севера на долгосрочную перспективу. Закончен цикл исследований по разработке научно-методологических основ и практическому использованию методов оптимизации развития и размещения отраслей производства с применением экономико-математических моделей (ЦЭМИ АН СССР, ИЭ и ОПП СО АН СССР и др.), результаты которых находят все более широкое применение в народном хозяйстве. Большой вклад в развитие экономической науки за прошедшее пятилетие внесли ученые экономических институтов союзных республик.

Основные исследования Института экономики мировой социалистической системы АН СССР в истекшем пятилетии были направлены на выявление качественно новых факторов, определяющих развитие мирового социализма, и его влияние на мировой революционный процесс,

В ряде научных докладов дан анализ развития и совершенствования всех основных сторон общественной жизни, а также изменений в хозяйственных механизмах европейских социалистических стран, хода выполнения комплексной программы социалистической экономической интеграции и перспектив развития экономического сотрудничества стран СЭВ на последующее двадцатилетие. Важные результаты получены по изучению проблем Дальнего Востока, комплексной разработке внутренних и внешних проблем современного Китая в соответствии с задачей бескомпромиссной борьбы с теорией и практикой маоизма. Научные учреждения Отделения продолжили исследования по проблемам развития мировой экономики и международных отношений, мирового революционного процесса. Подготовлены материалы по теоретическому обобщению и анализу новых явлений и процессов в международных экономических и политических отношениях во всем мировом хозяйстве, хозяйстве и политике США и других капиталистических стран, развивающихся стран Азии, Африки и Латинской Америки, в международном коммунистическом, рабочем и национальном движении, в идеологической борьбе, в разрядке международной напряженности, развитии экономического сотрудничества государств с различным социальным строем. Были подготовлены практические рекомендации, направленные на укрепление позиций СССР на мировой арене и повышение эффективности народного хозяйства страны.

Советские ученые-экономисты вместе со всем народом будут участвовать в выполнении одиннадцатой пятилетки. Предстоит также принять участие в подготовке новой редакции Программы КПСС, в которой должны получить глубокое научное отражение важные изменения в жизни советского общества и в мировом общественном развитии, главные задачи строительства коммунизма. Последнее обстоятельство существенно повышает роль и значение исследований проблем экономики развитого социализма и закономерностей его перерастания в коммунизм, усиливает требования к их качеству. В Отчетном докладе ЦК КПСС на XXVI съезде партии отмечалось, что хотя в области общественных наук проделана большая работа и она заслуживает признания, не все здесь вызывает удовлетворение. В частности, немало проблем, ждущих своего решения, накопилось в политической экономии социализма, больше внимания надо уделять социальным последствиям научно-технической революции. «Задачи, которые выдвигает жизнь,— подчеркнул Л. И. Брежнев,— требуют развития теории, экономической науки, ее приближения к нуждам хозяйственной практики. Нужна мобилизация творческого потенциала всего нашего общества. В центре и на местах, во всех звеньях, во всех ячейках народного хозяйства должно расти понимание встающих проблем, должны лучше выявляться и использоваться имеющиеся возможности».

В Отделении разработан проект Основных направлений развития экономической науки в свете решений XXVI съезда КПСС. В одиннадцатой пятилетке будут продолжены работы по всем перечисленным выше комплексным программам экономических исследований. Развивая теорию, необходимо непрерывно соотносить ее с практикой, с реальной действительностью; в этом одно из главных условий продуктивной научной работы.

В области политической экономии в соответствии с «Основными направлениями экономического и социального развития СССР на 1981—1985 годы и на период до 1990 года» предстоит продолжить разработку теоретических вопросов зрелого социализма, его преимуществ и возросших возможностей, путей их реализации в практике коммунистического строительства, общих закономерностей и особенностей построения развитого социализма в странах социалистического содружества. Наибольшую важность приобретает исследование методологических проблем политической экономии социализма: форм использования принципов материалистической диалектики при разработке теоретических и практических проблем, путей сближения методов общественных и естественных наук и их применения в экономическом анализе; механизма действия и механизма использования экономических законов в хозяйственной практике, движущих противоречий общественного производства, системы интересов в развитом социалистическом обществе, роли субъективного фактора в функционировании и развитии экономики, вопросов развития и взаимодействия производительных сил и социалистических производственных отношений. Большое практическое значение имеет исследование таких методологических проблем политической экономии социализма, как ее взаимодействие с другими экономическими науками, обеспечение комплексного характера исследований; разработка путей и форм усиления идеологической роли политической экономии социализма.

Предстоит осуществить исследование структуры и путей совершенствования материально-технической базы развитого социализма с учетом новейших достижений научно-технического прогресса, закономерностей перерастания ее в материально-техническую базу коммунизма; направлений совершенствования на этой основе социалистических производственных отношений как целостной системы, путей динамичного и сбалансированного развития экономики как единого народнохозяйственного комплекса; разработать рекомендации по проблемам оптимизации соотношения темпов роста I и II подразделений, фондов накопления и потребления в долгосрочной перспективе. Требуют дальнейшего исследования проблемы обобществления социалистического производства: направления роста и формы концентрации и углубления специализации производства в их оптимальном соотношении; развитие общесоюзного разделения труда и общесоюзной кооперации труда, политико-экономические основы территориально-производственных и межотраслевых комплексов как структурных звеньев единого народнохозяйственного комплекса; взаимосвязь материального производства и отраслей непроизводственной сферы; комплекс отношений социалистической собственности, пути и факторы сближения колхозно-кооперативной формы с государственной (общенародной) собственностью, развитие форм кооперирования в сфере потребления, личная собственность. Необходима разработка теоретических вопросов системы потребностей в развитом социалистическом обществе, способов, их количественного выражения, сопоставления, соизмерения, а также механизма целенаправленного изменения.

Хотелось бы выделить четыре основных условия усиления действенности экономической науки и ее влияния на хозяйственную жизнь, на повышение эффективности общественного производства. Эти условия определяются современной хозяйственной обстановкой в стране и непосредственно вытекают из решений XXVI съезда партии. Речь идет о том, что надо, во-первых, еще больше внимания уделять перспективным вопросам экономического и социального развития; во-вторых, усилить внимание к многогранным проблемам совершенствования распределительных отношений в обществе; в-третьих, повернуть исследования к качественной стороне экономики, развитию ресурсосберегающих аспектов экономических исследований; в-четвертых, изучать и широко использовать передовой опыт совершенствования хозяйственного механизма, накопленный как у нас в стране, так и за рубежом. Необходимо также более тесное сотрудничество научных учреждений с ведомствами, министерствами и другими хозяйственными органами.

В соответствии с первым условием институтам Отделения предстоит продолжить исследования по обоснованию перспектив развития экономики, решению крупных народнохозяйственных проблем долгосрочного характера. Имеется в виду обоснование перспективных общественных потребностей, социально-экономических целей долгосрочного развития. Для этого необходимо создание концепции социалистического образа жизни во всех ее аспектах — материального благосостояния и духовного развития, отношений распределения, условий повышения эффективности труда, демографической политики и т. д.

Требуется обоснование путей завершения перехода нашей экономики на интенсивный путь развития. Предстоит продолжить работу по составлению Комплексной программы научно-технического прогресса на 20 лет, разработке ее социально-экономических аспектов, составлению целевых программ народнохозяйственного значения (продовольственной, энергетической и др.). Необходимо обоснование перспективных направлений дальнейшего совершенствования системы планирования, управления и организации народного хозяйства. При этом особое внимание следует уделить созданию и внедрению в плановую практику все более совершенных систем экономико-математических моделей, имея в виду дальнейшее развитие АСПР Госплана и других автоматизированных систем планирования и управления. Проводя эти исследования, надо еще более укреплять связь с практикой, поддерживать тесные контакты с Госпланом СССР, с ГКНТ, Комитетом цен и другими центральными ведомствами, участвовать в экономических экспериментах.

Для усиления внимания к многогранным вопросам совершенствования распределительных отношений необходимо углубить теоретический анализ содержания закона распределения по труду при социализме, системы ценностей социалистического общества, общей проблемы оптимизации социально-экономического развития. Принцип распределения по труду должен исследоваться с учетом исторического опыта строительства социализма в нашей стране и других странах. Что значит по труду? По количеству затрат времени и сил работника, как считают одни ученые, или по экономической оценке результатов труда, как считают другие? Есть и иные точки зрения по данному вопросу. Пора в них как следует разобраться. Требуется более активная разработка всего комплекса практических задач, связанных с усилением воздействия распределительных отношений на эффективность общественного производства. Речь идет о системе заработной платы и доходах населения, о выплатах из общественных фондов потребления, о перераспределении денежных средств между различными категориями населения и т. д. По-видимому, надо начать теоретическую и практическую разработку проблемы совершенствования социалистического общественного строя как строя подлинной социальной справедливости. Речь идет прежде всего об оптимальной дифференциации доходов, потребления, личных накоплений. Ученые ряда социалистических стран выдвигают принцип социальной справедливости в качестве главного критерия такой дифференциации. Этот вопрос еще не разработан ни в теоретическом, ни в практическом плане, но в качестве первого приближения, по мнению некоторых ученых, дифференциация доходов не противоречит принципам социальной справедливости, если, во-первых, обеспечена тесная взаимосвязь между величиной оплаты по итогам труда и трудовым вкладом в прирост общественной полезности. Во-вторых, соответствующие различия одобряются обществом и отвечают его интересам; при этом величина общественно одобряемых различий зависит как от достигнутого уровня минимума потребления, так и от уровня потребления, доминирующего в обществе. В-третьих, общество предоставляет всем своим членам равные возможности для повышения уровня квалификации, профессиональной зрелости и, следовательно, для получения более высоких доходов. Сюда следует также добавить и вопрос о том, что накопление предметов длительного пользования, личного имущества в семье, передача их по наследству могут вести к возникновению неравенства между людьми, не вытекающего из их личного трудового вклада. Все это, конечно, лишь самые общие положения; реально-экономические аспекты этих проблем требуют широких и интенсивных исследований.

Поворот исследований к качественной стороне экономики диктуется указанием Л. И. Брежнева о том, что экономика должна быть экономной.

Дальнейшее повышение эффективности всего общественного производства, рост производительности труда, социальной и трудовой активности советских людей выступают средствами неуклонного подъема материального и культурного уровня жизни народа, создания лучших условий для всестороннего развития личности. О вкладе ученых-экономистов в реализацию указанной цели надо судить прежде всего по тому, насколько они усиливают, умножают эти средства.

В одиннадцатой пятилетке конечные народнохозяйственные результаты должны опережать увеличение трудовых и материальных затрат, в том числе и капитальных вложений. В фундаментальных и прикладных исследованиях экономисты должны усилить внимание к соответствующим аспектам экономического и технического развития. Здесь особенно важен комплексный, интегрированный подход. В прошлом, например, раздельное изучение вопросов демографической политики, политики капитальных вложений, технической политики, экономического механизма стимулирования труда не позволяло обеспечить единый подход к проблемам интенсификации. Вследствие этого наметилось определенное противоречие между трудосберегающим направлением технического прогресса и политикой капитальных вложений, направленной, по существу, на рост количества рабочих мест в промышленности. Должны быть разработаны и более глубоко обоснованы предложения по стимулированию экономии трудовых ресурсов, в том числе создана методика оценки и платы за трудовые ресурсы, разработаны меры, способствующие совмещению профессий, и т. п. Существующие методики определения эффективности капитальных вложений недостаточно учитывают потребности в интенсификации использования первичных ресурсов, в большой мере ориентируют на привлечение новых ресурсов, чем на улучшение использования имеющихся, в том числе вторичных. Кроме того, применение единого коэффициента эффективности капитальных вложений в условиях, когда цены строятся по затратному принципу, объективно способствует сохранению существующих не всегда оптимальных пропорций размещения капитальных вложений. Это, однако, не означает целесообразности использования дифференцированного коэффициента. Напротив, необходимо усилить внимание к принципиальным вопросам теории и практики ценообразования.

Две существующие концепции цены (затратный принцип и цены сбалансированности), по-видимому, должны быть заменены единой, учитывающей как управление воспроизводимыми ресурсами, так и согласование общественных потребностей. Думается, что в рамках плановой сбалансированности нужно более тщательно учитывать как общественно необходимые (общественно оправданные) затраты труда и других ресурсов, так и возможность удовлетворения потребностей народного хозяйства. Этим и рядом других соображений определяется включение в Основные направления развития экономической науки на пятилетку разработки Методики измерения эффективности хозяйственных мероприятий, призванной создать единую методологическую и методическую основу для оценки капитальных вложений, новой техники, организационных, экономических и иных хозяйственных решений.

На XXVI съезде партии была подчеркнута необходимость совершенствования хозрасчетных отношений и взаимной экономической заинтересованности и ответственности за выполнение плановых заданий и договорных обязательств между поставщиками и потребителями, а также между заказчиками и подрядчиками. В учреждениях Отделения экономики пока не получило необходимого развития изучение многоаспектной финансовой тематики. Думается, что в этом кроется одна из причин недостаточной эффективности многих рекомендаций по совершенствованию хозяйственного механизма. Речь, по-видимому, должна идти не только о повышении действенности финансовых рычагов в хозяйственном расчете, но и о создании концепции финансовой сбалансированности, включающей определение оптимальных границ платежного оборота страны, сочетание финансово-кредитных механизмов и ценообразования, разработку эффективной бюджетной и отраслевой финансовой политики и т. д.

Имеющиеся возможности сбережения материальных ресурсов, живого труда выдвигают на первый план экономической политики борьбу с потерями. Как правило, мероприятия по сокращению потерь требуют дополнительных капитальных вложений и текущих затрат. Возможности выделения ресурсов на меры по сокращению потерь ограниченны. Поэтому необходимы строгая экономическая оценка и сопоставление соответствующих мероприятий по уровню эффективности затрат на сбережение ресурсов, чтобы установить очередность этих мероприятий и обеспечить максимальный эффект от выделяемых средств. Поскольку для сокращения отходов и потерь используются в принципе те же ресурсы, что и для нового строительства, расширения производства, методика расчета затрат и их эффективности должна быть единой для всех видов расходования ресурсов. Для борьбы с потерями ресурсов и за повышение эффекта от их применения необходимо совершенствование планирования и его нормативной базы, механизма стимулирования производства, в том числе установление платности всех видов ресурсов и хозрасчетной ответственности за их расходование. Выявление резервов важно, но это не самоцель; требуются научно обоснованные рекомендации о том, как такие резервы действительно привести в действие.

Для дальнейшего совершенствования хозяйственного механизма предстоит продолжить работу по реализации в плановой и хозяйственной деятельности соответствующих решений партии и правительства. Усилия при этом должны быть сконцентрированы: во-первых, на создании надежной системы экономических измерителей и плановых показателей, ориентирующих производителей на максимизацию конечного народнохозяйственного эффекта и таким образом на осуществление постепенного перехода к оптимизационным основам ведения хозяйства; во-вторых, на внедрении прогрессивных форм и методов организации производства и оплаты труда, в том числе бригадных и иных коллективных форм, где оплата производится по конечным результатам работы; в-третьих, на усилении стимулирования хозяйственной инициативы предприятий и объединений в поисках путей наилучшего удовлетворения общественных потребностей при укреплении договорной дисциплины и ответственности перед потребителями; в-четвертых, на развитии современной информационно-технической базы, обеспечивающей полноту, своевременность, обоснованность и доступность информации, необходимой для принятия эффективных планово-экономических решений. Страна насыщается вычислительной техникой, однако отсутствие единой государственной системы вычислительных центров приводит к ее недостаточно эффективному использованию, к недостаточности информации для управления народным хозяйством. Надо ускорить работу по созданию такой единой системы в сотрудничестве с другими заинтересованными организациями.

Необходимо усилить и разработку форм и методов организации изучения, обобщения и распространения передового опыта экономической работы. Бюро Отделения, по-видимому, целесообразно обсудить этот вопрос вместе с работниками печати, издательств и т. д. На XXVI съезде КПСС Л. И. Брежнев поставил также задачу изучения опыта, накопленного в братских социалистических странах. Продолжая исследование состояния и перспектив экономики развитого социализма, разработку научных основ экономической стратегии КПСС, проблем экономической политики, ученые-экономисты должны шире исследовать опыт решения аналогичных проблем в других социалистических странах в целях использования всего рационального, что ими создано. Отделение экономики должно специально рассмотреть вопрос о системе изучения конкретного опыта экономической работы в странах социализма для подготовки рекомендаций о возможном использовании такого опыта в нашей хозяйственной практике. Для этого необходим точный учет всех особенностей экономики как данной страны, так и СССР. Вместе с Институтом экономики мировой социалистической системы в таких исследованиях должны принять активное участие сотрудники других институтов, хорошо знающие состояние и организацию экономического механизма в нашей стране, способные критически отнестись как к опыту других стран, так и к собственному опыту и предложить конкретные мероприятия, обеспечивающие успешное продвижение нашей экономики вперед. Взаимная же работа с товарищами из братских социалистических стран поможет и им лучше решать свои проблемы, преодолевать те или иные трудности, развивать положительный опыт.

Важные исследования в новой пятилетке предстоит осуществить по дальнейшему изучению экономики, политики, развитию международных отношений, интеграционных процессов в мировой социалистической и капиталистической системах. Исследования проблем развития мировой социалистической системы и сотрудничества стран социализма предстоит вести по следующим основным направлениям: изучение и обобщение положительного опыта стран социализма в решении задач экономического развития, организации производства и управления, реализации социальных программ и совершенствования аграрной политики в условиях интенсификации; разработка проблем социалистической экономической интеграции, международной специализации и кооперирования производства, углубления научно-технических связей, сближения структур хозяйственных механизмов; изучение взаимодействия экономики, политики, идеологии на современном этапе, разработка проблем совершенствования политической организации социалистического общества; исследование специфики социалистического образа жизни; изучение отношений между социалистическими странами с целью выработки рекомендаций по укреплению социалистических и демократических начал в международных отношениях нового типа. Важное место в исследованиях будет отведено анализу экономических и политических отношений государств противоположных систем, разработке согласованных позиций стран социализма во внешнеэкономических связях с Западом, критике буржуазных, реформистских и ревизионистских взглядов по вопросам развития и взаимоотношений стран социализма.

В Материалах XXVI съезда партии содержатся важные указания о дальнейшем развитии отношений с освободившимися странами, о неуклонном проведении в жизнь ленинской политики мирного сосуществования с капиталистическими государствами. Задача исследователей состоит в том, чтобы на каждом этапе способствовать выработке и реализации научно обоснованной внешней политики Советского государства, предвидеть перспективы развития главных стран и групп стран, давать объективную оценку их материальных, трудовых и финансовых ресурсов. В центре внимания институтов Отделения экономики и в дальнейшем остаются проблемы классовой борьбы, современного этапа революционного процесса в развитых капиталистических государствах и развивающихся странах, вопросы роста международного коммунистического и рабочего движения. Как подчеркнул в Отчетном докладе ЦК КПСС XXVI съезду партии Л. И. Брежнев, международная обстановка во многом зависит от политики СССР и США. В связи с этим в одиннадцатой пятилетке предстоит продолжить всесторонние комплексные исследования главной страны современного капитализма — Соединенных Штатов Америки во всех аспектах: внешнеполитических, экономических, идеологических, военных и социальных, а также проблем советско-американских отношений. Одним из важных направлений научно-исследовательской работы остается анализ проблем развития научно-технической революции в США, европейских странах, Японии, в том числе изучение путей интенсификации хозяйства, решения продовольственной и белковой проблем, особенностей развития агропромышленного и продовольственного комплексов. Большое значение имеет выработка на этой основе практических рекомендаций, которые могут быть использованы в нашем народном хозяйстве. Руководствуясь партийными программными документами, институты Отделения будут усиливать комплексное изучение экономических и социально-политических проблем освободившихся стран Африки и Азии, а также ряда государств Латинской Америки, особенно учитывая возросшую роль последних на мировой арене.

Выполнение задач, поставленных XXVI съездом КПСС перед советской экономической наукой, потребует дальнейшего усиления многосторонней научно-организационной работы в институтах Отделения, мобилизации всех творческих сил ученых-экономистов на повышение теоретического уровня и практической ценности результатов их исследований. Экономическая наука должна оказывать все более сильное позитивное влияние на развитие народного хозяйства страны.

Р. Белоусов

ЗАКОН ЭКОНОМИИ ВРЕМЕНИ ПРИ СОЦИАЛИЗМЕ

Успешное разрешение грандиозных и вместе с тем напряженных задач одиннадцатой пятилетки, всего сложного периода 80-х годов требует значительно более полной реализации коренных преимуществ развитого социализма. В 70-е годы начат последовательный поворот нашей экономики в сторону существенного повышения эффективности производства, в 80-е годы предстоит практически разрешить эту ключевую проблему. В данной связи предстоит создать во многом новый механизм сознательного использования закона экономии времени. Как указано в решениях XXVI съезда КПСС, более рациональное использование рабочего времени, сокращение его непроизводительных затрат и потерь, увеличение свободного времени трудящихся на базе развития общественного обслуживания, облегчение работы в домашнем хозяйстве, совершенствование форм и организации досуга характеризуют одну из основных задач экономического и социального развития СССР в одиннадцатой пятилетке.

Экономия времени выступает сейчас непосредственным ориентиром планового управления и всей хозяйственной деятельности, главным мерилом ее качества. Все это обусловливает необходимость углубления теоретического анализа закона экономии времени исходя из положения К. Маркса о том, что «как для отдельного индивида, так и для общества всесторонность его развития, его потребления и его деятельности зависит от сбережения времени. Всякая экономия в конечном счете сводится к экономии времени» [1].

Все процессы жизнедеятельности людей, а также их общественные отношения протекают во времени. При этом оно выступает не просто структурной формой последовательно сменяющихся экономических явлений и связей между ними, но и важнейшим ресурсом, объем которого в каждый данный момент или период развития ограничен как для отдельного человека, так и для общества в целом. Возникает сложная сеть зависимостей (отношений) между людьми по поводу присвоения и использования этого ресурса для удовлетворения их потребностей. Однако до сих пор временной аспект жизнедеятельности людей недостаточно изучен наукой. Для экономистов предметом исследования выступает не само время, а связанные с ним производственные отношения, прежде всего закон экономии времени, а также конкретные формы его проявления в движении эффективности производства и производительности труда, в продолжительности и интенсивности рабочего дня, в кругообороте основных и оборотных фондов, в сроках окупаемости капитальных вложений и т. д.

Сущность закона экономии времени

К. Маркс предвидел, что развитие производственных отношений на базе общественной собственности усилит объективную связь, выражаемую законом экономии времени. По мере перехода к зрелым формам

[1] К. Маркс и Ф. Энгельс, Соч., т. 46, ч. I, стр. 117.

этих отношений такая связь становится, говоря словами Маркса, законом «в гораздо более высокой степени» [2]. Усиливается ее воздействие на процесс социалистического расширенного воспроизводства. Исторический опыт СССР и других социалистических стран подтвердил научную обоснованность такого предвидения. В последнее десятилетие особенно остро и настоятельно на передний план как в теории, так и в хозяйственной практике выдвинулись проблемы экономической эффективности, методологическим ключом решения которых выступает исследование закона экономии времени. Возникла необходимость расширить анализ этого закона политэкономией социализма, полнее раскрыть его сущность, а также механизм воздействия на социалистическое воспроизводство.

Общую схему зависимости объема полезных для человека конечных результатов воспроизводства от временных факторов можно выразить с помощью следующей формулы:

$$\sum_j^n N_j = \sum_i^m (T_{ia} + T_{ij})\, P_{ij} \text{ или}$$

$$\sum_j^n N_j = \sum_i^m \frac{(T_{ia} + T_{ij})}{t_j},$$

где N_j — полезные результаты j-го вида, связанные с удовлетворением потребностей человека и общества; T_{ia}, T_{ij} — соответственно рабочее и свободное время i-го индивидуума; P_{ij} — полезная отдача каждого часа рабочего и свободного времени при удовлетворении единицы потребности j-го вида; t_j — времяемкость (полная трудоемкость) удовлетворения конкретной потребности j-го вида; n, m — количество членов общества и число видов их различных потребностей.

Как видно из этой формулы, уровень удовлетворения потребностей общества функционально зависит от двух факторов: объема времени и степени результативности (эффективности) его использования.

Ресурсы времени и его использование играют огромную роль в истории человечества, рассматриваемой как прогрессивно поступательный процесс. Вместе с тем за временем стоят люди, которые реально и творят свою историю. Тем не менее они вынуждены считаться со временем, с рядом его свойств, которые предопределены природой: время необратимо, его нельзя растянуть, сжать или приостановить. Значит ли это, что социалистическое общество бессильно перед временем? Нет, не значит. Прежде всего оно может более рационально его использовать, повысить полезную отдачу каждой единицы времени. При социализме значительно расширилась возможность членов общества более целесообразно, планомерно и ритмично трудиться, отдыхать, всесторонне развиваться в рамках реального времени, учитывая его специфические свойства как весьма неэластичной формы жизнедеятельности людей.

Известно, что любая форма обычно не совпадает со своим содержанием, отклоняется от него, проявляясь в изменчивом многообразии большого количества конкретных признаков и свойств. Со временем положение меняется: его ритм как формы развития жизни и производства строго фиксирован закономерностями развития самой природы. Однако весьма широк диапазон колебаний его насыщенности конкретными событиями. Изменчива структура и в этом смысле содержание времени. Поэтому в данном случае приходится иметь дело с необычной схемой взаимодействия: не форма отклоняется от содержания, а содержание — от формы. Именно с такой позиции следует рассматривать приведенную выше формулу, в частности ее исходные компоненты: общий фонд времени, полезную результативность каждого часа и т. д.

---

[2] К. Маркс и Ф. Энгельс, Соч., т. 46, ч. I, стр. 117.

Общий фонд времени в экономическом анализе выступает не как физическая величина, а как социальная категория, то есть как форма взаимодействия общества и времени, и как система отношений между людьми по поводу присвоения и использования времени. Практически все плановые задания, нормативы и другие экономические показатели прямо или косвенно связаны со временем. В каждый исторический период производство располагает строго определенным его количеством, которое обусловлено календарными сроками жизнедеятельности всех участников производства. Расширить фонд продуктивного времени можно двумя путями: а) увеличением численности занятых в производстве и б) устранением всякого рода потерь времени, например, связанных с болезнями людей, в том числе с пьянством, которое нередко «разрушает» значительную часть не только досуга, но и рабочей недели.

Главная задача — резко увеличить насыщенность времени полезными событиями, добиться существенного улучшения его содержания. Основной предпосылкой высокой социально-экономической отдачи, полезности времени, то есть его свойства способствовать всестороннему развитию личности, выступает резкое снижение удельных затрат рабочего времени на производство потребительских благ, с помощью которых удовлетворяются потребности общества. Снижение удельных затрат времени, то есть повышение результативности труда, не происходит само собой. Это — следствие внедрения в производство достижений науки и техники, совершенствования организации производства и управления, а также прогресса в социальных отношениях между людьми, что сопровождается повышением уровня рациональности их деятельности и эффективности, систематическим увеличением конечного результата, получаемого от затрат каждой единицы времени. При этом «издержки производства постоянно падают, а живой труд постоянно становится производительнее» [3].

Закон экономии времени выступает как движущая сила повышения эффективности социалистического воспроизводства. Его действия простираются от одного полюса — производства, к другому — потреблению через распределение и обмен. Связь, которую этот закон выражает, выходит за рамки производственных отношений и проникает глубоко в сферу функционирования производительных сил. Экономия времени выступает как функция сразу двух взаимодействующих между собой факторов: научно-технического и социально-экономического прогресса. Для политической экономии социализма особый интерес представляет анализ не только сущности этой связи, но и ее взаимодействия с другими экономическими законами. Форма собственности и основной экономический закон предопределяют субъекта присвоения и то, в чьих интересах используется достигнутая экономия времени. Существенное влияние на экономию времени оказывают также конкретные формы хозяйственного механизма. Каждая из этих форм может как усиливать, так и сдерживать рост заинтересованности участников производства в соблюдении режима экономии.

Известно, что экономия времени — общий закон для всех общественных формаций: он всегда взаимодействует с исторически обусловленной системой других экономических законов. В этой связи механизм его действия, степень и формы проявления в условиях разных способов производства имеют свои особенности. Снижение удельных затрат живого и овеществленного труда при капитализме и социализме осуществляется с разными целями, неодинаковы и методы, которые при этом применяются. В условиях частной собственности рост производительности труда и снижение издержек производства подчинены целям увеличения и капиталистического присвоения прибавочной стоимости. Режи-

[3] К. Маркс и Ф. Энгельс, Соч., т. 46, ч. I, стр. 76.

му экономии и рационализации производства, находящимся под воздействием и при постоянном контроле со стороны капиталистического рыночного механизма, свойствен относительно высокий уровень, однако только в рамках отдельных фирм и предприятий. При этом экономится лишь оплаченное время. В целях получения избыточной прибыли современный крупный капитал, захватив ключевые позиции на стыках науки с производством, препятствует распространению научно-технических достижений за свои пределы.

Рационализация и режим экономии при капитализме распространяются главным образом на сферу производства, в то время как в сферах обращения и потребления нередко имеют место большие потери времени и общественно полезных благ. Буржуазное общество довольствуется в основном тем эффектом, который достигается на уровне частных предприятий. Частнокапиталистическое присвоение противоречит народнохозяйственной эффективности. В таких условиях конкретные формы проявления закона экономии времени существенно деформируются. Они не носят безусловного характера. Народнохозяйственные результаты воздействия закона на процесс воспроизводства снижаются в связи с массовыми потерями общественного труда из-за хронической безработицы, периодических спадов производства.

При социализме коренным образом меняется социальная направленность и возрастает сила воздействия закона экономии времени на весь процесс воспроизводства. Он подчинен реализации главной цели — росту жизненного уровня человека и всестороннему развитию его личности. Устанавливается тесная взаимосвязь этого закона и с объективно присущей социалистической экономике планомерностью ее развития, ибо постоянное поддержание пропорциональности возможно лишь при строгом соблюдении режима экономии.

Таким образом, условия социализма формируют объективную заинтересованность в том, чтобы процесс экономии времени протекал широко и интенсивно. Реализация возвышающихся потребностей людей и все более разностороннее развитие личности возможны лишь при максимальной экономии времени в каждом конкретном случае, когда приходится расходовать этот ресурс. Иными словами, для того чтобы более полно удовлетворять возвышающиеся потребности, необходимо тратить все меньше времени на получение единицы полезного результата. Удешевление каждого из материальных и духовных благ позволяет с теми же ресурсами времени получать их большее количество, расширять ассортимент и улучшать качество. Тем самым создается более широкая возможность постоянно повышать уровень благосостояния людей, улучшать условия труда, развивать физические и духовные способности человека и все полнее реализовывать их на практике.

Основные формы проявления закона экономии времени

Действие закона экономии времени при социализме проявляется в следующих трех основных взаимосвязанных между собой формах: сокращении сроков решения крупных социально-экономических задач, что обычно находит свое отражение в высоких темпах развития всей экономики или ее ключевых отраслей; снижении расходов времени на воспроизводство единицы материальных и духовных благ (наиболее типичный пример проявления такой формы — снижение трудоемкости, материалоемкости, энергоемкости и фондоемкости производства отдельных изделий); качественном улучшении структуры времени прежде всего за счет увеличения доли свободного времени в общем его фонде.

Первая из перечисленных форм, характеризующаяся сокращением сроков хозяйственного строительства, периодов движения общества от одного этапа (рубежа) развития к другому, связана с необходимостью быстрого наращивания всей совокупности производительных сил или глубокого изменения их структуры. Поскольку цикл расширенного воспроизводства охватывает длительный период времени, сокращение сроков решения ключевых задач приводит к ускорению не только научно-технического, но и социального прогресса, то есть к усилению обратной связи закона экономии времени, его воздействия на поступательное развитие социалистического общества.

Сокращение соответствующих сроков означает увеличение скорости, интенсификацию процессов воспроизводства, что достигается за счет использования двух дополнительных источников экономического роста: во-первых, за счет устранения или хотя бы резкого сокращения потерь, «холостого хода» рабочего времени, повышения ритмичности производства. Дело в том, что рабочее время, то есть время продуктивного использования способностей человека для создания материальных и духовных благ, не совпадает с календарным, физическим временем его пребывания в сфере производства: сказываются всякого рода сбои, простои, бросовые затраты труда, периоды деятельности с низкой отдачей. Выборочные обследования показывают, где здесь имеются крупные резервы неиспользованного рабочего времени, составляющие 15—20% его общего фонда. Вынужденные простои и потери на производстве — затраты времени без получения полезных результатов — обычно не только не компенсируются повышением производительности в последующий продуктивный период, но, напротив, нарушают трудовой ритм, снижают моральную удовлетворенность работника и его заинтересованность в экономии времени вообще, то есть отрицательно сказываются на отношении человека к труду, к общему делу. Поэтому полное и ритмичное использование рабочего времени на основе научной организации труда — важный источник повышения не только экономической, но и социальной эффективности.

Второй источник ускорения экономического роста связан с изменением структуры занятых в материальном производстве, а следовательно, и структуры фонда рабочего времени. «...*Никакая форма* общества,— писал К. Маркс,— не может помешать тому, чтобы рабочее время, имеющееся в распоряжении общества, тем или иным путем регулировало производство». При капитализме такое регулирование осуществляется через рынок, а в плановом хозяйстве оно происходит «путем прямого сознательного контроля общества над своим рабочим временем...» [4]. Распределение трудовых ресурсов между отраслями народного хозяйства осуществляется с учетом всей системы интересов при социализме. Плановые органы после тщательного анализа, оценки и ранжировки потребностей и интересов по их значимости для развития личности человека и общества в целом определяют меру и последовательность их реализации с учетом ограниченности общего фонда рабочего времени. При этом принимаются меры по сокращению сроков решения первоочередных, наиболее жизненно важных проблем. Нередко такие меры связаны с тем, что из-за ограниченности ресурсов приходится «отодвигать» решение отдельных проблем на более поздние периоды: время, как и энергия, не пропадает, но и не возникает дополнительно. Поэтому маневр за счет изменения его структуры всегда влечет за собой не только положительные, но и негативные последствия [5].

---

[4] К. Маркс и Ф. Энгельс, Соч., т. 32, стр. 9.

[5] Социалистическое общество с его единой плановой системой стремится регулировать последствия структурных сдвигов, целенаправленно используя время для решения сложных научно-производственных и социально-экономических проблем. Это позволило СССР на протяжении двух поколений существенно улучшить образ жизни всех слоев населения и выиграть в развитии ключевых отраслей тяжелой промышленности по крайней мере 30—40 лет, хотя цена такого маневра была достаточно высокой.

Выдвижение в современных условиях на первый план главной формы проявления закона экономии времени — повышения полезной результативности каждого часа времени означает необходимость сокращения его удельных затрат на удовлетворение конкретных потребностей человека и общества. Процесс экономии времени в расчете на единицу народнохозяйственного конечного результата — национального дохода — охватывает прежде всего материальное производство, в котором в настоящее время сосредоточено $^3/_4$ всех занятых в народном хозяйстве. Фонд рабочего времени, используемый в производстве материальных благ,— основа общественного богатства и мера издержек его создания. «*Рабочее время*,— писал К. Маркс,— даже когда меновая стоимость будет устранена, всегда останется созидающей субстанцией богатства и мерой *издержек*, требующихся для его производства» [6]. Его экономия — главный ориентир и критерий качества соединения науки с производством, совершенствования организации труда и управления.

Закономерно, что материальное производство выступает как главная и наиболее емкая сфера экономии времени. С учетом этого закон экономии времени, действующий в сфере социалистического производства, характеризуется как закон неуклонного роста производительности труда. Это тот же закон экономии времени, но конкретизированный применительно к специфическим условиям социалистических форм активного взаимодействия людей с природой. Экономия времени в сфере материального производства имеет также огромное историко-политическое значение. Хорошо известно высказывание В. И. Ленина о том, что «производительность труда, это, в последнем счете, самое важное, самое главное для победы нового общественного строя... Капитализм может быть окончательно побежден и будет окончательно побежден тем, что социализм создает новую, гораздо более высокую производительность труда» [7].

Реальная экономия времени измеряется снижением удельных затрат как живого, так и овеществленного труда. Это особенно важно подчеркнуть, поскольку в структуре общественных издержек производства на 1 час затрат живого труда приходится 3—4 часа овеществленного рабочего времени. Именно в снижении совокупного расхода всех ресурсов проявляется действие закона экономии времени или применительно к условиям социалистического хозяйствования — закона неуклонного повышения производительности труда (более точно было бы сказать — закона повышения эффективности производства).

Качество производительных сил, в котором отражаются масштабы, степень «тесноты и прочности» соединения науки с производством, выступает главным фактором экономии времени. Зрелость экономических отношений проявляется в действиях этого закона через влияние на научно-технический прогресс, заинтересованность широких трудящихся масс в повышении эффективности производства и совершенствовании его социальной организации. Так, стартовые условия соревнования СССР и США по росту производительности труда были не в пользу нашей страны: сказывалось существенное отставание дореволюционной России в области производительных сил. Однако преимущества социалистических производственных отношений позволили Советскому Союзу осуществить грандиозную техническую реконструкцию народного

Это до сих пор сказывается, например, на развитии сельского хозяйства, которое все еще не в состоянии полностью удовлетворить потребности общества в продовольствии и сырье для легкой промышленности. Поэтому крутые изменения в структуре рабочего времени всегда в какой-то мере носят вынужденный характер и требуют особой осмотрительности при их осуществлении на практике.

[6] К. Маркс и Ф. Энгельс, Соч., т. 26, ч. III, стр. 265.

[7] В. И. Ленин, Полное собрание сочинений, т. 39, стр. 21.

хозяйства и в 2—3 раза быстрее наращивать производительность труда, чем США. Это дает основания рассчитывать, что в перспективе имеется реальная возможность превзойти наиболее развитую страну капитализма и по масштабам экономии рабочего времени в общественном производстве. Решение такой задачи связано с необходимостью дальнейших технических преобразований производственного аппарата, повышения квалификации работников и всесторонней перестройки хозяйственного механизма под углом зрения более полной реализации преимуществ социализма.

При рассмотрении формы действия закона экономии времени, которая выражается в изменении структуры его общего бюджета в пользу увеличения доли нерабочего времени, важно учитывать, что создание общественного богатства связано с затратами рабочего времени, а конечное использование этого богатства, его реализация — с «нахождением» человека вне сферы производства. «Царство свободы,— писал К. Маркс,— начинается в действительности лишь там, где прекращается работа, диктуемая нуждой и внешней целесообразностью, следовательно, по природе вещей оно лежит по ту сторону сферы собственно материального производства... По ту сторону его начинается развитие человеческих сил, которое является самоцелью, истинное царство свободы, которое, однако, может расцвести лишь на этом царстве необходимости, как на своем базисе. Сокращение рабочего дня — основное условие» [8]. Поэтому свободное время выступает действительным, реальным богатством для человека.

При социализме свободное время перестало быть привилегией отдельных личностей, классов. Как и другие формы богатства, оно является достоянием народных масс, что позволяет не только восстанавливать силы и способности работника, но и воспроизводить их на качественно более высоком уровне. Конечно, человек творчески обогащается и развивается в процессе труда. Однако свободное время значительно дополняет и расширяет возможности всестороннего развития личности. Это, в свою очередь, служит важнейшей предпосылкой качественного (скачкообразного) роста его производительной силы. «Чем сильнее растет производительная сила труда, тем больше может быть сокращен рабочий день, а чем больше сокращается рабочий день, тем сильнее может расти интенсивность труда» [9].

Конечно, взаимосвязь между рабочим и свободным временем не прямая. Она опосредована многими факторами. Для обеспечения тесноты и направленности такой взаимосвязи важно то, чем наполнено свободное время. По содержанию его можно разделить прежде всего на две части: а) полезную для развития личности и б) бесполезную, а иногда и вредную для человека. Первая часть, в свою очередь, делится на время досуга и время возвышенной деятельности [10]. Критерием для такого разграничения свободного времени служат две его основные функции: простое восстановление сил — отдых и дальнейшее развитие личности в процессе каких-либо занятий или деятельности человека за пределами его рабочего места. Отдых, особенно после значительных перегрузок, а их, к сожалению, избежать не удается, иногда связан с расслаблением организма — с пребыванием во времени без определенного занятия. При этом есть реальная опасность вступить в полосу «ничегонеделания», попасть в «плен» к телевизору или «убивать» время каким-либо другим пассивным способом. Активный образ жизни, при котором отдых — это смена занятий, предполагает заполнение сво-

---

[8] К. Маркс и Ф. Энгельс, Соч., т. 25, ч. II, стр. 386—387.
[9] К. Маркс и Ф. Энгельс, Соч., т. 23, стр. 539.
[10] См. К. Маркс и Ф. Энгельс, Соч., т. 46, ч. II, стр. 221.

бодного времени полезной деятельностью, расширяющей кругозор, способности, повышающей культурный уровень людей, или домашним трудом, приносящим не только удовольствие, но и полезные материальные или духовные блага.

Система нормативов — основной инструмент использования закона экономии времени

В создаваемом в настоящее время во многом новом механизме сознательного использования закона экономии времени для повышения эффективности производства главным рабочим инструментом выступает система нормативов удельных затрат живого и овеществленного труда на единицу полезного для общества результата. В движении таких нормативов, как в фокусе, пересекаются и концентрируются все аспекты реализации коренных преимуществ развитого социализма. Поэтому особенно на современном этапе резко возрастают требования к качеству инструментария для учета, планирования, контроля и стимулирования режима экономии. С помощью такого инструментария общество ассоциированных производителей сознательно использует закон экономии времени в своих интересах.

В методологическом анализе важнейших свойств и функций названного инструментария надо выделять две основные стадии воздействия закона экономии времени на уровень и динамику общественных издержек производства. Первая — это выравнивание индивидуальных затрат и сведение их к общественно необходимому нормативу, который одновременно выполняет и балансирующую функцию, связывая потребление с общественным фондом времени. Вторая стадия обеспечивает доведение такого норматива до каждого производителя, что во взаимодействии с другими экономическими законами оказывает регулирующее влияние на процессы формирования издержек производства и стимулирует режим экономии.

Логическая схема механизма регулирующего воздействия закона экономии времени на производство

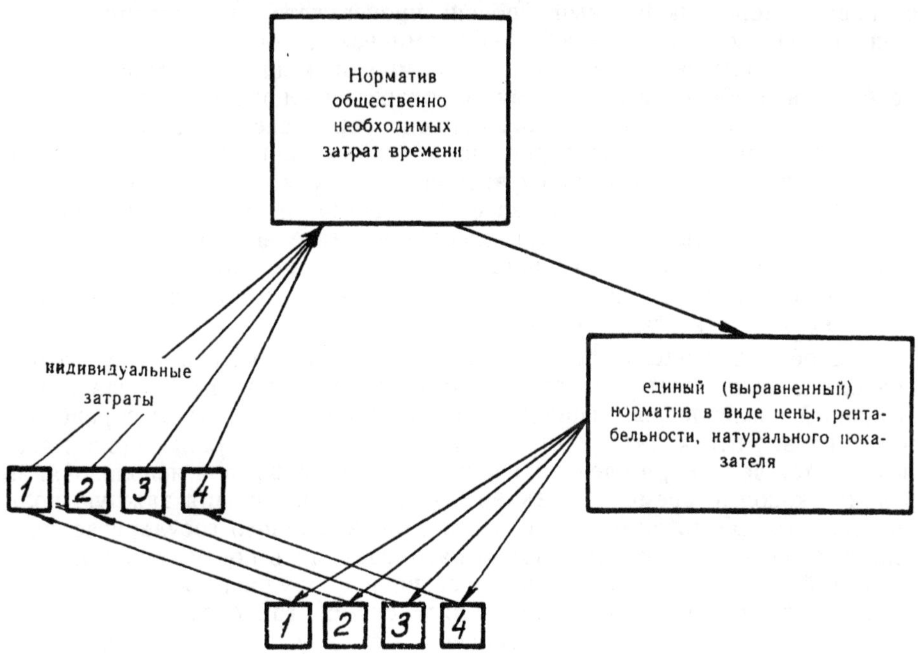

Как показывает опыт, в хозяйственной практике отчетливо проявляется следующая тенденция. Чем выше объективные требования к повышению эффективности производства, тем более действенным и жестким должен быть механизм сведения индивидуальных затрат к общественно необходимым. Речь идет о той системе экономических нормативов, которая практически предопределяет уровень общественно полезной отдачи от имеющихся ресурсов — производственного потенциала каждого звена общенародной кооперации труда.

Одна из особенностей механизма действия закона экономии времени при социализме состоит в том, что рабочий инструментарий планового управления — нормативы затрат по своей сущности представляют собой объективные категории, составные элементы производственных отношений, а по форме они выступают как важные рычаги (регуляторы) управления. Конкретные параметры этих рычагов рассчитываются и сознательно устанавливаются плановыми органами с учетом определенных задач и условий реализации курса на повышение эффективности. Единство названных двух сторон — это единство объективного и субъективного. Оно диалектически противоречиво. Плановые органы не могут установить норматив произвольно на любом уровне. Они всегда должны учитывать предел возможного отклонения формы от содержания как в ту, так и в другую сторону.

Сразу же после Октябрьской революции под руководством В. И. Ленина разрабатывался инструментарий соизмерения результатов и затрат для налаживания учета и контроля, упорядочения межхозяйственных связей и в конечном счете для повышения производительности труда и поддержания устойчивой сбалансированности в развитии народного хозяйства. В 1918—1919 гг. по его инициативе принимались энергичные меры к тому, чтобы построить хозяйственные отношения, прежде всего товарообмен между городом и деревней, на базе твердых цен. В 1921 г. тресты были переведены на полный коммерческий расчет, что наряду с осуществлением денежной реформы 1922—1924 гг. способствовало налаживанию объективного контроля за индивидуальными издержками, постепенному выравниванию и сведению их к общественно необходимым, а затем к существенному снижению. Это, в свою очередь, позволило резко повышать темпы экономического роста, восстановить дореволюционный уровень производства и приступить к решению новых крупных социально-экономических задач.

В 30-е годы действие закона экономии времени проявлялось прежде всего в особенно высоких темпах развития ключевых отраслей. Неверно представлять эти годы как период преимущественно экстенсивного развития экономики. Для решения крупных производственных задач успешно использовались оба фактора: экстенсивный — увеличение общего фонда рабочего времени за счет ликвидации безработицы, увеличения доли занятых среди трудоспособного населения и т. д. и интенсивный — повышение квалификации труда и его производительности, лучшее использование производственных фондов, а также сырьевых и топливно-энергетических ресурсов.

Такое сочетание факторов экономического роста в тех условиях позволяло за пятилетие удваивать объем промышленного производства. В первый послевоенный период выигрыш времени в мирном соревновании с развитыми капиталистическими странами оставался главной экономической задачей, а следовательно, и основной формой использования закона экономии времени. С экономической точки зрения важную роль сыграло то обстоятельство, что с помощью единого государственного плана и бюджета централизованно распределялись почти весь фонд накоплений, основная часть сырья, энергии и оборудования, а также все ресурсы твердой валюты. Это позволило сконцентрировать силы и средства на развитии ключевых отраслей, быстро осуществлять строительство таких гигантов, как Магнитогорский металлургический комбинат, Горьковский автозавод, Харьковский тракторный завод и сотни других крупных объектов, определявших производственный и оборонный потенциал страны.

Ввиду специфики внутреннего и внешнего положения страны в 30—50-е годы несколько ослабилось внимание к нормативам удельных затрат. Это не значит, конечно, что высокие темпы развития ключевых отраслей «оплачивались» любой ценой, хотя реально «платить» за выигрыш времени в ряде конкретных случаев приходилось дорого. Тем не менее нельзя отрывать, а тем более противопоставлять различные формы проявления действия закона экономии времени в сложный период создания собственной основы социализма. Исключительный динамизм советской экономики в эти годы был тесно связан с высокими темпами роста производительности труда, повышением фондоотдачи, интенсивным использованием сырьевых и энергетических ресурсов.

На современном этапе необходимость обеспечения как высоких темпов социально-экономического прогресса, так и экономии удельных затрат сохраняется. Однако проблема снижения «расходных» нормативов выдвинулась сейчас как исходная, основная. Сам факт нормирования часто ведет к упорядочению и снижению затрат без принятия каких-либо дополнительных мер. В первую очередь это относится к так называемым коэффициентам технологических затрат — расходования средств производства. О том, какие крупные резервы в нашем народном хозяйстве имеются в этой области, свидетельствует следующее сопоставление. По итогам 1979 г. объем промышленной продукции СССР по сравнению с США составил более 80%, продукции сельского хозяйства — примерно 85%[11], объем капитальных вложений — около 100%, грузооборот всех видов транспорта — 130%, а национальный доход — 67%[12]. Это значит, что ввиду относительно высокого уровня удельных расходов средств производства у нас значительно больше доля фонда возмещения и меньше — чистой продукции в общем объеме общественного продукта.

Конкретный анализ показывает, что ряд отраслей еще в значительной степени работает «на себя». Так, на многих предприятиях промышленности удельный расход сырья, материалов, а также живого труда на единицу готового изделия намного выше, чем это необходимо при современной технике и организации производства. В сельском хозяйстве на корма используется почти $^2/_3$ собранного зерна, а конечные результаты в виде мяса и молока невысокие. Велики потери собранного урожая. Низка отдача от тех огромных ресурсов, которые государство выделяет для развития отдельных отраслей. В строительстве все еще слишком велико количество незавершенных объектов, а удельный расход цемента, кирпича, леса, стекла и других материалов примерно на $^1/_3$ превышает уровень, достигнутый передовыми строительными организациями. На транспорте большой удельный вес занимают нерациональные, в том числе встречные перевозки. Таким образом, крупные резервы увеличения конечных результатов за счет лучшего использования производственных мощностей, материальных и трудовых ресурсов имеются в каждой отрасли материального производства, на каждом предприятии, хозяйстве, стройке. Привести их в действие — значит расширить возможности для дальнейшего улучшения образа жизни населения, повышения уровня сбалансированности в народном хозяйстве, увеличения темпов экономического роста.

---

[11] В среднем за 1976—1979 гг.

[12] См. «Народное хозяйство СССР в 1979 г.». Издательство «Статистика», 1980 г., стр. 67—68.

Эти резервы известны давно, но используются они пока недостаточно. Подобное положение связано и с тем, что «голыми руками» их полностью не «возьмешь»— для этого нужен механизм для сведения индивидуальных затрат к общественно необходимым и доведения выравненного норматива до трудовых коллективов. В настоящее время в нашей хозяйственной практике применяются сотни миллионов различных норм и нормативов использования рабочего времени, материалов, энергии, технологического оборудования, кормов, земли и других средств труда. Такое количество норм, находящихся к тому же в постоянном движении, делает их практически неуправляемыми. Значительная их часть экономически недостаточно обоснована, устарела и не может обеспечивать направленного воздействия на производство с целью экономии времени.

Для того, чтобы овладеть управлением процессами и факторами роста эффективности, необходимо значительное улучшение, а во многом и создание новой (прежде всего с точки зрения качества) нормативной базы. Число действующих норм надо сократить: для управления и контроля за использованием рабочего времени важно иметь достоверные данные об удельном расходе ресурсов на единицу конечного полезного результата. Используя термины кибернетики, можно сказать: управление должно учитывать прежде всего «входы» (выделенные ресурсы) и «выходы» (полезные результаты) соответствующей хозяйственной подсистемы, предоставив более полную самостоятельность ее руководителям самим устанавливать и поддерживать необходимый порядок во взаимосвязях на промежуточных стадиях производства. Вышестоящим органом: Госпланом — для министерства, министерством — для объединения, объединением — для входящих в него предприятий и т. д.— должны устанавливаться укрупненные нормативы расходования ресурсов в данной подсистеме на единицу ее полезного конечного результата (например, на 1 тыс. руб. нормативно чистой продукции, прибыли, на условную натуральную единицу и т. д.).

Важно, чтобы такие нормативы были напряженными, но реальными. Для их обоснования надо шире использовать данные о среднем уровне затрат, достигнутом в отрасли, группой передовых предприятий, за рубежом. Важно, чтобы установленные плановые задания по снижению расхода ресурсов не пересматривались в конце планового периода с учетом фактически достигнутого уровня. Иными словами, логика борьбы за высокую эффективность производства на современном этапе требует, чтобы хозяйственники концентрировали свои усилия не на том, как добиваться корректировки напряженных заданий по снижению затрат, а на том, чтобы их обязательно выполнить. Отсюда следует вывод, что задания по экономии труда, сырья, энергии и производственных фондов должны стать исходными при разработке других разделов плана, особенно мероприятий в области научно-технического прогресса, углубления специализации, реконструкции действующих предприятий и отдельных цехов, повышения квалификации рабочих и ИТР, использования передового опыта и организации труда.

Поскольку мерило эффективности становится сейчас основным критерием оценки качества работы трудовых коллективов и хозяйственных руководителей, для выявления победителей в социалистическом соревновании и поощрения передовиков необходимо шире использовать нормативы удельного расходования ресурсов и в аналитической работе, особенно при сопоставлении и оценке качества работы смежных или аналогичных предприятий. Для того, чтобы повысить степень сравнимости результатов хозяйствования на предприятиях разного профиля, целесообразно сконцентрировать анализ на отдельных показателях использования конкретного ресурса. Например, данные об абсолютном уровне производительности труда на заводе железобетонных конструкций и швейной фабрике не могут служить основой для сравнительной характеристики эффективности использования рабочего времени. Но сопоставление, в частности, таких показателей, как удельный вес простоев в течение рабочего дня, текучесть кадров, доля ручного труда, число нарушений трудовой дисциплины, дает уже достаточно полную информацию о качестве управления соответствующими социально-экономическими процессами на каждом из сравниваемых предприятий.

Точно так же недостаточны и сравнительные данные об абсолютной фондоотдаче на двух разных объектах, в то время как сопоставление коэффициентов сменности оборудования, степени освоения проектной мощности, соотношений роста производительности и фондовооруженности труда, динамики изменения этих показателей за отчетный или плановый период содержит в себе элементы качественной характеристики относительного уровня эффективности хозяйствования. Аналогичный подход необходим также при анализе и оценке степени использования металла, других видов сырья и материалов, топлива и энергии. Конечно, все эти показатели частные: они характеризуют использование конкретных ресурсов и только с одной стороны. Практика управления эффективностью производства остро нуждается в сводных, обобщающих нормативах экономии времени на предприятии, в объединении, в отрасли (министерстве).

Показатели, характеризующие эффективность хозяйственной деятельности,— только один из важнейших элементов механизма сознательного использования закона экономии времени при социализме. В целом этот механизм охватывает три взаимосвязанные подсистемы: во-первых, разработку плановых нормативов, в том числе цен, близких к уровню общественно необходимых затрат труда; во-вторых, подсистему доведения до трудовых коллективов прямых, адресных заданий по снижению издержек производства и экономии; в-третьих, подсистему контроля за соблюдением установленных норм и соответствующего стимулирования трудовых коллективов. Все эти три подсистемы входят составными частями в народнохозяйственное планирование, хозяйственный расчет, статистический учет и материальное стимулирование.

Практика со всей отчетливостью показала, что достижение высоких рубежей и преодоление объективно возникающих трудностей требуют значительного совершенствования привычного, но уже устаревшего и во многом износившегося хозяйственного механизма. Решение новых сложных задач, которые выдвинуты XXVI съездом КПСС на 1981—1985 гг. и на период до 1990 г., требует более совершенных методов анализа, учета, планирования и стимулирования режима экономии и повышения качества, то есть необходима решительная и последовательная качественная перестройка планового управления процессами экономии времени с тем, чтобы ускорить рост эффективности общественного производства.

Акад. АН УССР И. Лукинов
Киев

СОВЕРШЕНСТВОВАНИЕ МЕТОДОВ УПРАВЛЕНИЯ СОЦИАЛИСТИЧЕСКИМ ХОЗЯЙСТВОМ

Дальнейшее повышение благосостояния советского народа на основе устойчивого, поступательного развития народного хозяйства, ускорения научно-технического прогресса и перевода экономики на интенсивный путь развития, более рационального использования производственного потенциала, всемерной экономии ресурсов и улучшения качества работы характеризуют ориентацию экономической политики КПСС на длительный период. Разработка и использование более совершенных методов экономического управления во многом предопределяют достижение намеченных на 80-е годы темпов экономического роста при одновременном снижении ресурсоемкости единицы конечного продукта. Важнейшим стимулирующим импульсом ускорения общественного прогресса выступают органически сочетающиеся при социализме экономические интересы различных уровней. В сложной их иерархии высшим и определяющим является общенародный интерес, с которым не только непосредственно сочетаются, но и которому подчиняются все другие интересы — национальные, местные, коллективные (групповые), личные и т. д. Это одно из проявлений сущностных сторон экономических отношений, регулирующих жизненные функции всего народнохозяйственного организма.

«Общегосударственные интересы,— подчеркнул Л. И. Брежнев в Отчетном докладе ЦК КПСС XXVI съезду партии,— всегда должны стоять выше интересов отдельных министерств и предприятий». В докладе высказана мысль о необходимости расширения самостоятельности объединений и предприятий, прав и ответственности хозяйственных руководителей, создания для этого надлежащей экономической обстановки, организационных и управленческих отношений.

Трудовые коллективы формируются и работают в тех или других звеньях экономики — предприятиях, объединениях, организациях, учреждениях, производственных комплексах, действующих в единой системе планового управления. Формы хозяйствования динамичны. Они меняются в ходе общественного развития и должны своевременно приводиться, как указывалось на XXVI съезде партии, в соответствие с новыми хозяйственными задачами. Сам процесс управления осуществляется с помощью экономического механизма (хозяйственного механизма или механизма хозяйствования) — совокупности взаимосвязанных между собой методов и средств (рычагов) воздействия на ведение общественного хозяйства, его воспроизводство, структуру, эффективность и качество, темпы и пропорции экономического и социального развития.

Понятие хозяйственного механизма трактуется по-разному. Некоторые авторы характеризуют его неоправданно расширительно, включают в него чуть ли не весь базис и надстройку общества с административными оргструктурами сверху донизу, а другие — чрезмерно суженно, сводят его к тем или иным отдельно взятым методам, рычагам и даже оценочным показателям хозяйственной деятельности, то есть представляют части как целое.

В первом случае при всеобъемлющем «глобальном» понимании хозяйственного механизма размываются границы и вносится путаница в четко определенные наукой экономические и философские категории, а во втором — вместо действительного экономического механизма рассматриваются лишь составляющие его элементы, при этом создается иллюзия, будто достаточно заменить один метод, рычаг или даже оценочный показатель другим, и механизм «заработает» в полную силу.

Оценке результатов трудовой деятельности в системе социалистического хозяйствования отводится немаловажное место. Однако сами по себе оценочные критерии и показатели не выполняют прямых регулирующих функций. Они начинают оказывать реальное воздействие на ход производства и эффективность лишь тогда, когда от них зависит реализация экономических интересов, то есть когда изменение оценочного показателя непосредственно влияет на фонды накопления и стимулирования, моральную и материальную заинтересованность трудового коллектива.

Без уяснения сущности, экономической природы и форм проявления регулирующих свойств механизма хозяйствования немыслимы выработка и обоснование практических мер по его частичному или коренному совершенствованию. Степень оптимизации соотношений различных уровней экономических интересов предопределяет одну из стержневых основ эффективного ведения общественного хозяйства. Ведь экономическое управление охватывает наиболее «чувствительные» стороны процессов формирования и движения совокупных общественных издержек (единовременных и текущих затрат), общественной стоимости, цен, финансово-кредитных ресурсов, оказывающих непосредственное воздействие на достижение планируемых объемов, обеспечение структуры и качества потребительной стоимости, степень ее «сбалансированности» с меняющимися потребностями и платежеспособным спросом.

На различных уровнях управления планомерно совершаются процессы распределения, обмена, использования национального дохода, образования фондов накопления и потребления. В достижении оптимального их сочетания и структуры заложен ключ к обеспечению наиболее рационального регулирования экономических интересов и хозрасчетных отношений.

С возмещением материальных издержек (c) величина стоимости вновь созданного продукта ($v + m$), обращенная в национальный доход общества, при соответствующей материально-вещественной структуре предопределяет возможности обеспечения благосостояния народа и расширения воспроизводства. Управление образованием и распределением национального дохода с помощью ценового и внеценового регулирования обусловливает, с одной стороны, степень централизации и концентрации единовременных вложений, их направление и структуру, а с другой — формирование фондов заработной платы и фондов общественного потребления, стимулирование трудовых коллективов и отдельных работников, создание экономических условий для хозрасчетной деятельности. Все это, в свою очередь, оказывает обратное влияние на эффективность производства. Взаимоувязка прямых и обратных связей в системе социалистического хозяйства играет особо важную роль, обусловливая сбалансированность его структуры.

В настоящее время около $^3/_4$ национального дохода составляет фонд потребления, а остальная часть — фонд накопления и прочие расходы. С учетом же затрат на жилищное и социально-культурное строительство около $^4/_5$ используемого национального дохода расходуется на повышение народного благосостояния. При оптимизации структуры формирования и использования фондов накопления и потребления определяющими являются критерии социально-экономической эффективности. Поскольку оплата труда (v) входит в издержки, прибавочный продукт (m) в форме денежного дохода и соответствующих ему вещественных ресурсов. выступает в качестве определяющего в регулирующих функциях управляющего механизма, создавая условия для расширенного воспроизводства.

За счет чистого дохода создаются новые и реконструируются действующие производства как на высшем уровне единого народнохозяйственного комплекса, так и на уровнях отраслей отдельных регионов и ведомств, объединений и предприятий, а также формируются фонды общественного потребления, фонды стимулирования и т. д. Прибавочный продукт (m) и его денежная форма характеризуются сложной структурой. На базе критериев эффективности возможно отыскание оптимальных пропорций его образования и рационального использования в тех или других направлениях. С учетом создания каждым трудовым коллективом определенного продукта или услуг требуемых структуры и качества, валового и чистого дохода, вклада коллектива в общенародное достояние формируется и процесс социалистического распределения. В основе его лежит принцип: по количеству и качеству труда, его производительности, конечной результативности хозяйственной деятельности.

Социалистическое государство, будучи собственником ресурсов и фондов общества, располагает широкими возможностями выбора и использования наиболее эффективной системы экономического управления хозяйством. Исходя из общей стратегии в каждый данный момент этот выбор предопределяется конкретно складывающейся экономической ситуацией, которая диктует выбор, с одной стороны, стимулирующих средств роста и совершенствования общественного производства, а с другой — наиболее рационального распределения и использования валового, вновь созданного (чистого) и прибавочного продукта в его стоимостных и натуральных формах.

Например, для периода военного коммунизма характерной чертой были продразверстка, методы и средства строго нормированного уравнительного распределения материальных ресурсов. Период новой экономической политики, выработанной В. И. Лениным, характеризовался системой продналога, всемерным развертыванием торговли и частной инициативы. Для первых пятилеток характерны введение планово-директивных начал, централизация и концентрация накоплений и ресурсов на решающих направлениях создания все более мощного экономического фундамента социализма.

Специфичен механизм государственного управления военного времени и восстановительного периода, с помощью которого в невиданно короткий срок была осуществлена гигантская перестройка всего народного хозяйства сначала на военные, а затем, после победы над фашизмом, на мирные рельсы. За истекший 35-летний период послевоенного времени система социалистического хозяйствования и механизм ее управления прошли ряд этапов совершенствования. Динамизм системы предопределяется прогрессом производительных сил и производственных отношений — исходной основы экономического управления.

На современном этапе важнейшими составными элементами хозяйственного механизма являются: государственное планирование экономического и социального развития народного хозяйства со всеми его отраслевыми, региональными и хозяйственными звеньями и сложными экономическими взаимосвязями между ними; плановое регулирование товарно-денежных отношений с увязкой производства и потребностей, реального предложения и платежеспособного спроса, управление движением товарных и денежных масс в процессе обращения.

Неотъемлемой его частью выступает планирование цен и тарифов, предусматривающее органическую увязку движения цен и тарифов с движением совокупных издержек и общественной стоимости, установление экономически обоснованного уровня стабильных цен и их соотношений в единой ценовой системе. В то же время широко используются методы обеспечения плановой «гибкости» цен, дифференциации их по ценовым шкалам, введения надбавок и скидок, стимулирующих эффективность и качество, сглаживающих региональные и сезонные различия, выравнивающих экономические условия хозяйствования. С помощью оптовых и закупочных цен, управления процессом формирования издержек в значительной мере обеспечиваются экономические условия хозрасчетной деятельности объединений и предприятий.

Плановое финансово-кредитное регулирование при осуществлении инвестиционной политики и возмещении текущих затрат охватывает, с одной стороны, управление процессами формирования финансовых и кредитных ресурсов на различных уровнях как с помощью ценовых рычагов (поступления в бюджет через налог с оборота и др.), так и посредством внеценовых бюджетных поступлений (плата за фонды, подоходный налог, плата за кредит, рентные и другие формы платежей), с другой — процессы распределения и использования инвестиционных фондов для выполнения народнохозяйственных планов и крупных целевых программ, создания новых и реконструкции действующих объектов.

При этом оптимальные пропорции в соотношениях централизованных, ведомственных и хозяйственных источников покрытия единовременных и текущих затрат реально достигаются в условиях научно обоснованного управления ими, исходя из критерия максимума народнохозяйственного и хозрасчетного эффектов. Чем выше доходность социалистического предприятия, объединения или других звеньев хозяйства, тем больше поступает от него средств в государственный бюджет и бо́льшими возможностями располагает его трудовой коллектив расширять и модернизировать производство за счет внутренних источников, повышать заинтересованность в высокоэффективном хозяйствовании при одновременном снижении затрат бюджетных и кредитных средств. И, напротив, чем ниже доходность, или, еще хуже, выше убыточность, тем больше требуется бюджетных дотаций и кредитных ресурсов для нормального функционирования предприятия, тем слабее хозрасчетный интерес. Только на основе органического единства плана и хозрасчета, более умелого управления ценовыми и финансово-кредитными рычагами, всемерного развития инициативы трудовых коллективов в удешевлении производства и рациональном его ведении могут быть устранены убыточность и связанные с ней негативные последствия, достигнута оптимальная норма хозрасчетной рентабельности.

Четкое функционирование хозяйственного механизма невозможно без широкого использования договорных отношений, развития прямых кооперированных и интегрированных связей между сопряженными сферами по осуществлению единых плановых решений с применением жестких экономических методов контроля за выполнением договорных обязательств, движением и эффективным использованием материально-технических ресурсов.

Методы и рычаги планового управления и контроля за заработной платой, материальным и моральным стимулированием, использованием фондов общественного потребления предопределяются условиями и особенностями производства, складывающимися соотношениями совокупных затрат и результатов, степенью удовлетворения спроса потребителя, что и должно лежать в основе системы хозрасчетного стимулирования. Социалистический принцип распределения по труду несовместим с уравниловкой и обезличкой.

Таким образом, представления о хозяйственном механизме как системе методов и средств планового управления, в которой планы экономического и социального развития находятся в органическом единстве с формированием и функционированием цен, финансов, кредита и хозрасчетных отношений, являются, по нашему мнению, правильными, хотя и недостаточно полными. Эта система охватывает всю совокупность прямых и обратных связей управления сложным воспроизводственным процессом, включая хоздоговорные отношения и методы стимулирования ускорения темпов экономического роста и обращения. Именно в системе экономического управления, которая в условиях социализма имеет внутренне присущую ему социально-экономическую природу, и заключены действенные регуляторы глубинных процессов социалистического хозяйствования.

Активное использование указанных регуляторов играет особо важную роль в осуществлении экономической политики. В зависимости от того, насколько глубоко и комплексно преобразуются регулирующие функции хозяйственного механизма при тех или других изменениях политики, изменяется и степень самого его совершенства, влияния интересов на развитие общественного хозяйства, его структуру, темпы и пропорции в соответствии с действием объективных экономических законов социализма. С помощью экономических интересов и стимулов, воспитания коммунистического отношения к труду активизируется его творческий характер, развиваются инициатива, организованность, самодисциплина и самоконтроль в трудовых коллективах. Всемерное развитие социалистического соревнования и трудового соперничества, обеспечение точного соизмерения затрат и результатов, стимулирование по количеству и качеству труда имеют огромное значение для эффективного хозяйствования.

Курс на интенсификацию, повышение эффективности и качества является долговременным и сопряжен прежде всего с необходимой перестройкой структуры производства, рациональным хозяйствованием, использованием самых совершенных технологий, организационных форм и стимулов на каждом социалистическом предприятии, объединении и комплексе. Модернизация базовых отраслей индустрии, более ускоренные темпы развития отраслей группы «Б» в соответствии с задачами дальнейшего повышения благосостояния народа требуют всемерного стимулирования ускорения научно-технического прогресса, опережающего подъема и качественного совершенствования его сердцевины — отраслей машиностроения. Они призваны обновить техническую базу производства с введением принципиально новых трудо-, энерго- и материалосберегающих технологий малоотходного типа. Это одно из глобальных направлений повышения эффективности хозяйствования в будущем. И именно социалистический механизм хозяйствования, демократический централизм управления создают для этого наилучшие экономические предпосылки.

На октябрьском (1980 г.) Пленуме ЦК КПСС Л. И. Брежнев подчеркнул, что только центр может эффективно руководить единым народнохозяйственным комплексом, «противостоять ведомственным и местническим тенденциям. С другой стороны, для нормального функционирования экономики надо всемерно развивать инициативу мест, трудовых коллективов, хозяйственных руководителей». Эта мысль проходит красной нитью во многих партийных и государственных документах. Научно доказано и многолетним практическим опытом подтверждено, что инициатива снизу является огромным, ничем не заменимым резервом ускорения хозяйственного развития.

Экономический механизм активизирует интересы в нужном для общества направлении лишь тогда, когда он «повернут» в сторону повышения результативности хозяйствования по принципу: производить больше, дешевле и лучше для удовлетворения запросов потребителя и на этой основе ускорять темпы экономического роста.

В наиболее трудном положении оказываются низкорентабельные и тем более убыточные предприятия. Будучи общенародной собственностью, они планомерно работают и развиваются за счет безвозмездных дотаций из государственного бюджета и наделения необходимыми материальными ресурсами. Но при этом совершенно недопустимы проявления иждивенческих тенденций, когда усилия начинают концентрироваться не на изыскании внутренних резервов роста и совершенствования производства, а на том, как бы получить побольше ресурсов на безвозмездной основе, иметь поменьше план и повыше цену, забывая, что делается это за счет перераспределения того, что создано другими трудовыми коллективами. Путем умелого использования ценового и финансово-кредитного механизма в сочетании с хозрасчетным стимулированием и использованием внутренних резервов удешевления производства такое экономическое положение ряда предприятий и отдельных видов производств должно быть изменено.

На движение издержек, стоимости и цен оказывают воздействие различные факторы. В качестве «удорожающих» факторов выступают: ухудшение условий добычи и удаление от мест потребления топливных и минерально-сырьевых, лесных, водных и других ресурсов, увеличение издержек на охрану окружающей среды, на разведку и воспроизводство естественных богатств. С повышением фондоемкости и себестоимости многих видов продукции в общую орбиту удорожания вовлекаются как сферы производства, так и сферы потребления. Удешевление производства требует более активного использования достижений научно-технического прогресса, создания и применения экономичных технологий, повсеместного поворота к интенсивным формам расширенного воспроизводства.

Каждое объединение и предприятие должно за счет собственных доходов возмещать издержки, то есть работать безубыточно, пополнять государственный бюджет, осуществлять плановыми темпами воспроизводственный процесс и модернизацию. При недостатке собственных накоплений используются государственные кредиты, которые способствуют ускорению оборачиваемости и достижению более высокой эффективности инвестиций.

Что касается прямого бюджетного финансирования, то оно представляет собой рычаг концентрации вложений на выполнении крупных программ общенародной значимости — создании новых производственных звеньев и объектов инфраструктуры, решении тех или других глобальных народнохозяйственных проблем. В целях более эффективного использования этой формы накоплений необходимо усилить хозрасчетные принципы их реализации.

Меры по дальнейшему совершенствованию планового управления осуществляются в комплексе с мероприятиями по развитию хозяйственного расчета. И чем совершеннее система планирования, тем лучше предпосылки для хозрасчетной деятельности. План и хозрасчет в этих условиях не только не противостоят, а дополняют друг друга, составляя органическое единство. Если же между ними возникают противоречия, то это прежде всего свидетельство несовершенства механизма и взаимосвязи между ними, которое необходимо устранить, поставить систему планирования на более прочный научный фундамент. Централизация ресурсов и эффективное их использование в нужном для общества направлении — одно из величайших преимуществ социалистической плановой системы хозяйства. Но это ничего общего не имеет с примитивными воззрениями о механическом изъятии и последующем «дележе» ресурсов по субъективным соображениям. Помимо неоправданных издержек, связанных с такого рода операциями, они вели бы к подрыву основных принципов ведения хозяйства, «фокусируя» интересы на изыскании возможностей безвозмездного получения средств, достижения не более чем иллюзорного экономического благополучия.

Последовательный курс КПСС и Советского государства исходит из ленинских принципов социалистического хозяйствования, современных научных достижений и накопленного громадного практического опыта. Он направлен на обеспечение комплексного планового управления хозрасчетной деятельностью объединений и предприятий. Наряду с плановой концентрацией на строго экономической основе общественно необходимой части доходов и ресурсов одновременно создаются предпосылки для хозрасчетной деятельности трудовых коллективов, ведения безубыточного производства и его развития.

Экономическое управление, стимулируя трудовую активность в соответствии с принципом: «от каждого — по способностям, каждому — по труду», призвано обеспечивать в каждый данный момент оптимальные соотношения между дифференциацией оплаты по труду и выравниванием уровней заработной платы, увеличением доли фондов общественного потребления. Соблюдение этого принципа имеет большое значение для хозяйственного расчета, при котором стимулирование осуществляется по конечным результатам работы.

Наиболее стабильные экономические условия для хозрасчетной деятельности создаются тогда, когда плановые цены реализации, отражая движение общественной стоимости, полностью «покрывают» научно обоснованный норматив издержек и приносят чистый доход в размере, обеспечивающем расчеты с бюджетом и внутренние накопления для планируемого прироста и качественного обновления продукции в очередном цикле. Уровень цен, в равной мере выгодный для производителя и потребителя, призван стимулировать постоянное обновление и удешевление продукции при одновременном росте доходов за счет увеличения объема ее выпуска и повышения качества. Действующая система цен, хотя и совершенствуется в таком направлении, но не всегда способствует этому, особенно сочетанию стабильности и гибкости при их регулировании.

За более высокие качественные параметры товаров и услуг, требующих дополнительных издержек и высококачественного труда, потребитель должен платить больше, чтобы стимулировать производителя к выпуску таких изделий. Поэтому применение шкалы дифференцированных цен в зависимости от качества продукции — одно из важных стимулирующих средств совершенствования производства. Взаимосвязь цен в единой системе приводит к тому, что повышение их в одном зве-

Таблица 1

Распределение прибыли промышленных предприятий СССР

	1965 г.		1979 г.	
	млрд. руб.	% к итогу	млрд. руб.	% к итогу
Всего прибыли	22,5	100	70,3	100
в том числе:				
фонды экономического стимулирования	1,35	6,00	12,00	17,00
финансирование капиталовложений	2,03	9,00	2,81	4,00
на увеличение оборотных средств и другие цели	3,15	14,00	13,36	19,00
Платежи в бюджет	15,98	71,00	42,18	60,00

не как по цепной реакции переходит на другие звенья, повышая цены у всех потребителей, если оно не компенсируется снижением издержек по другим статьям затрат. Вся ценовая система движется в том или другом направлении в зависимости от того, действие каких факторов преобладает: повышающих, стабилизирующих или понижающих.

Происшедшие сдвиги в оптовых ценах в связи с изменившимися уровнем издержек, условиями формирования и распределения прибыли в промышленном производстве нашей страны за последние 15 лет способствовали усилению хозрасчетных отношений. По данным ЦСУ СССР, в 1965 г. общий уровень фактической рентабельности (отношение прибыли к фондам) промышленных предприятий страны составлял 13%, в 1970 г.— 21,5%, в 1975 г.— 15,8%, в 1978 г.— 13,5% и в 1979 г.— 12,6%. Однако абсолютная величина прибыли (без налога с оборота и других форм денежных накоплений) на базе растущей фондооснащенности увеличилась с 22,5 млрд. до 70,3 млрд. руб., то есть более чем в 3 раза (см. табл. 1). Фонды экономического стимулирования предприятий за рассматриваемый период возросли почти в 9 раз, а их удельный вес во всей прибыли повысился на 11%. В то же время доля внутрихозяйственных накоплений на финансирование капиталовложений снизилась на 5% при некотором их абсолютном увеличении. Общий же размер прибыли, оставляемой в распоряжении предприятий, увеличился с 6,5 млрд. до 28,2 млрд. руб. Очевидно, такая тенденция отражает укрепление хозяйственного расчета в деятельности предприятий.

Анализ, проведенный в разных отраслях промышленного производства и по отдельным крупным объединениям, показывает, что структура распределения накоплений существенно различается. Стимулирующее влияние хозрасчета усиливается в тех звеньях, где достигнута достаточно высокая плановая урегулированность в меняющихся соотношениях издержек и цен; снижаются хозрасчетные интересы в случаях, когда такая урегулированность недостаточна. Негативное влияние оказывают и отсутствие экономически обоснованного нормирования и неоправданная регламентация процессов формирования и использования

Таблица 2

Распределение прибыли по отдельным предприятиям, предусмотренное в планах 1979 г.

	«Запорожсталь»		«Криворожсталь»		Ворошиловградское обувное объединение		Клавдиевское хлопчатобумажное объединение	
	в млн. руб.	% к итогу	в млн. руб.	% к итогу	в млн. руб.	% к итогу	в млн. руб.	% к итогу
Всего прибыли	248,9	100	153,7	100	19,3	100	0,38	100
в том числе								
фонды экономического стимулирования	13,7	5,5	17,1	11,1	2,0	10,4	0,13	34,2
из них фонды развития производства	7,7	3,0	7,9	5,1	0,2	1,0	0,02	5,3
финансирование капиталовложений	0,2	0,1	0,3	0,2	-	-	-	-
направлено на другие цели	13,7	5,5	5,0	3,3	0,7	3,6	0,17	44,7
изъято прибыли на перераспределение	−72,3	−29,0	−6,4	−4,1	-	-	-	-
должно быть получено по перераспределению	-	-	-	-	-	-	+0,09	+23,7
Платежи в бюджет	149,0	59,9	124,9	81,3	16,6	86,0	0,17	44,7
Рентабельность	39,9%		6,7%		54,7%		8,5%	

различных хозяйственных фондов. Этот недостаток в значительной мере устраняется внедрением положений постановления ЦК КПСС и Совета Министров СССР «Об улучшении планирования и усилении воздействия хозяйственного механизма на повышение эффективности производства и качества работы». Вводятся длительно действующие нормативы распределения прибыли, отчисления от прибыли могут оставаться на предприятиях в качестве переходящих средств и накапливаться для проведения крупных реконструкционных или других хозяйственных мероприятий. На их осуществление в планах капиталовложений министерств и ведомств должны выделяться соответствующие материальные ресурсы.

Вряд ли можно признать экономически оправданным положение, когда накопления промышленных предприятий и объединений после выплаты ими необходимой доли средств в бюджет изымаются без учета требуемых объемов внутренних инвестиций в фонды ведомственного перераспределения. Одновременно предприятиям и объединениям, у которых изъяты накопления, выделяются средства на модернизацию и другие потребности «сверху». Тем самым ослабляются коллективные интересы в увеличении внутренних накоплений. Такая мера сопровождается неоправданными затратами времени, а также средств на содержание излишнего персонала.

Как видно из таблицы, в названных предприятиях и объединениях с разным уровнем рентабельности структуры планового распределения прибыли различны. Высокорентабельный металлургический завод «Запорожсталь», которому планировалось получить 248,9 млн. руб. прибыли, выделяет непосредственно в бюджет 149 млн. руб. (59,9%), и, кроме того, у него по плану изымается на внутриведомственное перераспределение 72,3 млн. руб. (29%) прибыли, а на внутрихозяйственные нужды оставляется 27,6 млн. руб. (11,1%), в том числе лишь 200 тыс. руб. (0,1%) — на финансирование капиталовложений и 7,7 млн. руб. (3%) — в фонд развития производства. Данное предприятие испытывает потребность в модернизации оборудования и технологическом обновлении. В сложившейся ситуации на это нужны крупные централизованные ассигнования, ибо внутренних средств при названных размерах изъятий явно не хватает, и к тому же они до сих пор не были гарантированы необходимыми материальными фондами. На заводе «Криворожсталь», на котором уровень рентабельности и масса накоплений значительно ниже, отчисления в бюджет составили 124,9 млн. руб. (81,3%); 6,4 млн. руб. (4,1%) направлено на внутриведомственное перераспределение. В результате фонды развития производства и финансирования капиталовложений оказались недостаточными, к тому же не обеспечены условия их эффективного использования.

Ворошиловградское обувное объединение при рентабельности 54,7% отчислило в бюджет 16,6 млн. руб. (86,0%) и оставило на внутрихозяйственные нужды всего 2,7 млн. руб. (14,0%). Не отчислено средств в фонд финансирования капиталовложений, а в фонд развития выделено всего 200 тыс. руб. Хозрасчетные отношения и стимулы к модернизации при таком положении, на наш взгляд, искусственно ослабляются. Названные пропорции распределения прибыли далеки от оптимальных. Ведь оказалось необеспеченным решающее направление — качественное совершенствование производства. Другое положение в Клавдиевском хлопчатобумажном объединении. При норме рентабельности 8,5% и массе прибыли 380 тыс. руб. оно отчислило в бюджет 44,7% и в то же время получило обратно по внутриведомственному перераспределению 90 тыс. руб. (23,7%). Внутрихозяйственные фонды крайне ограничены вследствие низкой общей доходности предприятия и отсутствия должных стимулов к их увеличению. Очевидно, в этом случае требуются более действенные меры, с одной стороны, по совершенствованию экономического регулирования, а с другой — по улучшению хозяйственной деятельности и подъему эффективности, а именно необходимо более производительно использовать как собственные, так и выделяемые, хотя недостаточные по объему ресурсы.

Реализация намеченных мер по совершенствованию хозяйственного механизма связана с необходимостью плановой оптимизации и балансовой увязки пропорций и структуры формирования и использования финансовых и материальных ресурсов, исключения нерациональных решений, сдерживающих скорость воспроизводства и хозяйственного оборота. Речь идет о достижении каждым предприятием оптимальных нормативов рентабельности, обеспечивающих как своевременные расчеты с госбюджетом, так и создание внутренних накоплений на расширение и модернизацию производства, обновление выпускаемой продукции. Нормативы формирования фондов экономического стимулирования должны обеспечивать нормальную хозрасчетную деятельность трудовых коллективов. Все денежные средства предприятия должны быть увязаны с материальными ресурсами. При недостатке внутренних накоплений в определенных случаях предусматриваются кредитные и бюджетные источники покрытия. Именно в этой области особенно важны усиление хозрасчетных принципов использования ресурсов, повышение интересов каждого трудового коллектива в разработке и выполнении напряженных планов, изыскании и реализации внутренних резервов ускорения хозяйственного развития.

Существенные изменения вносятся в стимулирование научно-технического прогресса. Предусмотрены создание в министерствах и ведомствах единых фондов развития науки и техники, перевод научно-исследовательских, конструкторских, проектно-конструкторских и технологических организаций, научно-производственных и производственных объединений (предприятий) промышленности на хозрасчетную систему организации работ по созданию, освоению и внедрению новой техники на основе заказов-нарядов (договоров). Тем самым должны быть до минимума сокращены объемы нереализуемых, так называемых «бросовых», исследовательских и проектно-конструкторских работ. Анализ показывает, что удельный вес их в деятельности ряда организаций до последнего времени доходил до 40 и более процентов. Такие непроизводительные затраты необходимо устранять.

При разработке проектов новых и реконструируемых объектов важное значение имеет введение таких технических и технологических решений, которые обеспечивают значительный рост производительности труда и качественных параметров выпускаемой продукции. Недопустимо закладывать в новые проекты устаревшую технику, технологию и организацию, то есть воспроизводить «вчерашнюю» систему производства. Нередко руководители объединений, предприятий, министерств и ведомств в силу разных причин не полностью используют даже те фонды, которые в плановом порядке выделяются на внедрение новой техники и научных достижений. Иногда эти средства используются недостаточно эффективно и с большим запозданием.

Эффективности использования выделяемых финансовых и материальных ресурсов на ускорение НТП способствует комплексный подход к реализации соответствующих новинок в единой плановой программе — от зарождения идеи до материализации в новой технике и технологии. При этом звенья сложной цепи «стыкуются» на основе плана и обеспечиваются необходимыми ресурсами для быстрого превращения идей в проектно-конструкторские разработки, а последних — в опытные образцы с последующим доведением до серийного и массового производства.

Главный упор при этом должен делаться на стимулирование роста качества и конечных результатов, чему способствуют введенный порядок формирования фондов экономического стимулирования с повышением их размеров за выпуск новой продукции, а также увеличение надбавок к оптовым ценам за высококачественные изделия при одновременном расширении санкций за выпуск морально устаревшей продукции.

Мероприятия по использованию фондов развития производства, его модернизации на новой технической основе теперь разрабатываются и утверждаются самостоятельно объединениями (предприятиями), а затраты на эти цели в первоочередном порядке включаются в планы капитальных вложений министерств и ведомств, с обеспечением необходимыми материальными ресурсами. Такой порядок будет способствовать ускорению прогресса в производстве и развитию инициативы трудящихся. На наш взгляд, требуется дальнейшее расширение прав трудовых коллективов в перераспределении средств между отдельными внутрихозяйственными фондами, имея в виду их более рациональное использование.

Опыт показывает, что там, где применяется по-настоящему творческий подход, эффект от использования фондов экономического стимулирования довольно высок. Примером могут служить производственное объединение «Запорожтрансформатор» и Запорожский титано-магниевый комбинат. Объединение «Запорожтрансформатор», которое проводит эксперимент по созданию и использованию единого фонда материального поощрения, разработало с участием научных учреждений и внедрило в конце 1977 г. новое положение о премировании, позволившее в комплексе с другими мерами по технологическому и организационному совершенствованию производства уже в 1978 г. значительно улучшить результаты хозяйственной деятельности. Повысилась ритмичность работы объединения, особенно в первой декаде, темп прироста продукции увеличился с 4,7 до 8,7%, прибыль в сопоставимых ценах по сравнению с 1977 г. возросла на 1948 тыс. руб., или на 9%.

Каждый рубль премии, выплаченный на Запорожском титано-магниевом комбинате из фонда материального поощрения за внедрение достижений научно-технического прогресса, обеспечивал в 1976—1978 гг. за счет снижения себестоимости продукции свыше 6 руб. экономии. Это позволило комбинату на протяжении ряда последних лет наращивать объемы производства, снижать издержки на единицу продукции, повышать ее качество, увеличивая массу прибыли. Комбинат длительное время является победителем Всесоюзного социалистического соревнования в отрасли. Успешно ведется работа и по планомерному сокращению затрат тяжелого ручного труда за счет его механизации.

Социалистическая система хозяйствования, основанная на общенародной и кооперативной формах собственности,— самая демократичная форма ведения крупного общественного хозяйства, где каждый трудовой коллектив и каждый его член являются равноправными сохозяевами, принимают активное участие в управлении и делах своего предприятия. Она располагает огромными возможностями и резервами дальнейшего роста и совершенствования.

С. Хавина

БУРЖУАЗНЫЕ КОНЦЕПЦИИ СОЦИАЛИСТИЧЕСКОЙ СОБСТВЕННОСТИ НА СРЕДСТВА ПРОИЗВОДСТВА

Социалистическая собственность на средства производства — основа экономической системы СССР. Она определяет коренные преимущества и принципиальные отличия социализма от капитализма в социальной, экономической и духовной областях. Именно поэтому социалистическая собственность на средства производства служит одной из главных мишеней для идеологов антикоммунизма, причем буржуазные концепции общественной собственности эволюционируют: старые, общепринятые в буржуазной политэкономии догмы сочетаются с поисками новых подходов.

Буржуазные трактовки сущности общественной собственности на средства производства

Современные буржуазные экономисты прежде всего рассматривают собственность как отношение человека к вещи. Собственность у них выступает в качестве юридической категории, «пучка» различных закрепленных законом прав присвоения собственником вещи (распоряжения, владения и использования) [1]. Например, американские «советологи» Э. Нейбергер и В. Даффи пишут: «Собственность — относительное понятие, и она должна быть определена как совокупность прав на данный объект» [2].

Трактовка общественной собственности на средства производства с позиций отношения человека к вещи основана на абсолютизации поверхностных отношений собственности. Между тем собственность на средства производства характеризует глубинную сущность экономического строя, поскольку представляет собой отношения, складывающиеся между людьми по поводу присвоения средств производства. На поверхности явлений эти отношения выражаются через движение вещей — средств производства и произведенного продукта. Именно данный факт и преломляется в буржуазных экономических теориях, описывающих, по сути дела, отношение человека к вещи.

Такой подход не позволяет научно анализировать категорию «собственность» и, в частности, различать элементы ее структуры: собственность на средства производства, произведенный продукт и предметы потребления. Эта методологическая черта свойственна и концепциям «советологов». Искажая сущность реального социализма, они ставят знак равенства между собственностью на средства производства и собственностью на предметы потребления, затушевывают различное влияние названных элементов собственности на социально-классовую структуру социалистического общества и дифференциацию доходов его членов [3].

Западные исследователи не признают тот факт, что собственность на средства производства — особая форма их общественного присвоения. Она выражает способ соединения рабочей силы со средствами производства. Именно собственность на средства производства определяет условия их включения в процесс общественного производства. Способ соединения рабочей силы со средствами производства характеризует социально-экономический строй общества, в том числе его социальную структу-

---

[1] V. Holesovsky, Economic Systems: Analysis and Comparison. New York, 1977, p. 41.

[2] E. Neuberger and W. Duffy, Comparative Economic Systems. A Decision-Making Approach. Boston, 1976, p. 113.

[3] «Marxism, Communism and Western Society. A Comparative Encyclopedia in 8 Volumes». V. 7, New York, 1973, p. 90.

ру. Поэтому собственность на средства производства является основным производственным отношением каждой общественно-экономической формации. Например, в условиях зрелого социализма господствует государственная (общенародная) собственность на средства производства. Она и определяет систему производственных отношений в целом и специфический характер связей, складывающихся во всех сферах социалистического воспроизводства — производстве, распределении, обмене и потреблении.

Буржуазные теоретики отрицают экономическую природу собственности, считая разговор об этом бессодержательным. По мнению В. Голесовского (США), использование категории «собственность» в качестве критерия дает лишь «описательную», «наиболее грубую» оценку экономической системы. «Собственность на средства производства,— пишет он,— простая фраза, за которой скрывается комплекс вопросов» [4].

Такая позиция ведет к выхолащиванию социально-исторического характера понятия «собственность на средства производства» и к фактическому наполнению его юридическим содержанием. В буржуазных экономических теориях отражается поверхностный слой отношений собственности в форме правил и норм, регламентирующих деятельность структурных звеньев хозяйства. Разумеется, правовые нормы играют важную роль в обеспечении их нормального функционирования и оптимального сочетания интересов всех звеньев общественного производства. Однако содержание данных правовых норм, так же как и системы экономических рычагов и стимулов, определяется основным производственным отношением — государственной (общенародной) собственностью на средства производства. Правовые нормы выражают и закрепляют детерминируемые этим отношением связи между народным хозяйством и отдельными хозяйственными подразделениями, а также между самими подразделениями.

Ненаучный подход буржуазных идеологов к оценке собственности на средства производства усиливает противоречивость их трактовок экономики социализма. В частности, американский «советолог» Ф. Прайор двояко использует категорию «собственность». С одной стороны, рассматривая ее как категорию права, он различает две подсистемы права собственности: право использовать определенный товар, услугу или вещь для получения дохода (то есть владение) и право использовать товары и услуги в производстве и обмене для осуществления контроля, принятия решений, для реализации экономической власти [5]. С другой стороны, собственность выступает у Прайора как самостоятельный экономический институт, фундаментальный элемент экономической системы [6]. Подобная противоречивая позиция характерна и для американских экономистов Э. Фурубота и С. Пежовича [7].

Реальные процессы повышения уровня социалистического обобществления средств производства, развития двух форм общественной собственности на средства производства — государственной (общенародной) и колхозно-кооперативной — и их сближения вынуждают буржуазных теоретиков пересматривать традиционную юридическую трактовку социалистической собственности на средства производства. Это проявляется прежде всего в их рассуждениях по поводу экономической демократии и свободы личности при социализме. Например, западногерманский проф. К. Тальхайм пишет, что «проблема собственности носит экономический характер в той мере, в какой она связана с возможностями действий в экономической сфере». Но такие отступления от традиций предпринимаются для более тонкой апологетики капитализма. Отказавшись от юридической трактовки собственности, Тальхайм спешит убедить читателя, что «независимые экономические действия трудно, а то и вовсе невозможно себе представить без частной собственности на средства производства» [8].

Рассматривая собственность как экономическую категорию, группа западногерманских и австрийских «советологов» в составе Г. Майнхольда, У. Тейчмэна, Г. Френцеля

---

[4] V. Holesovsky, Op. cit., p. 41.

[5] F. Pryor, Property and Industrial Organization in Communist and Capitalist Nations. Indiana University Press, 1973, p. 2.

[6] Ibid., p. 372.

[7] E. Furubotn, S. Pejovich, Property Rights and Economic Theory. A Survey of Recent Literature («Journal of Economic Literature», December 1972).

[8] «Reforms in the Soviet and Eastern European Economies». Toronto — London, 1972, p. 149.

и Ю. Сколки также пытается доказать, что частная собственность на средства производства не в пример государственной (общенародной) собственности служит эффективным гарантом индивидуальной свободы личности, в том числе экономической свободы. Собственность, уверяют они, потому является характеристикой западной экономики, что рассматривается как ценность сама по себе, которая дополнительно обеспечивает свободу человека. Более того, владение собственностью, по их мнению, должно поддерживаться, так как власть, даваемая ею, на практике легче контролируется, чем власть, вытекающая из государственного контроля над средствами производства [9].

Восхваление частной собственности на средства производства в качестве необходимого условия реализации свободы личности, в частности экономической свободы,—стародавний прием буржуазной пропаганды. При этом, как правило, умалчивается, что реальной экономической властью, и соответственно экономической свободой, обладают лишь сильнейшие в мире капитала. В эпоху свободной конкуренции владельцы мелкой и средней частной собственности подчинялись законам стихийного товарного производства. В условиях государственно-монополистического капитализма они испытывают все большую зависимость от монополистического капитала, сосредоточившего в своих руках реальную экономическую, а следовательно, и политическую власть. Именно монополии определяют условия деятельности мелкого и среднего предпринимателя, «неограниченная» экономическая власть которого — миф западной идеологии. В тех же случаях, когда буржуазное государство пытается «гармонизировать» отношения между различными отрядами буржуазии, это в конечном счете также сводится к соблюдению интересов монополий.

Экономическая «свобода» личности при капитализме — всего лишь свобода меньшинства эксплуатировать большинство. Отделение непосредственного производителя от средств производства, составляя сущность частнокапиталистической собственности на средства производства, исключает независимость экономического поведения работников, лишенных средств производства. Только общественная собственность на средства производства, реализующая непосредственно общественное соединение рабочей силы со средствами производства в двух ее основных формах, обеспечивает свободу от эксплуатации и тем самым образует материальный и социально-экономический фундамент экономической свободы личности. Конституция СССР законодательно закрепляет важнейшие экономические свободы членов социалистического общества: свободу выбора профессии, рода занятий и работы в соответствии с призванием, свободу перемены вида трудовой деятельности. Зафиксированы и конкретные гарантии этих экономических свобод: бесплатное, осуществляемое за счет общества профессиональное обучение, повышение трудовой квалификации и обучение новым специальностям, развитие систем профессиональной ориентации и трудоустройства.

Затушевывая сущность общественной собственности на средства производства, буржуазные и ревизионистские теоретики изображают ее как «неясное» и «туманное» понятие. Тальхайм утверждает, что «речь идет о категории, природа которой вообще неясна, во всяком случае под углом зрения ее теоретико-идеологического обоснования» [10]. Американский экономист Д. Миленкович пишет: «Концепция общественной собственности на производственные факторы, всегда неясная, в действительности оказалась бессодержательной» [11].

Между тем общественная собственность на средства производства в ее государственной форме выражает глубинную сущность социально-экономического строя социализма. Она обеспечивает реальный доступ всех членов общества к средствам производства. Трудящиеся имеют равную возможность трудиться по способностям и в этом смысле находятся в равном социально-экономическом положении. Только ими прямо или косвенно присваивается весь общественный, в том числе прибавочный, продукт. Равенство участников общенародного коллектива проявляется в том, что распределение основной массы необходимого продукта осуществляется по принципу равной оплаты за равный труд в масштабах всего общественного производства и из единого общенародного фонда личного потребления. В то же время существенные различия

[9] «Marxism, Communism and Western Society», V. 7, p. 364.

[10] «Unsere Wirtschaft — Basis, Dschungel, Dogma?». Köln, 1973, S. 179.

[11] D. Milenkovitch, Plan and Market in Yugoslav Economic Thought. New Haven and London, 1971, p. 266.

между неквалифицированным и квалифицированным, тяжелым и легким, физическим и умственным трудом ведут к различиям в положении отдельных социальных групп в процессе производства, распределения и потребления.

Главным, ведущим, основным является социальное равенство, что исключает эксплуатацию. Социально-экономические различия же носят неантагонистический характер и не ведут к образованию враждебных друг другу классов и социальных групп.

Выхолащивание сущности общественной собственности — в значительной мере следствие индивидуалистической методологии, в соответствии с которой носителем отношений собственности, их субъектом может быть лишь отдельно взятый индивид. Рассматривая на основе этой методологии общество лишь как механическую совокупность индивидов, буржуазные идеологи делают ложный вывод, что общество в целом не может быть носителем отношений собственности, их субъектом, и объявляют общенародную собственность «объектом без субъекта». «Общество как таковое,— считает Тальхайм,— не является дееспособным субъектом. Это — абстрактный коллектив. Он должен быть представлен каким-либо институтом. Что это за институт?» [12].

Подобная трактовка общенародной собственности объединяет наиболее консервативных и радикальных буржуазных идеологов, а также ревизионистов. Теоретики «левацкого» толка приписывают марксистско-ленинской политэкономии формально-юридическую концепцию собственности. Идеологи «новых левых» объявляют государственную (общенародную) собственность формой, «не имеющей реального значения, простой химерой». Неотроцкисты рассматривают ее как идеологическое выражение не социалистических, а иных отношений некоего «переходного общества» [13].

Общенародное обобществление средств производства предполагает наличие единого субъекта собственности — общества в целом, народа. Единый общенародный коллектив монопольно распоряжается средствами производства и произведенным продуктом в конкретных рамках единого народнохозяйственного комплекса данной социалистической страны. Единство субъекта собственности обусловливает единство хозяйствующего субъекта, функции которого от имени общества и в его интересах выполняет социалистическое государство.

Буржуазные оценки роли общественной собственности на средства производства в экономике социализма

В западной литературе до сих пор муссируется тезис об утрате собственностью на средства производства ключевой роли в современном обществе. Классовый смысл этого тезиса заключается в том, что, признавая его, можно отказаться от опасного для буржуазии анализа отношений собственности и их места в экономической системе. Многие ортодоксальные западные исследователи, пишет, например, Прайор, исходят из предпосылки, что собственность почти не оказывает влияния на функционирование экономики. Отсюда, вынужден констатировать он, игнорирование исследования важнейших взаимосвязей между собственностью и формами индустриальной организации, доходами и богатством [14].

Упомянутый тезис используется многими представителями теории «сравнительных экономических систем» («компаративистики») и для затушевывания коренных различий между капитализмом и социализмом. Так, А. Гершенкрон (США) утверждает, что за последние 70 лет понятие собственности потеряло свое значение, «и более чем сомнительно, можно ли рассматривать ее как системообразующий фактор». Его коллега А. Гиршмэн полагает, что различия между экономической системой с частной собственностью и без нее столь же невелики, как и «между двумя демократическими формами правления: одной — с королем, а другой — во главе с избранным президентом». Американский «советолог» М. Борнстайн пишет о тенденции «к уменьшению значения собственности в качестве решающего элемента, определяющего характер и механизм действия системы, по той причине, что она менее важна, чем тип распределения ресурсов. Таким образом, ныне общепризнано, что классификация экономических сис-

---

[12] «Unsere Wirtschaft — Basis, Dschungel, Dogma?», S. 180.
[13] E. Jahn, Kommunismus und was dann? Hamburg, 1974, S. 81.
[14] F. Pryor, Op. cit., p. 2, 3.

тем, выделяющая «капитализм» и «социализм», не приносит пользы и что эти различия имеют скорее идеологическое или политическое значение» [15].

Тем самым буржуазные теоретики всячески игнорируют тот факт, что именно конкретно историческая форма собственности на средства производства определяет форму их распределения и соединения с рабочей силой и, следовательно, экономическую структуру данного общества. Они считают, что различия между государственно-монополистическим капитализмом и реальным социализмом вытекают не из принципиального отличия частнокапиталистической собственности от общественной, а из господствующей идеологии. Именно последняя диктует якобы приверженность к той или другой форме собственности. Так, Нейбергер и Даффи ложно утверждают, что рассмотрение собственности в качестве ключевого элемента экономической системы связано с идеологической направленностью различных школ экономической мысли, начиная от классической политэкономии и кончая марксизмом. По их мнению, социалистическая собственность является одним из элементов «центрально-управляемой экономики советского типа», потому что выступает, помимо всего прочего, как «самостоятельная идеологическая цель» [16].

В результате искажается соотношение материальных и идеологических отношений. Будучи надстроечными, последние носят относительно самостоятельный характер и оказывают обратное воздействие на базис. В условиях социализма, экономика которого развивается планомерно, возрастает роль субъективного фактора. Это проявляется, в частности, в целенаправленной экономической политике по совершенствованию общественной социалистической собственности в двух ее основных формах. Вместе с тем общественная собственность на средства производства, как и вся система производственных отношений в целом, носит объективный характер.

Буржуазные и социал-демократические теоретики считают, что собственность на средства производства не оказывает определяющего воздействия ни на социально-экономическую и социально-политическую системы общества, ни на способ распределения ресурсов. Так, шведский экономист А. Линдбек утверждает, что связь между структурой собственности и политическими, экономическими и социальными условиями туманна, а форма распределения ресурсов и социальные условия различны как в странах, где капитал национализирован, так и в странах, где господствует частная собственность [17]. Социально-экономическая и социально-политическая системы рассматриваются в данном случае лишь как механические совокупности структурных элементов. Отсюда, кстати, вытекает коренная методологическая ошибка и теоретиков «рыночного социализма» — эклектическое сочетание общественной собственности на средства производства с несовместимым с нею стихийно рыночным регулированием воспроизводства.

Идею Линдбека разделяет и Тальхайм, утверждая, что ныне представление о неразрывной связи собственности и механизма управления изжило себя. «В течение длительного времени,— пишет он,— ...связь строя собственности и системы управления рассматривалась как обязательная. Понятие «социализм» охватывало в соответствии с этим представлением как социалистическую собственность на средства производства... так и централизованное планирование и управление экономическим процессом. И, напротив, интегральными частями «капитализма» считались частная собственность на средства производства и свободное рыночное хозяйство». Сейчас же, уверяет Тальхайм, индикативное планирование при капитализме и разнообразные формы и методы совершенствования централизованного планирования в странах социализма опровергают мнение о неразрывной связи частнокапиталистической собственности и стихийно рыночного механизма в рамках капитализма, общественной собственности и централизованного планирования народного хозяйства в условиях социализма [18].

В действительности, господствующая форма собственности на средства производства определяет сущность и характер действия хозяйственного механизма. Обществен-

[15] «Comparison of Economic Systems. Theoretical and Methodological Approaches». University of California Press, 1971, p. 287, 292, 345.

[16] E. Neuberger and W. Duffy, Op. cit., p. 3, 169.

[17] A. Lindbeck, The Political Economy of the New Left. An Outsider's View. New York, 1971, p. 63.

[18] «Studien zum Marktsozialismus», Berlin (West), 1976, S. 61, 62—63.

ная собственность на средства производства, объединяющая народное хозяйство в единое целое, несовместима со стихийно рыночным регулированием пропорций, как несовместимы с ним и социальная структура, и отношения распределения фонда личного потребления, и другие институты социализма. В сложном взаимодействии этих элементов базиса, а также базиса и надстройки детерминирующую роль играют отношения общественной собственности на средства производства.

Широко распространен среди «советологов» и тезис об отделении экономической власти от собственности. Специализация функций управления социалистическим производством ложно представляется ими как монополизация представителями управленческого аппарата экономической власти и контроля над средствами производства. Такая позиция — результат смешения разных процессов: во-первых, непосредственного руководства производством, во-вторых, экономической власти, и в-третьих, контроля. Например, Прайор приравнивает, с одной стороны, оперативное управление производством и контроль, а с другой — контроль и власть. Контроль, пишет он, означает отношения власти и «может осуществляться различными способами: приказами, стимулами и др.». В результате функция принятия решений отождествляется Прайором с экономической властью. «Большая часть решений в современной экономике — капиталистической или социалистической,— продолжает он,— принимается наемными управляющими, а не собственниками» [19]. Нейбергер и Даффи полагают, что собственность на средства производства, в том числе общественная, не является ни необходимым, ни достаточным условием для принятия решений и, следовательно, для реализации экономической власти [20].

Однако экономическая власть не сводится только к принятию решений о производстве и сбыте. В ее функции входят распоряжение средствами производства и произведенным продуктом и определение условий включения средств производства и рабочей силы в общественный процесс производства. В условиях развитого социализма от имени общества и в его интересах функции непосредственного управления реализуют имеющие специальную подготовку члены общества, уполномоченные государством и пользующиеся доверием коллективов. Эти функции в силу общественного разделения труда закрепляются за представителями различных профессиональных групп: специалистами народного хозяйства, инженерно-техническими работниками и др. Экономическая власть и контроль над экономическим процессом реализуются в социалистическом обществе в форме разработки и проведения в жизнь экономической политики социалистического государства. Основными ее задачами являются определение долговременных фундаментальных целей, путей и средств их достижения, а также соответствующее им планомерное управление материальными и трудовыми ресурсами.

Экономическая власть осуществляется, таким образом, народом — собственником в масштабах всего общества, в первую очередь, через органы законодательной и исполнительной власти, выборные органы общественных организаций. Как указывал Л. И. Брежнев на XXVI съезде КПСС, «заинтересованность в общем деле, в развитии производства, сопоставление мнений, откровенная и принципиальная критика и самокритика, повышение общественно-политической активности каждого гражданина — в этом суть советской демократии, демократии работающей, действующей».

Демократический характер экономической власти в условиях зрелого социализма проявляется и в том, что оперативное управление осуществляется не только администрацией, но и различными общественными организациями трудящихся в рамках отдельных производственных коллективов. Вот почему в «Основных направлениях экономического и социального развития СССР на 1981—1985 годы и на период до 1990 года» ставится задача: «Повысить роль трудовых коллективов в управлении и планировании производства, решении вопросов повышения квалификации кадров, улучшения условий труда и быта работников, укреплении дисциплины и в воспитании коммунистического отношения к труду. Поднять значение постоянно действующих производственных совещаний и общих собраний трудовых коллективов».

---

[19] F. Pryor, Op. cit., p. 8.
[20] E. Neuberger and W. Duffy, Op. cit., p. 113.

В минувшее десятилетие в буржуазной политэкономии наблюдалась известная переоценка роли собственности на средства производства. Отдельные ее представители, предполагая «систематические отношения, существующие между правом собственности и экономическим выбором», отстаивали тезис о том, что «право собственности имеет тенденцию влиять на стимулы и поведение» [21]. Некоторые буржуазные экономисты признали важное значение собственности на средства производства для определения различий между капитализмом и социализмом [22]. Но речь при этом шла о том, что собственность на средства производства играет не ведущую, а косвенную роль. Она влияет-де на экономическую систему не прямо, а посредством других, будто бы более существенных элементов (распределения доходов, экономического поведения и т. д.) [23].

Подобное толкование роли общественной собственности на средства производства, хотя и представляет собой известный шаг вперед по сравнению с отрицанием всякой роли собственности в условиях зрелого социализма и трактовкой собственности как «исчезающего» института, также неправомерно. Оценка общественной собственности в качестве фактора, оказывающего лишь косвенное влияние на экономическую систему, основана на методологии плюрализма, согласно которой различные элементы экономической системы рассматриваются как равноценные и равнозначные. Такой подход исключает возможность правильного понимания сущности общественной собственности на средства производства как основного производственного отношения социализма.

Идеологи антикоммунизма об основных формах общественной собственности на средства производства

Буржуазные теоретики отрицают объективную обусловленность двух основных форм общественной собственности на средства производства. Решающая роль отношений общенародного присвоения средств производства в системе отношений социалистической собственности побуждает их сосредоточить свои нападки именно на общественной собственности, выступающей при социализме в государственной форме. Они ложно считают, что огосударствление решающих средств производства в странах социализма выступает самоцелью. Однако объективная необходимость государственной формы общенародной собственности вызвана тем, что централизация средств производства, адекватная их общественному характеру, может быть осуществлена при социализме лишь государством. Именно государство выполняет функции общеэкономического центра, деятельность которого направлена на организацию планомерного развития народного хозяйства.

Против государственной (общенародной) собственности выступают и крайне правые защитники теорий «центрально-управляемого хозяйства», «командной экономики» и представители буржуазного реформизма — сторонники теорий «индустриального» и «постиндустриального» общества, «конвергенции», «рыночного социализма», а также правые и «левые» ревизионисты. Извращая сущность государственной (общенародной) собственности, они изображают ее как собственность, противостоящую народу в целом и принципиально не меняющую положение работников производства по сравнению с частнокапиталистическим хозяйством. Господство общенародной собственности в ее государственной форме, по их мнению, не ликвидирует отчуждение личности.

Например, профессор Маннгеймского университета (ФРГ) А. Штоббе пишет: «Маркс ошибался, когда связывал это явление (отчуждение личности.—*С. X.*), типичное для экономического развития и тем самым не зависящее от экономической системы, с капитализмом». По Штоббе, ликвидация частной собственности устранила лишь одну форму отчуждения: готовые продукты при социализме не переходят в частную собственность. Напротив, в результате технико-экономического нормирования процесса труда, социалистического соревнования, централизованного планирования, иерар-

[21] «Journal of Economic Literature», December 1972, p. 1139.

[22] «Marxism, Communism and Western Society». V. 5, New York, 1973, p. 327; J. and G. Pickersgill, Contemporary Economic Systems. A Comparative View. Englewood, 1974, p. 10—11.

[23] «Comparison of Economic Systems...», p. 345; «Journal of Economic Literature», December 1972, p. 1139.

хичности системы управления и т. д. отчуждение якобы усилилось по сравнению со многими развитыми капиталистическими странами.

Штоббе сетует на то, что в условиях социализма работники производства отстранены-де от принятия решений, лишены экономических свобод, в частности свободы перемены места работы и др. «Отсюда ясно,— заключает он,— что ликвидация частной собственности на средства производства... не решает этих проблем. Сознание, что средства производства отныне принадлежат «народу», «обществу» или «рабочему классу», слабо влияет на поведение, адекватное экономической системе, тогда как ликвидация стимулирующей функции частной собственности на средства производства создает новые проблемы» [24].

Эти утверждения не соответствуют реальности, ибо при социализме подлинным собственником решающих средств производства является весь народ. Определяющая черта государственной (общенародной) собственности состоит в непосредственно общественном соединении рабочей силы со средствами производства в масштабе общества в целом, что ликвидирует главный источник отчуждения — отделение рабочей силы от средств производства. Устранение антагонистического противоречия между частным и общественным характером труда — глубинной основы товарного фетишизма — ведет к прекращению господства вещей над людьми, которое представляет собой один из важных факторов отчуждения личности.

Как члены общенародного коллектива все трудящиеся являются равноправными собственниками средств производства. Ликвидация классовых антагонизмов, господство всеобщих общественных интересов, установление новой цели общественного производства коренным образом меняют положение личности в общественном производстве, отношение к труду. При этом реализацию функций общенародного присвоения решающих средств производства, обеспечения примата всеобщего интереса и удовлетворения потребностей общества в целом и его отдельных членов осуществляет с объективной необходимостью социалистическое государство. На этапе развитого социализма происходит дальнейшее углубление реального обобществления производства, труда и собственности на средства производства, что выражается в росте технической оснащенности труда и его производительности, стирании существенных различий в труде и усилении его социальной однородности, выравнивании экономического положения производителей. В связи с этим в «Основных направлениях экономического и социального развития СССР на 1981—1985 годы и на период до 1990 года» предусматривается в ближайшее десятилетие «значительно продвинуться по пути стирания существенных различий между умственным и физическим трудом, превращения аграрного труда в разновидность индустриального».

«Советологи» изображают колхозно-кооперативную собственность на средства производства в СССР и других социалистических странах мало чем отличающейся от государственной собственности и якобы далекой от «настоящей» общественной собственности. Например, Тальхайм, констатируя, что колхозно-кооперативная собственность является переходной к единой общенародной собственности, заявляет, что по своему характеру «она значительно ближе к государственной, чем к подлинно общественной собственности» [25].

В этих утверждениях допускаются по крайней мере две ошибки. Во-первых, извращается сущность колхозно-кооперативного обобществления средств производства, охватывающего в СССР около 9% производственных фондов страны. Общественный характер названной формы собственности определяется тем, что она представляет собой коллективную форму трудовой собственности, в рамках которой все члены групповой ассоциации производителей равны по отношению к обобществленным средствам производства. Тем самым предопределяется их равенство в процессе производства и присвоения произведенного продукта. Различия между ними вызваны характером и объемом труда, затраченного при использовании средств производства в рамках группового присвоения. Данная форма собственности позволяет широко реализовать демократические начала в управлении, поскольку основные решения в области производства и сбыта принимаются коллективом колхоза или кооператива в целом.

---

[24] A. Stobbe, Gesamtwirtschaftliche Theorie. Heidelberg, 1975, S. 363.
[25] «Studien zum Marktsozialismus», S. 64.

Во-вторых, слияние государственной (общенародной) и колхозно-кооперативной собственности предполагает иной, более высокий уровень обобществления средств производства в пределах обеих форм общественной собственности по сравнению с нынешним. Условия для этого подготавливаются на этапе зрелого социализма путем укрупнения структуры производства в двух секторах народного хозяйства — государственном и колхозно-кооперативном — и совершенствования связей между ними, формирования производственных и научно-производственных объединений, агропромышленного комплекса, развития межколхозного и колхозно-государственного кооперирования.

* * *

Буржуазные трактовки социалистической собственности на средства производства претерпели в минувшее десятилетие определенные изменения. Все большее число представителей западной экономической мысли, вынужденных считаться с реальными социально-экономическими процессами, отказываются от традиционной, сугубо юридической оценки категории «собственность». Некоторые из них формально признают экономический характер этой категории и ее системообразующую роль. Однако за формальным признанием, как правило, кроется стремление более утонченно затушевать сущность производственных отношений социализма, прежде всего детерминирующее значение общенародной собственности на средства производства. Попытки такого рода, усиливая дифференциацию мнений, лишь углубляют непоследовательность и внутреннюю противоречивость буржуазной политэкономии, свидетельствуют о ее непреодолимом кризисе.

АКТУАЛЬНЫЕ ПРОБЛЕМЫ ОДИННАДЦАТОЙ ПЯТИЛЕТКИ

А. Бесчинский, Ю. Коган

ЭЛЕКТРИФИКАЦИЯ И ЭКОНОМИЧЕСКИЙ РОСТ

В декабре 1980 г. исполнилось 60 лет со времени утверждения VIII Всероссийским съездом Советов Государственного плана электрификации России — ГОЭЛРО, который В. И. Ленин назвал второй программой партии.

В ленинской концепции построения материально-технической базы коммунизма большое значение придается электрификации страны. Ленинское учение об электрификации обобщало самые передовые тенденции научной и инженерной мысли.

Еще на начальном этапе развития электроэнергетики В. И. Ленин увидел в электрификации мощный рычаг построения материально-технической базы нового общества и основу социальных преобразований в СССР, а в электроэнергии — энергоноситель, в наибольшей степени отвечающий масштабам и требованиям развития общественного производства XX в. В. И. Ленин связывал будущее развитие общественного производства с широким использованием электрической энергии для повышения производительности труда. Он отмечал особые свойства электроэнергии как энергоносителя (способность к концентрации, делимость, мобильность, гигиеничность и т. д.), благодаря которым электричество является наиболее эффективной формой вовлечения в производственный процесс все большего числа различных видов энергоресурсов. Мобильность электроэнергии и способность к концентрации позволяют подводить к любой точке практически неограниченный электрический потенциал, следовательно, создавать мощные высокопроизводительные агрегаты в промышленности. Эффективность преобразования электроэнергии в другие виды энергии делает ее основой современной крупной машинной индустрии, обусловливает возможность реализации новых технологий, базирующихся на использовании электрофизических и электрохимических процессов.

Таким образом, В. И. Ленин рассматривал электрификацию народного хозяйства как техническую основу прогресса общественного производства в исторический период перехода от капитализма к социализму. Вместе с тем централизованное, концентрированное производство электроэнергии выступало в ленинской концепции в качестве движущей силы социалистического обобществления производства как в самой энергетике, так и во всех других отраслях народного хозяйства. В диалектическом единстве этих двух сторон В. И. Ленин усматривал значение электрификации для создания нового общественного строя. «Единственной материальной основой социализма может быть крупная машинная промышленность, способная реорганизовать и земледелие. Но этим общим положением нельзя ограничиться. Его необходимо конкретизировать. Соответствующая уровню новейшей техники и способная реорганизовать земледелие крупная промышленность есть электрификация всей страны» [1]. Эти ленинские идеи нашли воплощение в государственном плане электрификации России — плане ГОЭЛРО.

[1] В. И. Ленин, Полное собрание сочинений, т. 44, стр. 9.

Наряду с задачами по развитию промышленности, транспорта и сельского хозяйства в плане ГОЭЛРО предусматривалось создание в течение 10—15 лет 30 новых районных электростанций общей мощностью 1750 тыс. мВт, 20 тепловых электростанций и 10 гидроэлектростанций. Масштабы плана ГОЭЛРО кажутся сейчас скромными. Достаточно сказать, что в 1979 г. в СССР введено в эксплуатацию около 11 млн. мВт электрической мощности — почти в 7 раз больше, чем намечалось планом ГОЭЛРО на 10—15 лет. Тем не менее методологические принципы, заложенные в нем, не утратили своего значения.

Одним из основных положений плана ГОЭЛРО было развитие энергетики и электрификации в тесной взаимосвязи с ростом технического уровня народного хозяйства, его структурой и географическим размещением. Поэтому он являлся программой комплексного развития всего народного хозяйства на базе электрификации. Все более глубокое проникновение электроэнергии в производство и рост электропотребления теснейшим образом связаны с главными тенденциями научно-технического прогресса, лежащего в основе роста производительности общественного труда.

Отличительной чертой плана ГОЭЛРО являлось также то, что энергетическое хозяйство рассматривалось как комплексная система, в которой электроэнергетика изучалась и планировалась в тесном взаимодействии со всеми другими элементами энергетики, такими, как топливный баланс, использование водных ресурсов, структура потребителей и т. д. В плане ГОЭЛРО было заложено то, что сейчас называется системным подходом, при котором эффективность энергетики (в частности ее влияние на технический прогресс и рост производительности труда в народном хозяйстве) увязывается со структурными изменениями внутри энергохозяйства, прежде всего с опережающим развитием электроэнергетики.

Характерна в этом отношении определенная в плане ГОЭЛРО роль электрификации в реконструкции топливно-энергетического баланса страны. Советская Россия унаследовала разрушенную топливную базу промышленности, которая до революции целиком зависела от донецкого и импортного углей и бакинской нефти. Война и интервенция подорвали и без того ослабленное топливное хозяйство. Единственным выходом из топливного кризиса в этих условиях являлось глубокое преобразование топливного баланса на основе широкого использования местных ресурсов топлива и гидроэнергии. Освоение этих ресурсов и электрификация рассматривались в плане ГОЭЛРО как две неразрывно связанные проблемы. Вместе с тем электрификация выполняла и другую важную функцию. Используя децентрализованные местные энергоресурсы, электрические станции объединяли их в крупное централизованное энергопроизводство, формировали энергосистемы, способствуя повышению эффективности всего энергетического хозяйства.

Системный подход выразился во взаимоувязанном рассмотрении текущих и перспективных задач. В плане ГОЭЛРО подчеркивалась важность долгосрочного планирования как основы правильного решения текущих задач. Авторы плана отмечали: «Нам все более и более угрожает опасность при преодолении очередных трудностей сбиться с основного пути и ради временных интересов пожертвовать основным, существенным, необходимым по общему плану нашей хозяйственной работы» [2].

Практически план ГОЭЛРО явился первым успешно выполненным долгосрочным планом, охватывающим развитие экономики страны в целом на длительный период. В. И. Ленин называл план ГОЭЛРО великим хозяйственным планом [3]. В письме к Г. М. Кржижановскому (от 14 марта 1921 г.) он охарактеризовал основные черты системного подхода к оп-

[2] «План ГОЭЛРО». Госполитиздат, 1955 г., стр. 44.

[3] См. В. И. Ленин, Полное собрание сочинений, т. 42, стр. 158.

ределению эффективности народнохозяйственных затрат: широкая вариантность экономического анализа; сопоставляются не отдельные объекты, а народнохозяйственные структуры с разным значением электроэнергетической слагаемой; затраты и результаты при сравнительном анализе прослеживаются по всему энергохозяйственному циклу с учетом потребительского эффекта, то есть рассматривается все народное хозяйство (а не только затраты и эффекты энергетики).

В плане ГОЭЛРО на основе этих принципов была поставлена проблема соизмерения единовременных и текущих затрат, оценки эффективности комплексных мероприятий в водном хозяйстве, дан анализ эффективности взаимосвязи электрификации с ростом производительности труда. В плане содержался также ряд других положений, отражающих объективные закономерности дальнейшего развития советской энергетики: по возможности равномерное размещение по территории страны районных электростанций как основы для развития экономических районов и формирования их специализации; широкое использование возобновляемых водных ресурсов путем сооружения гидроузлов комплексного назначения; гармоничное сочетание тепловых и гидравлических станций в крупных энергосистемах; более быстрые темпы развития электроэнергетики по сравнению с другими отраслями топливно-энергетического комплекса и экономики в целом.

Всю работу по составлению и реализации плана ГОЭЛРО В. И. Ленин строил как общенародную, политическую, в ходе которой идея электрификации овладевала массами, становилась подлинной материальной силой в строительстве нового общества. Уже через 10 лет после утверждения плана ГОЭЛРО его основные задачи были выполнены. Еще через 5 лет цифры плана ГОЭЛРО были превышены: по производству электроэнергии — в 3 раза, добыче угля — почти в 2 раза, нефти — в 2 раза, по промышленной продукции — в 3 раза. В соответствии с ленинскими принципами системного планирования развитие электроэнергетики и электрификации осуществлялось во взаимной увязке с ростом всей топливно-энергетической базы страны.

Период от утверждения плана ГОЭЛРО до середины 50-х годов являлся этапом нарастающего значения угольного топлива, доля которого в топливном балансе страны увеличилась до 60%. Повышению роли угля способствовало широкое его использование для производства электроэнергии и тепла на электростанциях. Одновременно с выявлением и планомерной подготовкой к освоению промышленных ресурсов нефти и природного газа происходила перестройка структуры энергопотребления в связи с ростом моторизации, повышением эффективности использования топлива на транспорте и в промышленных технологиях. В 50-х годах начинается новый этап глубокой перестройки топливного баланса в направлении быстрого роста производства и потребления нефтегазового топлива, удельный вес которого увеличился с 35% в 1960 г. до 68% в 1979 г. Возрос удельный вес нефти и газа в балансе котельно-печного топлива на ТЭЦ, в котельных и промышленных технологиях. Большой эффект дало использование нефтепродуктов на транспорте в связи с переводом его на тепловозную и электровозную тягу.

Вместе с тем увеличение доли нефтегазового топлива не сопровождалось, как в капиталистических странах, сокращением добычи угля. В 1978 г. добыча угля возросла по сравнению с 1960 г. на 42%, в том числе открытым способом — в 2,5 раза. Это явилось одним из факторов сбалансированного развития всего топливно-энергетического комплекса страны.

В настоящее время наша страна располагает мощным и развитым топливно-энергетическим комплексом. На его долю приходится почти $^1/_5$ мирового производства топливно-энергетических ресурсов. Советский

Союз — единственная крупная промышленно развитая страна, полностью обеспеченная собственными топливно-энергетическими ресурсами. СССР сохраняет лидерство по объему добычи угля и централизованному производству теплоэнергии, занимает первое место в мире по добыче нефти, включая газовый конденсат (в 1980 г.— 603 млн. т), второе место по добыче природного газа (435 млрд. куб. м) и производству электроэнергии.

В 1980 г. установленная мощность электростанций СССР составила 270 млн. кВт. По ряду технологических направлений — концентрации мощности на тепловых и гидравлических станциях, развитию теплофикации, темпам роста атомной энергетики, уровню применяемых напряжений высоковольтных линий электропередачи и мощности энергообъединений (высшей формой которых является Единая энергетическая система СССР) — Советский Союз занимает передовые позиции в мире.

Таблица 1

Показатели развития электроэнергетики по сравнению с показателями роста народного хозяйства и топливно-энергетического комплекса СССР

(1940 г.=100)

	1960 г.	1970 г	1975 г.	1979 г.
Индексы роста:				
электроэнергетика *	678	1 848	2 600	3 200
выработка электроэнергии **	608	1 524	2 137	2 549
топливная промышленность *	353	636	846	960
добыча топлива **	291	513	660	777
национальный доход	435	867	1 142	1 362
валовая продукция промышленности	521	1 183	1 694	2 033
производительность труда в промышленности	296	492	657	749
электровооруженность труда в промышленности	300	520	660	730
энерговооруженность труда в промышленности	230	500	630	700

* По стоимости всей продукции.
** По натуральным показателям (топливо в тоннах условного топлива).

Таким образом, с 1940 по 1979 г. продукция электроэнергетики возросла в 32 раза, продукция топливных отраслей — в 9,6 раза и объем промышленного производства — в 20 раз. При этом национальный доход увеличился в 13,6 раза. На 1% прироста национального дохода приходилось 0,77% прироста топливных ресурсов и 1,3% прироста выработки электроэнергии. Опережающий рост электроэнергетики позволил значительно расширить масштабы электрификации народного хозяйства. Потребление электроэнергии в расчете на душу населения приблизилось к 5000 кВтч по сравнению с 2200 кВтч в 1965 г. На каждого рабочего в промышленности приходится около 12 кВт мощности электрических двигателей, приборов и аппаратов, что эквивалентно 200-кратному увеличению живой силы работающего. Потребление электроэнергии в сельском хозяйстве в 1979 г. увеличилось по сравнению с 1965 г. в 5 раз и достигло 102 млрд. кВтч. Протяженность электрифицированных железных дорог возросла в 1979 г. относительно 1965 г. в 1,7 раза и составила 42,4 тыс. км, а удельный вес электрифицированных дорог в общем грузообороте железнодорожного транспорта увеличился за это время соответственно с 39,5 до 53,6%.

Таблица 2

Показатели электрификации народного хозяйства

	Ед. изм.	1965 г.	1970 г.	1975 г.	1978 г.	1979 г.
Выработка электроэнергии в СССР	млрд. кВт ч	507	741	1039	1202	1238
Потребление электроэнергии в промышленности	»	349	488	657	737	751
Электровооруженность труда в промышленности	%	100	127	161	173	178
Потребление электроэнергии в сельском хозяйстве (на производство)	млрд. кВт ч	12,4	25,6	53,9	71,0	76,5
То же на 1 гектар пашни	кВт ч	55	114	240	314	335
Электровооруженность труда в сельском хозяйстве	тыс. кВт ч / работника	0,4	0,8	1,7	2,4	2,5
Потребление электроэнергии на транспорте	млрд. кВт ч	37,1	54,4	74,2	92,6	96,2
Протяженность электрифицированных железных дорог	тыс. км	24,9	33,9	38,9	41	42,4
В % к общей длине железных дорог	%	19	25	28	29	30
Доля грузооборота, осуществляемого электротягой от общего грузооборота железнодорожного транспорта	»	39,5	48,7	51,7	53,6	53,6
Потребление электроэнергии в быту и сфере обслуживания	млрд. кВт ч	59,3	94	138,9	166,2	173,3
Удельный расход электроэнергии в быту и сфере обслуживания	кВт ч / жителя	255	390	550	640	660

Предстоящий период будет характеризоваться существенным изменением задач и путей развития электрификации СССР. Усложняется и усиливается ее взаимосвязь с топливно-энергетическим комплексом и другими секторами народного хозяйства. Дальнейшее развитие электрификации тесно увязывается с задачами повышения эффективности производства, ростом производительности труда, улучшением качества продукции, экономией материальных, в особенности топливных, ресурсов. В значительной степени ее развитие будет определяться новыми условиями энергоснабжения страны и сдвигами в топливно-энергетическом комплексе.

Концепция экономического роста СССР базируется на требованиях основного экономического закона социализма и учитывает непрерывное возвышение личных и общественных потребностей, необходимость поддержания устойчивых темпов развития общественного производства. Вместе с тем дальнейшее развитие экономики страны будет происходить в условиях сокращающихся приростов трудовых ресурсов, удорожания традиционных источников сырья и энергии, ограничений природоохранного характера. Поэтому необходимо обеспечить переход к ресурсосберегающему направлению развития народного хозяйства, осваивать принципиально новые эффективные технологии производства материальных благ и услуг.

Одним из объективных условий интенсификации производства является совершенствование структуры используемых энергоносителей. Должна быть повышена доля электроэнергии как энергоносителя, обладающего наиболее высокими потребительскими качествами, адекватными новым техническим и экономическим требованиям.

Продукция топливно-энергетического комплекса и особенно электроэнергетики все более направляется на удовлетворение социальных потребностей. Она служит для создания оптимальных условий производства, улучшения условий труда и бытового комфорта, роста культурного уровня трудящихся. Увеличиваются требования к «чистоте» энергоносителей, способам и источникам получения энергии, их соответствию задачам охраны окружающей среды и здоровья людей. Развитие топливно-энергетического комплекса и электрификации приобретает многоцелевой характер, а его результаты все более оцениваются на основе экономических и социальных критериев.

В современных условиях существенно усиливается значение электрификации. В приветствии энергетикам, машиностроителям и работникам топливных отраслей Советского Союза по случаю 60-летия со дня утверждения плана ГОЭЛРО Л. И. Брежнев указывал, что электрификации по-прежнему принадлежит главенствующая роль в решении величайших экономических и социально-политических задач. Посредством электрификации могут быть вовлечены в народнохозяйственный оборот наиболее экономичные в будущем источники первичной энергии: ядерное горючее, низкокачественный уголь, а в дальнейшем — солнечная, термоядерная энергия. Одновременно расширяется «сырьевая» база электрификации. Таким образом, с особой полнотой раскрывается действенность принципов плана ГОЭЛРО.

С освоением новых электротехнологий уже в недалеком будущем станет технически возможной замена электроэнергией около 40% непосредственно используемого в народном хозяйстве топлива и примерно 70% пара и горячей воды. Степень практической реализации этой замены зависит от экономических показателей и социальной эффективности использования электроэнергии. Непрерывное возрастание стоимости воспроизводства рабочей силы, удорожание сырья и качественного топлива обусловливают усиление значения электрификации, так как она превращается в важнейший ресурсосберегающий элемент, способствующий экономии живого труда, материалов и топлива, а зачастую и капиталовложений. С дальнейшим развитием электрификации и ее материальной основы — электроэнергетики — неразрывно связано осуществление крупной созидательной программы партии, изложенной в принятых XXVI съездом КПСС «Основных направлениях экономического и социального развития СССР на 1981—1985 годы и на период до 1990 года».

Первоочередным для электрификации является решение поставленной Основными направлениями задачи механизации трудоемких процессов, прежде всего связанных с тяжелым ручным трудом. Электрификация погрузочно-разгрузочных, транспортных, ремонтных работ обеспечивает экономию 100—1000 человеко-часов живого труда в расчете на 1000 кВтч. Электромеханизация в экономически оправданных пределах ручных, тяжелых и трудоемких работ в промышленности, сельском хозяйстве, строительстве и на транспорте могла бы обеспечить уже сейчас условное высвобождение примерно 12 млн. работников с годовым фондом заработной платы 20—25 млрд. руб. Годовые затраты на электромеханизацию составили бы примерно 12—14 млрд. руб., а дополнительный расход электроэнергии — всего 30—40 млрд. кВтч в год. Экономия затрат труда, исчисленная только по фонду заработной платы условно высвобожденных работников, равнялась бы 6—11 млрд. руб. в год.

Электрификация способствует эффективной концентрации и обобществлению производства. Производительность многих видов оборудования (доменные, электросталеплавильные, цементные печи, агрегаты синтеза аммиака, прокатные станы и т. д.) за последние 10—15 лет увеличилась в 2—2,5 раза. В 1975 г. свыше 52% всей продукции было получено на крупных и крупнейших заводах и фабриках, составлявших только 4,2% общего числа промышленных предприятий СССР. Производительность труда в этой группе была выше, чем по промышленности в среднем в 1,6 раза, электровооруженность труда — в 1,84, электрооснащенность фондов — в 1,26 раза. Остальные 95,8% предприятий характеризуются более низкими показателями по сравнению со среднепромышленными. Следовательно, именно крупные, наиболее электрооснащенные предприятия формируют в конечном счете экономические показатели промышленности в целом.

На базе широкого использования электроэнергии решается также проблема увеличения выпуска прогрессивных конструкционных материалов, получение которых основано на электролитических и электротермических процессах. Сюда относится алюминий, выплавку которого намечено увеличить в одиннадцатой пятилетке на 15—20%, титан, магний, никель, электросталь, производство которой в 1981—1985 гг. должно возрасти на 60%, и др.

Значение электрификации в снижении материалоемкости производства определяется способностью электротехнологий обеспечить больший выход продукции из одного и того же количества сырья, а также меньшей по сравнению с альтернативными технологиями избирательностью к качеству сырья. Только на базе электротехнологий можно эффективно использовать отходы (в частности, лом черных металлов), отвалы и другое сырье низкого качества, полнее извлекать все ценные попутные компоненты комплексного сырья. В силу того, что стоимость предметов труда в процессе обработки непрерывно возрастает, применение электротехнологий особенно эффективно на конечных стадиях производства. Так как использование энергии связано с обработкой материалов, показатели энерго- и электроемкости производства в большей мере зависят от его материалоемкости. В целом для промышленности и ее отраслей динамика электроемкости выступает как результирующая двух противоположных тенденций: снижения материалоемкости (в натуре) и роста расхода электроэнергии на единицу материалов. Это видно на примере машиностроения.

Таблица 3

Показатели материалоемкости и электроемкости машиностроения

	1960 г.	1970 г.	1975 г.	1980 г.	Коэффициент роста
Производство продукции в ценах 1975 г. (в млрд. руб.)	27,7	86,6	121,2	178,5	6,44
Потребность в металле (в млн. т)	28,0	57,0	72,7	78,3	2,80
Потребность в электроэнергии (в млрд. кВтч)	31,45	65,6	90,3	108,6	3,45
Материалоемкость продукции (в кг/руб.)	1,011	0,658	0,6	0,439	0,43
Расход электроэнергии на единицу металла (в кВтч/т)	1,123	1,15	1,242	1,387	1,24
Электроемкость продукции (в кВтч/руб.)	1,133	0,757	0,745	0,608	0,54

В то время как расход электроэнергии на единицу используемых в машиностроении материалов за период с 1961 по 1980 г. повысился на 24%, материалоемкость снизилась почти в 2,5 раза, в результате электроемкость продукции уменьшилась почти вдвое. Таким образом, снижение материалоемкости является одним из важнейших факторов сбережения топливно-энергетических ресурсов. Основными направлениями в одиннадцатой пятилетке намечен дальнейший опережающий рост выработки электроэнергии. Ее годовое производство возрастет на 20—24% и достигнет в 1985 г. 1550—1600 млрд. кВтч по сравнению с 18—20% роста национального дохода и 18% роста производства топливно-энергетических ресурсов.

Электрификации принадлежит важная роль в решении задач индустриализации и повышения эффективности сельскохозяйственного производства СССР, в реализации поставленной партией продовольственной программы. XXVI съездом КПСС намечено увеличить электровооруженность труда в сельскохозяйственном производстве в 1,4—1,5 раза. Будет увеличено применение электроэнергии для орошения и обводнения земель, создания микроклимата в животноводческих помещениях, в холодильном хозяйстве. Возрастет значение электрификации в улучшении условий жизни людей. Создаются специальные природоохранные электротехнологии, за счет которых расход электроэнергии в промышленности может возрасти на 15—20%.

Повышение роли электрификации обусловлено также существенным изменением условий энергоснабжения народного хозяйства в перспективе. Удорожается производство качественного топлива, прежде всего нефти. Это связано с постепенным исчерпанием запасов нефти и газа в Европейской части СССР, дальнейшим перемещением основных центров добычи в северные районы Сибири. Возрастает доля инвестиций, идущих на возмещение выбывающих мощностей, в общих капиталовложениях в топливно-энергетический комплекс. Увеличиваются расстояния транспортировки нефти и газа и количество поступающих в Европейскую часть СССР и на Урал топлива и энергии. В результате совместного действия этих факторов стоимость качественного топлива в основных районах его использования существенно повышается.

С ростом стоимости воспроизводства рабочей силы, ухудшением горногеологических условий удорожается также производство шахтного, в особенности коксующегося, угля. Капиталоемкость продукции топливно-энергетического комплекса и электроэнергетики возрастет на 15—20%, а в отдельных отраслях и выше за счет усиления экологических требований и проведения природоохранных мероприятий.

В условиях новой энергетической ситуации и роста требований к масштабам использования топливно-энергетических ресурсов для обеспечения надежного и экономичного энергоснабжения народного хозяйства необходимо решение двух взаимно дополняющих задач:

1) осуществление крупных структурных сдвигов в развитии энергохозяйства, направленных на реализацию новой стратегии развития топливно-энергетического комплекса, альтернативной (в первую очередь для стационарной энергетики) широкому использованию дорожающих традиционных, в особенности качественных, источников энергии;

2) проведение эффективной энергосберегающей политики, обеспечивающей существенное снижение энергоемкости народного хозяйства.

В структуре топливно-энергетического комплекса основные сдвиги обусловлены: опережающим развитием ядерной энергетики с постепенным превращением ее в ведущий компонент всего энергохозяйства страны и в первую очередь электроэнергетики; ускоренным ростом добычи угля за счет открытых разработок в восточных районах страны (развитие Экибастузского, Кузнецкого и Канско-Ачинского бассейнов), а также освоением гидроэнергии рек этих районов; рациональным использованием качественного топлива. При этом должна увеличиваться добыча газа, что способствует сокращению потребления нефти и нефтепродуктов, прежде всего в качестве котельно-печного топлива; постепенным освоением новых источников и новых методов производства энергии, прежде всего геотермальной, солнечной энергии, термоядерного синтеза.

Для реализации этих крупных сдвигов в нашей стране имеются благоприятные природные предпосылки и необходимые производственные условия: освоены различные типы атомных реакторов, создана мощная машиностроительная база для развития ядерной энергетики, подготовлены к эксплуатации уникальные ресурсы дешевого угля, возможного к добыче открытым способом, осуществлены научно-технические исследования по новым источникам и методам получения энергии. Важным положительным фактором является благоприятная структура топливно-энергетических ресурсов СССР, позволяющая обеспечить их наиболее рациональное сочетание на каждом этапе развития топливно-энергетического комплекса. Так, ускоренное использование природного газа в одиннадцатой пятилетке даст возможность всесторонне подготовить дальнейшее широкое развитие угольной промышленности. Добыча газа возрастет к 1985 г. до 600—640 млрд. куб. м, то есть на 38—47% по сравнению с 1980 г., а доля газа в общем производстве энергоресурсов в стране — с 25 до 30%.

В последние годы значительно возросли темпы роста энергопотребления относительно темпов роста национального дохода. За 1971—1979 гг. на 1% увеличения национального дохода рост потребления топлива и энергии составлял также около 1%. Между тем технически возможно и экономически необходимо снизить энергоемкость национального дохода так, чтобы отношение темпов роста потребления топливно-энергетических ресурсов к темпам роста национального дохода не превысило бы 0,7—0,8. Постепенное снижение коэффициента эластичности до величины 0,8 обеспечило бы экономию топливно-энергетических ресурсов в конце XX в., равную (в зависимости от рассматриваемых диапазонов темпов прироста национального дохода) примерно 20% всего годового потребления топлива и энергии в стране за 20 лет.

Важным фактором снижения энергоемкости общественного производства, помимо сокращения его материалоемкости, является ряд структурных сдвигов, происходящих в промышленном производстве и действующих в сторону повышения доли отраслей, имеющих энергоемкость ниже средней по промышленности. Непременное условие экономии энергии — рациональное распределение первичных энергоресурсов и конечных энергоносителей по направлениям их использования и потребителям так, чтобы каждый из видов энергии обеспечивал максимальный эффект. Оценивая роль различных мероприятий в снижении энергоемкости, следует иметь в виду, что $^2/_3$ всех потерь энергии, составляющих сейчас 60% ее первичного производства, приходится на сферу потребления энергоносителей.

Экономия энергии в сфере потребления обусловливается повышением коэффициента полезного использования топливно-энергетических ресурсов, осуществляемым за счет применения целенаправленных мероприятий, связанных с модернизацией и улучшением режима работы энергоемкого оборудования (например, усиление учета и контроля над расходованием энергии, особенно пара, горячей воды и нефтепродуктов, совершенствование конструктивных параметров действующего и осваиваемого оборудования и повышение его загрузки, использование вторичных энергоресурсов). Вместе с тем принципиальной особенностью будущего развития топливно-энергетического комплекса является то, что возможности повышения коэффициента полезного использования топливно-энергетических ресурсов в традиционных технологиях потребителей относительно уменьшаются. Поэтому основным направлением перехода экономики на энергосберегающий тип развития является снижение полезного расхода энергии на базе изменения структуры технологий, в том числе за счет создания новых неэнергоемких видов оборудования (создание новых технологий с использованием тепла экзотермических реакций в химической промышленности, что дает возможность в 5—10 раз сократить расходы энергии на производство таких массовых продуктов, как аммиак, метанол и др.); усиление теплоизоляции промышленных и гражданских зданий даст возможность обеспечить экономию тепла на отопление не менее чем на 25—30%.

Именно в области технологическо-структурных мероприятий по экономии энергии особенно велика роль электрификации. В этой связи можно отметить применение новых промышленных технологий типа лазерной обработки металлов и горных пород; электроискровую обработку почвы в сельском хозяйстве, обеспечивающую одновременно синтез азотных соединений в почвенном слое; применение тепловых насосов для получения низкотемпературного тепла; использование «электродоводчиков» в системах центрального отопления, позволяющих путем гибкого индивидуального регулирования температурного режима у потребителей обеспечить экономию не менее 25—30% тепла на отопление зданий. При этом расход электроэнергии не превышает 10—15% общего годового расхода всех энергоносителей на отопление жилых зданий.

Электрификация — важный фактор качественного совершенствования структуры потребляемых энергоресурсов за счет вытеснения электроэнергией газа и особенно нефти, а также тепловой энергии, получаемой на их базе. Предпосылкой этого является дальнейшая дифференциация экономических оценок: их повышение на качественное топливо при относительной стабилизации замыкающих затрат на электроэнергию, производимую на АЭС и тепловых электростанциях на углях открытой добычи. При этом во многих случаях вытеснение нефтепродуктов и газа электроэнергией не приводит к общему перерасходу первичных топливно-энергетических ресурсов, так как разница между более высоким кпд электропотребляющего оборудования и кпд оборудования, работающего на других энергоносителях, позволяет компенсировать потери топлива при преобразовании его в электрическую энергию.

Общий объем возможной замены качественного топлива уже на современном этапе составляет не менее 40 млн. т усл. топлива, для чего потребуется около 100—105 млрд. кВтч. Эффект от этой замены, по нашей оценке, равен 1 млрд. руб. в год по приведенным затратам.

Дальнейшее ускоренное развитие электрификации в одиннадцатой и двенадцатой пятилетках явится важным и объективно необходимым условием, обеспечивающим решение всех ключевых задач экономического роста. В соответствии с этим решение стоящих в области электрификации задач во многом зависит от совершенствования структуры и территориальной организации электроэнергетики, ее ориентации на интенсивный путь развития. Важнейшее направление структурной перестройки — превращение ядерной энергетики, производящей электроэнергию и тепло, в ведущий компонент энергетического хозяйства районов Европейской части СССР, где в связи с этим должно быть прекращено строительство новых базисных конденсационных электростанций на органическом топливе. Уже к 1985 г. выработка электроэнергии на атомных электростанциях возрастет до 220—225 млрд. кВтч, то есть увеличится более чем в 3 раза по сравнению с 1980 г., а выработка гидроэнергии — до 230—235 млрд. кВтч. За счет этих двух источников в одиннадцатой пятилетке будет получено от $^2/_3$ до $^3/_4$ всего годового прироста выработки электроэнергии. Одновременно необходимо исключить мазут из топливного баланса действующих электрических станций и заменить его природным газом.

Одной из основных задач оптимизации структуры энергетических систем европейских районов является обеспечение их маневренности, для чего потребуется развитие как специальных пиковых и полупиковых электростанций, так и увеличение регулировочного диапазона базисных электростанций (КЭС, АЭС, ТЭЦ).

Развитие энергетики районов Сибири будет и далее базироваться на мощных тепловых (угольных) и гидравлических электростанциях. В одиннадцатой пятилетке намечено ускоренное освоение Экибастузского угольного бассейна, ввод в действие первой очереди крупнейшего Березовского разреза № 1 в Канско-Ачинском бассейне. Будет продолжено сооружение Экибастузских ГРЭС. Дальнейшее развитие крупных энергопромышленных комплексов — Экибастузского, Кузнецкого, Канско-Ачинского, Ангаро-Енисейского — важнейший фактор смещения добычи и производства первичных энергоресурсов в восточные районы страны. Сосредоточение здесь решающей части энергетических ресурсов страны при стоимости в 5—6 раз более низкой, чем в европейских районах, делает нецелесообразным развитие в Сибири атомной энергетики. Масштабы развития АЭС определяются сравнительными экономическими показателями атомных электростанций при их работе в определенной (базисной) части графика нагрузки и, следовательно, величиной этой зоны. Кроме того, электроэнергией и низкотемпературным теплом, в форме которых ядерная энергия в перспективе может поступать в системы энергоснабжения, не исчерпываются все виды необходимых энергоносителей. Поэтому наряду с форсированным развитием ядерной энергетики районы европейской части и Урала будут нуждаться в нарастающем поступлении энергоресурсов из восточных районов страны. Требуется также обеспечить экспортные поставки углеводородного топлива. Все это обусловливает необходимость развития транспортных систем «восток — запад» на основе оптимального сочетания различных видов транспорта (железные дороги, трубопроводы, высоковольтные линии электропередачи постоянного и переменного тока). Линии электропередачи сверхвысоких напряжений — 1150 кВ переменного тока и 1500—2200 кВ постоянного тока — будут дополнять существующие виды электрических связей Единой энергетической системы страны, принося значительную экономию электрической мощности и способствуя повышению надежности и эффективности всего энергетического хозяйства.

Важными факторами интенсификации энергопроизводства и роста эффективности энергоснабжения должны явиться реконструкция и демонтаж устаревшего оборудования. Совершенствование системы ценообразования, призванной отразить объективные процессы удорожания энергоресурсов, будет стимулировать обновление оборудования. Первоочередная задача до конца текущего столетия — развертывание в необходимые сроки и в требуемых масштабах научных, проектных, опытно-промышленных и производственных разработок в энергетике и в смежных отраслях, обеспечивающих планомерный переход к более отдаленному этапу энергетического развития. Сейчас трудно создать достоверную по структуре и экономическим параметрам модель энергетики будущего. Однако с высокой степенью вероятности можно предположить, что эти параметры будут определяться массовым использованием энергии быстрых нейтронов, термоядерного синтеза, солнечной и геотермальной энергии. Как отметил на XXVI съезде КПСС Л. И. Брежнев: «...Жизнь требует продолжать поиск принципиально новых источников энергии, включая создание основ термоядерной энергии». Тесная связь электроэнергии с методами освоения этих новых источников энергии позволяет ожидать дальнейшего возрастания ее роли среди других форм преобразованной энергии.

Г. Глаголева

УПРАВЛЕНИЕ ОПЫТНО-ЭКСПЕРИМЕНТАЛЬНЫМ ПРОИЗВОДСТВОМ

(экономический аспект)

В Отчетном докладе ЦК КПСС XXVI съезду партии Л. И. Брежнев отметил, что внедрение научных открытий и изобретений — сегодня решающий, наиболее острый участок, что необходимо теснее сомкнуть как экономически, так и организационно научно-исследовательские и проектно-конструкторские работы с производством. Ускоренное внедрение достижений науки и техники в производство в значительной мере связано с развитием и дальнейшим совершенствованием опытно-экспериментального производства (ОЭП). В последние годы многое делается для расширения опытно-экспериментальной базы НИИ, КБ, промышленных предприятий и объединений.

Постановление ЦК КПСС и Совета Министров СССР «Об улучшении планирования и усилении воздействия хозяйственного механизма на повышение эффективности производства и качества работы», давшее новый импульс как научной, так и практической экономической работе во всем народном хозяйстве, благотворно сказывается и на развитии опытно-экспериментального производства. Во исполнение этого постановления Госплан СССР утвердил Типовые методические указания по переводу на новую систему планирования и экономического стимулирования опытных (экспериментальных) предприятий (с учетом их исследовательского и производственного характера). Важное значение имело также введение для этих предприятий новых оценочных и фондообразующих показателей, повысивших их заинтересованность в создании и качественной отработке новой техники.

Однако опытная база научно-исследовательских и проектно-конструкторских организаций нуждается в дальнейшем укреплении. В Отчетном докладе на XXVI съезде КПСС Л. И. Брежнев отметил, что следует внимательнее относиться к нуждам науки, «обеспечивать научные учреждения оборудованием и приборами, расширять экспериментальные производства». Отсюда вытекают задачи последовательного совершенствования хозяйственного механизма ОЭП. Среди них можно выделить: разработку нормативного метода планирования опытного производства, который включает создание укрупненной нормативной базы для предварительных сметных и объемных расчетов производства и дифференцированных нормативов для календарного планирования; совершенствование системы производственного учета и накопления статистических данных для создания нормативов; улучшение систем технико-экономического и оперативно-календарного планирования опытного производства; широкое использование вычислительной техники; совершенствование материального поощрения его работников.

При решении проблемы управления ОЭП на нормативной основе необходимо учитывать, что они обладают рядом экономических особенностей. Опытно-экспериментальным производствам присуща двойственность целей, вытекающая из их положения как связующего звена между наукой и промышленным производством. С одной стороны, их цель— завершение собственно исследовательского процесса, воплощение его результатов в материальной форме, с другой — создание предпосылок для серийной или массовой производственной реализации (отработка технологии, выявление степени технологичности конструкции, достижение запроектированных технико-экономических параметров, определение ожидаемого экономического эффекта и т. д.). Отсюда и двойственность результатов опытного производства.

Трудности при разработке нормативного метода планирования обусловлены и необходимостью учета таких специфических черт, как неповторяемость экспериментальных работ, незначительность масштабов выпуска продукции, частая смена моделей, их оригинальность, нестабильность технологии, резкие колебания трудоемкости, внесение изменений в конструкцию изделий, широкий выбор приемов обработки, инструментов, материалов. Неопределенность, присущая научно-исследовательской работе, на стадии опытно-экспериментальных работ хотя и уменьшается, но не исчезает. Не всегда можно точно определить суммы затрат, результаты и сроки выполнения опытных работ, что связано с их исследовательским характером.

С учетом изложенных особенностей, вероятно, целесообразно, помимо укрупненных нормативов, носящих опытно-статистический характер, при планировании и организации ОЭП использовать экономические нормативы с нижним и верхним пределами. К экономическим нормативам ОЭП, связанным с планированием и организацией опытных баз, их материальным стимулированием и финансированием, по нашему мнению, можно отнести нормативы: объема опытного производства и капитальных вложений в опытную базу; трудовых затрат (структура кадров, трудоемкость единицы опытных работ); стоимостных затрат (расходы на одного работающего, на единицу опытных работ, эффективность затрат на ОЭП); длительности создания и освоения новых образцов технических средств, технологии; материальных затрат, фондо- и техновооруженности работников опытного производства. В особую группу следует выделить нормативы материального стимулирования ОЭП, которые в ряде министерств разработаны и используются. Например, в Минуглепроме СССР, Минэнергомаше, Минсельхозмаше на опытных предприятиях применяется нормативный метод планирования заработной платы [1].

К разработке предлагаемых экономических нормативов должен быть дифференцированный подход в зависимости от уровня управления. Некоторые из них, такие, как нормативы капитальных вложений в ОЭП, трудовых и стоимостных затрат, могут разрабатываться на уровне отрасли. Другие нормативы (материальных затрат, трудоемкости единицы опытных работ) целесообразно формировать на уровне опытного предприятия, а в отдельных случаях — для конкретного объекта новой техники. Кроме того, важным представляется установление межотраслевых соотношений объемов опытно-экспериментальных работ. Это вызвано необходимостью планирования капитальных вложений на развитие ОЭП, обеспечения их соответствующими материально-техническими ресурсами, определения масштабов работ по обновлению продукции и т. д.

Для создания устойчивой базы планирования и финансирования работ по новой технике в соответствии с постановлением о совершенствовании хозяйственного механизма объемы затрат на научно-исследовательские, конструкторские и технологические работы устанавливают-

[1] Фонд заработной платы на этих предприятиях планируется на базе экономических нормативов, устанавливаемых к объему товарной продукции. При этом действие экономических нормативов распространяется только на заработную плату промышленно-производственных работников.

ся в долях к отраслевому продукту. Применение отраслевых нормативов планирования масштабов работ по новой технике обеспечит надежную перспективу развития исследовательских и экспериментальных работ.

В систему плановых нормативов можно включить укрупненные нормативы затрат ресурсов на единицу исследования (типовую деталь, узел, прибор и т. д.), нормативы использования оборудования с учетом собственно опытных и подготовительных работ. В ряде отраслевых НИИ уже разработаны и применяются методики нормирования опытных работ: их трудоемкости по темам, загрузки оборудования и др. Однако требуют своего решения вопросы нормирования объемов опытных производств, определения мощности, оснащенности и технического уровня опытно-экспериментальных баз НИИ и КБ отрасли.

Для определения необходимого объема опытного производства по отношению к размерам соответствующей научно-технической организации, на наш взгляд, следует сопоставлять не результаты, а затраты, то есть объемы работ в сметной стоимости или численность работников. В качестве нормативов объема опытного производства можно использовать объем опытных работ (в сметной стоимости) на 100 руб. затрат на НИОКР, численность работников опытного производства на 100 человек списочного персонала научно-технической организации.

Проведенный нами анализ на основе предлагаемых нормативов сопоставления затрат по ряду научно-исследовательских институтов, принадлежащих различным министерствам, позволил выявить следующие соотношения между объемами работ и численностью работников в ОЭП и НИИ:

Отрасли	Объем опытных работ (завода) на 100 руб. затрат на НИОКР (института), в руб.	Численность работников опытного производства (завода) на 100 человек списочного состава института (человек)
Сельскохозяйственное машиностроение	46	59
Легкая промышленность	105	66
Медицинская промышленность	49	25

Соотношение между численностью работников опытно-производственных баз научных учреждений и научных работников [2] по отраслям промышленности, на наш взгляд, отражает не столько отраслевую специфику, сколько свидетельствует о недостаточном обеспечении некоторых отраслей опытными базами. Предлагаемые показатели, характеризующие относительный масштаб опытного производства, можно использовать и для межотраслевых сравнений. При этом необходимо учитывать и то, что соотношение численности работников в конкретном НИИ и его опытном производстве часто зависит от системы организации выполнения исследований и разработок.

Подобные нормативы целесообразно разрабатывать и для последующего (производственного) звена. Правда, их разработка возможна только на основе достаточно крупных статистических массивов, когда сглаживаются индивидуальные различия в соотношениях между опыт-

[2] По нашим расчетам, в химической промышленности на 100 научных работников приходится примерно 200 работников опытных производств, в нефтехимической — 130, в цветной металлургии — 70, в черной металлургии — 90, в нефтяной — около 50.

ной и основной производственной деятельностью [3]. Для укрупненных оценок в масштабе отрасли надо установить соотношения между стоимостью основных фондов, численностью промышленно-производственного персонала в опытном и основном производстве, объемом опытных работ и товарной (реализуемой) продукции.

Разработка норматива на основе соотношения между объемами опытных работ (в стоимостном выражении) и товарной продукции поможет выявить потребность отрасли в опытных работах на данной стадии научно-технического развития. Такой норматив (показатель опытоемкости) целесообразно использовать в качестве укрупненного норматива обеспеченности той или иной отрасли опытными производствами [4].

Для введения этого показателя требуется хорошо налаженный учет опытных работ. Здесь предстоит провести большую работу. В свое время для сокращения статистической отчетности из формы 5-Н квартальной (затраты на производство) отчета научной организации была выведена информация о работах, выполненных опытными заводами, находящимися на самостоятельном балансе и подчиненными данной организации, институту. Вряд ли такое сокращение оправданно. На наш взгляд, следует не только ввести учет стоимости опытных работ, выполненных для соответствующей научно-технической организации, но и форму 2НТ (НПК) — годовую дополнить показателями стоимости опытных работ, выделив их отдельной строкой.

Применение показателя опытоемкости в качестве норматива позволит выявить оптимальные пропорции между опытным производством, с одной стороны, и научными, производственными звеньями системы «наука — производство» — с другой. Это важно для проведения мероприятий по ускорению реализации научно-технических достижений. В настоящее время опытную базу имеет около половины научных учреждений страны. По машиностроительным министерствам удельный вес научно-исследовательских институтов, располагающих опытной базой, повысился с 64% в 1973 г. до 70% в 1979 г., что нельзя признать достаточным. Только 47% конструкторских организаций, находящихся на самостоятельном балансе, располагают опытными базами. Обеспеченность ими промышленных предприятий колеблется в пределах от 40 до 60%. Следствием этого, в частности, явилось то, что 20% общего числа работ, предложенных к внедрению, не были внедрены из-за невозможности проведения своевременной опытной проверки.

Безусловно, создание опытных баз на каждом промышленном предприятии экономически нецелесообразно, поскольку крупные мероприятия по новой технике могут осуществлять в основном мощные предприятия и объединения со значительным исследовательским подразделением и экспериментальной базой. Поэтому пути развития опытного производства — в интеграции науки и производства, создании научно-промышленных комплексов, межведомственных испытательных баз, работающих по договорам.

Требует решения и вопрос определения мощностей опытно-экспериментальных заводов. Объемом выработки валовой продукции, видимо, нельзя определять мощность опытно-экспериментального производства, поскольку его целью является производственная проверка новых техни-

---

[3] Хотя объем опытных работ не имеет, безусловно, прямой связи с масштабом предстоящего серийного производства, однако определенные соотношения между опытной и производственной деятельностью, на наш взгляд, существуют. Они зависят от масштаба основного производства, характера выпускаемой продукции, темпов ее обновления.

[4] Как показал проведенный нами анализ, объем опытной продукции к валовой по ряду научно-производственных объединений колеблется. Данные обследования свидетельствуют о значительном различии в обеспеченности опытной базой ряда НПО.

ческих решений. Есть ряд методологических подходов к установлению мощности опытного производства. Так, по аналогии с серийным производством опытное производство предлагается рассматривать как самостоятельное промышленное предприятие. Определение мощности опытного производства в этом случае связывают с численностью работников опытного производства, выработкой продукции на одного производственного рабочего. В ряде отраслевых НИИ мощность опытного производства устанавливают исходя из плановой численности основных рабочих и полного использования рабочего времени. В данном подходе, по нашему мнению, не учитывается специфика ОЭП.

В ряде случаев мощность опытного производства предлагается рассчитывать в зависимости от масштаба научно-технической организации или подразделения промышленного предприятия, результаты исследований которых проходят проверку в соответствующем опытном производстве. В этом случае расчет мощности сводится к установлению пропорциональности между научно-технической частью и опытным производством. Мощность опытного производства характеризуется комплексом показателей для нахождения характера и тесноты связи между показателями научно-технической организации (подразделения) и показателями опытного производства. Для использования предложенного комплекса показателей вводится понятие уровня обеспеченности научно-технической организации опытной базой в сравнении с некоторыми эталонными (или среднеотраслевыми) значениями показателей. В целом такой метод представляется более приемлемым. Однако он дает возможность найти не величину производственной мощности, а скорее ее целесообразный размер.

Исходя из специфики опытного производства и его места в системе «наука — производство» как промежуточного звена, к определению его мощности возможны, на наш взгляд, два подхода, которые основаны на связи ОЭП с предыдущим и последующим звеньями. Первый связан с установлением потребности научно-технической организации в опытном производстве. Второй исходит из темпов обновления данной отрасли новейшим оборудованием, необходимости поддерживать высокий научно-технический уровень [5].

Строительство новых и расширение действующих опытных производств предприятий требуют дополнительных капитальных вложений. В настоящее время на эти цели большинством отраслей выделяется недостаточно средств. Так, по 41 министерству (ведомству) на создание опытных (экспериментальных) баз выделялось менее 1% общих государственных централизованных и нецентрализованных капитальных вложений [6]. Расчеты показывают, что на создание опытных баз как минимум необходимо не менее 2—3% планируемого годового объема капитальных вложений в отрасль. В качестве одного из источников на эти цели можно использовать перераспределение средств, вкладываемых в сферу «наука — производство». Очевидно, комплексные институты и научно-производственные объединения должны иметь больше прав для использования нецентрализованных источников на развитие опытных экспериментальных баз.

Необходимо также решить вопросы о сроках и материальном обеспечении строительства опытных объектов. Видимо, в планах капитального строительства создание опытных производств и установок следует выделить отдельной строкой, а в составе пятилетнего плана — предусмотреть самостоятельный раздел «Строительство опытных произ-

[5] Расчет формулы и ее обоснование даны нами ранее (см. «ЭКО» № 3, 1973 г., стр. 28).

[6] См. В. А. Покровский, Повышение эффективности научных исследований и разработок (Вопросы теории). Издательство «Экономика», 1978 г., стр. 151.

водств, установок» с соответствующими заданиями министерствам и ведомствам. Это позволит ускорить развитие опытно-экспериментальных призводств как базы технического прогресса.

Повышение эффективности опытно-экспериментального производства зависит не только от укрепления и расширения его материальной базы. Немаловажное значение имеет сокращение сроков опытных работ, средняя продолжительность которых еще велика. Так, по Минтяжмашу и Минэнергомашу она составляет в среднем 3,7 года, Минживмашу — 3,5, по Минсельхозмашу — 3,0, Минхиммашу — 2,8, Минавтопрому и Минлегпищемашу — 2,9 года. Создание в 1976—1978 гг. более 8 тыс. образцов новой техники в промышленности, по нашим расчетам, продолжалось в среднем 2,7 года. При этом 17% общего количества образцов изготавливалось в течение года, 38% — двух, 23% — трех лет, 22% — четырех и более лет. По нашему приближенному расчету, сокращение времени опытных работ на 20% эквивалентно экономии капитальных вложений в опытные производства примерно в размере 300 млн. руб. в год.

Средние сроки от начала разработки новых видов продукции до их серийного производства сокращаются еще медленно, что подтверждается данными об освоении опытных образцов новой техники в производстве. Из всех опытных образцов, предложенных в 1976—1978 гг. научно-исследовательскими, конструкторскими организациями и предприятиями, было принято для серийного производства 73%. При этом в среднем лишь 19% изготовленных образцов было освоено производством в год их создания, 32% — в течение двух лет, 16% — трех и более. В 1965—1970 гг. эти данные соответственно были такими: 16%, 26%, 23%. Около 17% создаваемых образцов вообще не доводится до серийного производства, так как в процессе подготовки к производству выявляется, что они требуют дополнительной конструкторской доработки и экспериментальной проверки. Видимо, необходимо ускорить разработку действенных нормативов создания и освоения новой техники — производственного (освоение производственных мощностей) и экономического (достижение проектных технико-экономических показателей).

Важным направлением интенсивного развития ОЭП явилось бы освобождение опытных производств от выпуска серийной продукции и от работ неисследовательского характера. Такая практика, к сожалению, еще очень распространена. Например, ряд научно-исследовательских институтов и конструкторских бюро Министерства электротехнической промышленности осуществляет изготовление и поставку промышленной продукции. В планы некоторых институтов и КБ, подчиненных объединению, включаются выпуск и поставка единичных образцов и мелких партий изделий, что ведет не только к загрузке опытных производств несвойственной их профилю работой, но и искажает отчетность об объеме НИР и ОКР.

Специфика опытных производств все еще не в полной мере учитывается в планировании и при оценке результатов их деятельности. Поэтому целесообразно установить такой порядок планирования загрузки экспериментальных мощностей, который бы исключал их загрузку выпуском товарной продукции серийного характера. В случаях производственной необходимости следовало бы соблюдать рациональное соотношение между опытной и мелкосерийной продукцией, но не в ущерб опытной. Кроме того, отчетные показатели НИИ, предприятий, объединений не должны зависеть от экономических показателей опытных производств.

В этом направлении сейчас уже многое делается. Согласно постановлению о совершенствовании хозяйственного механизма стоимость работ промышленного характера, связанных с освоением, внедрением новой техники и осуществляемых за счет средств ЕФРНТ, учитывается в общем объеме продукции с начислением нормативной прибыли по соответствующим группам изделий. Изготовление опытных образцов и установок по условиям производства приравнивается к выпуску серийной продукции. Это повышает заинтересованность объединений и предприятий в ускорении создания опытной продукции.

Типовыми методическими указаниями по переводу на новую систему планирования и экономического стимулирования опытных (экспериментальных) предприятий [7] введены новые оценочные и фондообразующие показатели для опытных предприятий, удельный вес производства опытных (экспериментальных) работ которых составляет не менее 50% общего объема производства продукции. В частности, утверждаемыми показателями теперь являются объем опытных (экспериментальных) работ в стоимостном выражении, сумма фондов поощрения. Оценка результатов хозяйственной деятельности опытных (экспериментальных) предприятий производится по выполнению плана опытных работ в натуральном выражении и объема реализуемой продукции по опытным (экспериментальным) работам в соответствии с заказами-нарядами и заключенными договорами. Величина фондов поощрения поставлена в зависимость от темпов роста объема реализации опытной продукции, выполнения плана по номенклатуре в установленные сроки в соответствии с заказами-нарядами и заключенными договорами.

Основные положения новой системы планирования и экономического стимулирования были апробированы в ряде отраслей промышленности (на опытных предприятиях Минтяжмаша, Минхимпрома, Минсельхозмаша). Переход к новой системе дал некоторые положительные результаты: теснее увязано выполнение тематических планов институтов и планов заводов по новой технике, улучшилось материальное стимулирование работников опытных производств. Использование показателя объема опытной продукции [8] в практике планирования работ опытных предприятий позволило повысить удельный вес опытных работ в общем объеме работ, упорядочить деятельность этих предприятий в соответствии с их основным назначением.

Однако принципы новой системы планирования и экономического стимулирования реализуются пока еще не полностью. Источником образования поощрительных фондов остается собственная прибыль. Это, во-первых, поощряет загрузку мощностей опытных производств выпуском серийной продукции, чтобы обеспечить бо̀льшую массу прибыли. Во-вторых, ориентация опытного производства на прибыль стимулирует лишь рост объема продукции и не способствует реализации научно-технических целей. Все это приводит к тому, что не учитываются качественные показатели работы опытных предприятий, в частности технико-экономический уровень и экономическая эффективность опытной продукции, а также темпы ее обновления. При оценке деятельности опытных производств важное место должны занять показатели технико-

---

[7] Типовые методические указания распространяются на опытные (экспериментальные) предприятия, переведенные ранее на новые условия планирования и экономического стимулирования. Однако далеко не все опытные предприятия, подчиненные НИИ, были переведены на новые условия хозяйствования. Некоторые министерства, имеющие опытные заводы при НИИ, работающие по новой системе планирования и экономического стимулирования (как серийные заводы), не спешат вносить изменения в эту систему в соответствии со спецификой ОЭП.

[8] В объем опытной продукции включаются: стоимость изделий, работ и услуг по заказам научно-технических организаций в порядке выполнения тематических планов; стоимость изготовления опытно-промышленных и первых промышленных партий новых видов продукции, предназначенных для отработки и организации выпуска новых изделий или промышленного использования новых технологических процессов; стоимость заказов по техническому и технологическому обеспечению научно-исследовательских и опытно-конструкторских работ.

экономического уровня передаваемых в серийное производство изделий и процессов, экономического эффекта от их внедрения.

Для развития хозрасчетного механизма управления опытно-экспериментальным производством целесообразно, по нашему мнению, экономический эффект, получаемый от производства и использования новой техники (отработанной в данном опытном производстве), использовать в качестве фондообразующего показателя и основного источника поощрительных фондов. Это обусловлено тем, что основной результат деятельности опытно-экспериментального производства не товар в виде материальной продукции, а информация, необходимая для создания нового продукта, изделия. Поощрительные фонды должны формироваться за счет: отчислений от прибыли (экономии), образующейся на предприятиях отрасли вследствие снижения себестоимости продукции; дополнительной прибыли, получаемой за счет надбавок к оптовым ценам на новые (модернизированные) виды продукции, соответствующей по своим параметрам и показателям лучшим отечественным и зарубежным образцам или превосходящей их. Реализация этих принципов формирования названных фондов обеспечит заинтересованность ОЭП в конечных результатах деятельности. Прибыль опытных предприятий (как и рентабельность) может быть только расчетным показателем, так как в условиях существующего на опытных предприятиях порядка ценообразования она часто является результатом завышения сметных калькуляций по сравнению с фактическими издержками.

Поскольку основным источником образования фондов экономического стимулирования опытных предприятий должен стать экономический эффект, получаемый на промышленных предприятиях, особое значение приобретает решение вопроса о долевом участии ОЭП в созданном эффекте [9]. Представляется, что оно может основываться на доле затрат опытного производства в общей сумме предпроизводственных затрат с учетом степени творческого участия. Шкалу коэффициентов творческого участия можно разработать, разбив весь диапазон возможных вариантов (от полного отсутствия творческого вклада до коренной модернизации отрабатываемого новшества на уровне изобретения) на несколько ступеней, например, пять. Средства на поощрение работников опытных производств могут включаться в стоимость выполняемых опытных работ авансом в случаях, когда срок разработки и освоения новой продукции или новых технологических процессов превышает два года.

Совершенствование хозрасчетных методов деятельности опытных производств будет способствовать ускорению темпов научно-технического прогресса, повышению эффективности общественного производства.

---

[9] Единого нормативного порядка распределения эффекта между отдельными участниками процесса создания новой техники, включая опытное производство, до сих пор еще нет. В экономической литературе имеется ряд методологических подходов к определению долевого участия в общей экономии (см., например, С. И. Голосовский, Экономическая эффективность исследований и разработок. Издательство «Московский рабочий», 1973 г.; А. А. Румянцев. Экономическая эффективность научных исследований (Методология измерения). Издательство «Экономика», 1974 г.; Л. Л. Вегер, Ю. Д. Матевосов, Экономический эффект научных исследований. Ереван, 1977 г.).

Е. Шапиро, Л. Савранская

ЭФФЕКТИВНОСТЬ ИСПОЛЬЗОВАНИЯ АМОРТИЗАЦИОННЫХ ОТЧИСЛЕНИЙ НА КАПИТАЛЬНЫЙ РЕМОНТ

(на примере нефтеперерабатывающей и нефтехимической промышленности)

Особенностью современного этапа развития промышленности являются совершенствование действующих и внедрение новых технологических процессов, наращивание мощностей, постоянное усложнение производства, повышение качества и расширение ассортимента вырабатываемой продукции, непрерывная интенсификация и обновление действующих основных фондов. Это сопровождается высокими темпами роста их стоимости, увеличившейся по промышленности в целом в 1975 г. в 1,5 раза, а в 1978 г.— в 1,9 раза по сравнению с 1970 г.[1]. Непрерывный рост основных фондов, значительная доля их активной части, подверженной более высокой степени износа по сравнению с другими группами основных фондов и требующей относительно больших средств на их капитальный и текущий ремонт, предопределяют постоянное нарастание затрат на эти цели. Так, объем капитального ремонта в целом по промышленности повысился в 1975 г. по сравнению с 1970 г. на 48,1%, в 1978 г.— на 84,4%[2].

Аналогичное положение наблюдается в нефтеперерабатывающей и нефтехимической промышленности, которая наряду с другими ведущими отраслями в наибольшей степени определяет технический прогресс во всем народном хозяйстве. Закономерностью ее развития являются постоянное повышение в составе предприятий удельного веса вторичных и многостадийных процессов и производств, включение в комплекс переработки сырья комбинированных технологических установок по производству различных продуктов, которые в недалеком прошлом вырабатывались на отдельных установках. Это связано с дополнительными затратами по сооружению капиталоемких цехов и агрегатов, оказывает существенное влияние на повышение удельных капитальных вложений, на рост стоимости основных фондов. Так, среднегодовая стоимость действующих основных фондов этой отрасли увеличилась в 1975 г. в 1,5 раза и в 1979 г.— в 1,9 раза по сравнению с 1970 г.

Значительным темпам роста основных фондов сопутствуют прогрессивные изменения в их воспроизводственной структуре. Так, удельный вес капитальных вложений на реконструкцию, расширение и техническое перевооружение действующих предприятий в общем объеме централизованных капитальных вложений составил в 1975 г. 47,3% и увеличился к 1979 г. до 55,7%. Такое направление капитальных вложений благоприятно сказалось на структуре промышленно-производственных фондов, росте их активной части.

---

[1] «Народное хозяйство СССР в 1978 г.» Статистический ежегодник. Издательство «Статистика», 1979 г., стр. 129.

[2] Там же, стр. 532.

Вместе с тем специфика нефтеперерабатывающей и нефтехимической промышленности заключается в том, что большинство процессов представляет собой тепловые непрерывные аппаратурные процессы, многократно изменяющие перерабатываемое сырье. Оборудование оснащено многочисленной измерительной аппаратурой, предопределяющей более высокий удельный вес в составе промышленно-производственных основных фондов активной части (59,8% общей их стоимости на 1 января 1979 г. по сравнению с 47,7% по промышленности в целом[3]). Это, в свою очередь, обусловливает значительный объем капитального ремонта, увеличившегося в 1975 г. по сравнению с 1970 г. на 41,3% и в 1979 г.— на 85,4%.

Росту капитального ремонта сопутствовало и повышение затрат на текущий ремонт, возросших соответственно на 19,6% и на 51,3%. Увеличение затрат на капитальный и текущий ремонты вызывается и тем, что преобладающее количество аппаратуры и оборудования в данной отрасли эксплуатируется в коррозийно-активных средах, во взрывоопасных условиях, при высоких и низких температурах и под большим давлением. При этом важно отметить, что доля капитального ремонта в общем объеме капитальных вложений по отрасли в 1979 г. равнялась 37,0%.

В целом по промышленности средства на капитальный ремонт основных фондов составляют, по данным за 1978 г., около 30% общей суммы капитальных вложений, а в некоторых отраслях они значительно превысили эту величину. Так, в черной металлургии, по расчетам Института экономики ЦНИИчермета, они равняются 41,0% [4].

Наряду с абсолютным увеличением затрат на капитальный и текущий ремонты имеет место и относительный их рост на 1 рубль основных фондов, составивших соответственно 2,93 и 2,06 коп./руб. в 1975 г. и 3,02 и 2,10 коп./руб. в 1979 г. Это свидетельствует о том, что в отрасли наряду с новой современной техникой эксплуатируется и физически устаревшее оборудование, количество которого непрерывно повышается. Об ухудшении возрастной характеристики действующих основных фондов говорит и нарастание величины их износа (36,8% в 1976 г. и 46,4% в 1980 г.). Такое положение обусловлено снижением темпов ввода и выбытия основных фондов нефтеперерабатывающей и нефтехимической промышленности (коэффициент ввода снизился с 10,8% в 1970 г. до 6,9% в 1979 г., а коэффициент выбытия — соответственно с 1,8% до 1,2%).

В нефтеперерабатывающей и нефтехимической промышленности все еще значителен удельный вес машин и оборудования со сроком службы от 10 до 20 и более лет, особенно в сланцеперерабатывающей, резинообувной и нефтеперерабатывающей отраслях. Эксплуатация устаревшего, физически изношенного технологического оборудования требует дополнительных затрат на проведение капитальных ремонтов, например, по нефтеперерабатывающей промышленности с 2,3% стоимости основных фондов по группе оборудования с возрастом до 5 лет до 6,1% с возрастом от 10 до 20 лет, по промышленности синтетического каучука соответственно — с 3,6% до 6,0%, шинной промышленности — с 3,3% до 5,1%, резинообувной — с 3,4% до 5,3%, производству асбесто-технических изделий — с 3,8% до 5,6% и т. д.

Специально проведенный анализ также показал, что суммарные затраты на капитальный ремонт устаревшего технологического оборудования превышают его восстановительную стоимость: в нефтеперерабатывающей промышленности — в 1,5—2,6 раза; промышленности син-

---

[3] См. «Народное хозяйство СССР в 1978 г.», стр. 130.

[4] См. В. П. Красовский, Новый хозяйственный механизм и повышение эффективности капитальных вложений («Плановое хозяйство» № 3, 1980 г., стр. 44).

тетического каучука — в 1,2 раза; производстве резиновой обуви — в 1,4 раза и т. д. Длительные сроки службы оборудования обусловливают значительные затраты на капитальные ремонты, во много раз превышающие амортизационные отчисления на ремонт и балансовую стоимость установок.

Действующая в настоящее время система учета, при которой затраты на капитальный ремонт, превышающие амортизационные отчисления, не прибавляются к стоимости основных фондов, то есть не находят отражения в их стоимости, не способствует повышению эффективности их использования. В связи с этим фактическая стоимость относительно старых заводов значительно занижается, что «благоприятно» сказывается на технико-экономических показателях их деятельности и не стимулирует замену устаревших фондов. Поэтому затраты на капитальный ремонт, превышающие по величине начисленную амортизацию, целесообразно включать в стоимость основных фондов.

В связи с изложенным нефтеперерабатывающая и нефтехимическая промышленность испытывает острый недостаток средств на капитальный ремонт эксплуатируемых основных фондов. Так, превышение фактических затрат на капитальный ремонт по сравнению с начисленной амортизацией колебалось за период действия вновь введенных норм (1975—1979 гг.) с 2,4 до 5,4%, а по некоторым отраслям это превышение достигло более значительной величины. Так, по сланцеперерабатывающей промышленности оно составило 13,1%, промышленности асбестотехнических изделий — 18,3%, шинной — 19,5%, обувной — 32,4%.

В целом за анализируемый период по нефтеперерабатывающей и нефтехимической промышленности отклонение фактических затрат, проводимых за счет амортизационных отчислений на капитальный ремонт, равнялось 92,1 млн. руб., или 3,8%. Немаловажное значение при этом имеет и отвлечение амортизационных отчислений на цели, не связанные непосредственно с капитальным ремонтом (около 29,1 млн. руб., или 36,1% общей суммы превышения фактических затрат по сравнению с начисленной амортизацией). Реализация решения постановления ЦК КПСС и Совета Министров СССР от 12 июля 1979 г. о сугубо целевом использовании амортизационных отчислений непосредственно на капитальный ремонт позволит снизить эту величину. Действительно, при исключении затрат, не связанных с капитальным ремонтом основных фондов (строительство дорог, финансирование капитального строительства и прочие затраты), превышение фактических затрат составит (с учетом затрат на приобретение оборудования) не 3,8, а только 2,6%, или 63,0 млн. руб., к начисленной амортизации по всем основным фондам и 1,9%, или 44, 1 млн. руб.,— по промышленно-производственным основным фондам.

Представляет интерес сравнение фактических затрат на капитальный ремонт с начисленной на эти цели амортизацией по отдельным видам основных фондов. Специально проведенное исследование показало, что за период действия вновь введенных норм амортизации (1975—1979 гг.) наблюдалось недоиспользование начисленных амортизационных средств по таким видам промышленно-производственных основных фондов, как сооружения, передаточные устройства и транспортные средства, составившие соответственно 18,0; 44,4 и 15,2 млн. руб., или 7,3; 14,5 и 45,1% к начисленной амортизации. Однако в целом по нефтеперерабатывающей и нефтехимической промышленности имел место перерасход средств на эти цели в размере 30,5 млн. руб., или 1,3% к начисленной амортизации. Эта величина обусловлена превышением их в размере 38,1 млн. руб., или 2,7%, на капитальный ремонт машин и оборудования и значительным превышением фактических затрат на капитальный ремонт зданий, составивших 88,3 млн. руб., или 36,70% к начисленной амортизации по этой группе основных фондов. Наибольшее превышение фактических затрат на капитальный ремонт основных фондов по сравнению с начисленной амортизацией имело место в 1978—1979 гг.: в 1978 г.— 16,9 млн. руб. и в 1979 г.—19,1 млн. руб. по сравнению с 2,4 млн. руб. в 1976 г. и 3,6 млн. руб. в 1977 г. Это обусловлено наряду с другими причинами также и тем, что вновь введенные нормы амортизации на капитальный ремонт были снижены по сравнению с ранее действовавшими на 12,6% в связи с предусмотренным сокращением сроков службы основных фондов, а значит, и их ускоренным обновлением. Однако, как показал опыт применения норм за прошедшие (с момента ввода в действие) годы, обновление основных фондов не происходит в должном размере из-за недостаточного производства оборудования. Поэтому особую значимость приобретает подчеркнутая XXVI съездом партии целесообразность ускорения замены морально устаревшего оборудования, предопределяющая необходимость в каждом конкретном случае сравнительной оценки экономической эффективности дальнейшей его эксплуатации и проведения при этом дорогостоящих малоэффективных ремонтов или замены новым оборудованием, используя для этих целей определившиеся по каждой отрасли (с учетом реальных возможностей обновления устаревших основных фондов) средства. Результаты расчетов показали, что экономический эффект от замены устаревших фондов по нефтеперерабатывающей и нефтехимической промышленности составит 0,41 руб. на 1 руб. заменяемого оборудования, а срок окупаемости капитальных вложений — 2,7 года при утвержденном в отрасли нормативе со сроком окупаемости капитальных вложений 5 лет.

Актуальность замены устаревшего оборудования обусловлена также тем, что вновь введенные в действие нормы амортизации предусматривают увеличение отчислений на полное восстановление основных фондов в связи с более короткими сроками их службы. Например, по нефтеперерабатывающей и нефтехимической промышленности сокращение сроков службы с 24,1 до 19,8 года в целом по основным фондам и с 14,5 до 11,6 года по машинам и оборудованию предопределили повышение норм амортизации на реновацию в размере 21,7%. Эти нормы, отражающие современный уровень техники и перспективы ее развития на ближайший период, должны существенно повлиять на темпы обновления оборудования. Их применение даст устойчивую финансовую базу для поддержания основных фондов на требуемом техническом уровне.

Вместе с тем это предполагает и необходимость ускоренного развития нефтяного и химического машиностроения, которое пока все еще не обеспечивает потребностей в новейших видах аппаратуры, оборудования и комплектных установок с высокой единичной мощностью. Создание такой оснащенной базы позволит сократить объем дорогостоящих малоэффективных ремонтов и использовать освобождающиеся средства на замену физически изношенного и морально устаревшего оборудования более совершенным и производительным.

В связи с несоответствием между вновь введенными нормами амортизации основных фондов и реальными возможностями их замены следует, по-видимому, пересмотреть нормы на капитальный ремонт, особенно по тем видам фондов, фактический срок службы которых значительно превышает нормативный. Наряду с этим целесообразно осуществить комплекс мер, повышающих эффективность ремонтных работ. К ним в первую очередь относятся индустриализация и централизация ремонтных работ, специализированное изготовление и установка произведенных заводским способом отдельных деталей, узлов, агрегатов и запасных частей, проведение наряду с внутризаводской и межзаводской централизации ремонта оборудования и аппаратуры, технологических установок и производств.

Одно из основных направлений повышения эффективности ремонтных работ в промышленности — дальнейшее развитие внутризаводской централизации ремонтных работ путем расширения и технического перевооружения ремонтно-механических служб предприятий в результате слияния их в единые самостоятельные ремонтно-механические производства и цехи, специализации ремонта по видам оборудования и организации централизованного изготовления запасных частей, штамповок и поковок, широкого внедрения наиболее прогрессивного агрегатно-узлового метода ремонта и расширения объема и номенклатуры выпускаемого в централизованном порядке обменного фонда сменных и запасных узлов и деталей.

Основным условием повышения эффективности ремонтных работ, рационального использования предназначенных на эти цели амортизационных средств является совершенствование организации ремонтного обслуживания и организационно-технического уровня его проведения. Дело в том, что в настоящее время ремонтное хозяйство фактически стало самостоятельным видом производства, которое тесным образом связано со всеми другими его видами. Важнейшим направлением его совершенствования выступают специализация и централизация ремонтных работ, включающие внутризаводскую централизацию, обусловливаемую степенью участия в ремонте (выполняемом хозяйственным способом) централизованных ремонтных служб, и централизацию, определяемую участием в ремонте оборудования подрядных специализированных ремонтных подразделений. Это обеспечивает применение подменного, крупноузлового и других прогрессивных видов ремонта, в частности централизованного изготовления и поставки запасных частей, деталей, агрегатов и узлов, и способствует использованию преимуществ, присущих этим формам организации ремонта.

Перспективным направлением являются внутризаводская и особенно межзаводская централизация и специализация капитального ремонта, определяемые высокой степенью участия в капитальном ремонте подрядных организаций. Это создает благоприятные условия для внедрения передовых индустриальных методов ремонта, повышения уровня механизации ремонтных работ — важного средства снижения их трудоемкости, способствует более совершенной организации труда, широкому и эффективному применению машин и механизмов, увеличению объема и улучшению качества ремонтных работ, сокращению продолжительности простоя оборудования в ремонте и снижению его стоимости.

Сказанное можно проиллюстрировать на примере нефтеперерабатывающей и нефтехимической промышленности, в которой подрядный способ проведения капитального ремонта стал преобладающим, так как на его долю в 1979 г. приходилось 83,7% объема капитального ремонта (по сравнению с 75,6% в 1975 г. и 71,1% в 1970 г.). Хозяйственным способом осуществляется остальная часть ремонтных работ и весь текущий ремонт предприятий отрасли.

Формирование специальных организаций по капитальному ремонту и модернизации основных фондов происходит не только в нефтеперерабатывающей промышленности, но и в других отраслях народного хозяйства. Так, по данным В. Красовского, доля ремонтов, выполняемых подрядным способом, увеличилась в металлургической промышленности до 71,2%, в электроэнергетике — до 64% [5].

Выполнение ремонтных работ собственными подрядными организациями министерства специализированными трестами и привлечение для

[5] См. В. П. Красовский, Новый хозяйственный механизм и повышение эффективности капитальных вложений («Плановое хозяйство» № 3, 1980 г., стр. 45).

этих целей специализированных строительно-монтажных организаций других министерств и ведомств обусловлено невозможностью проведения непрерывно возрастающего объема ремонтных работ силами ремонтно-механических цехов и ремонтных групп технологических цехов предприятий, отсутствием у них специального монтажного, такелажного оборудования и механизмов, а также квалифицированных специалистов, что не позволяет охватить весь объем ремонтных работ, особенно по крупнотоннажной аппаратуре.

Сложившийся на заводах уровень затрат на ремонтные работы и распределение их по исполнителям (ремонтным механическим цехам и ремонтным группам технологических цехов, ведомственным подрядным подразделениям и специализированным подрядным организациям других министерств и ведомств) — результат взаимодействия многочисленных факторов, важнейшими из которых являются виды и характер проводимых ремонтных работ.

Повышение степени участия в ремонте подрядных организаций эффективно для отраслей, предприятия которых характеризуются крупнотоннажными, укрупненными и комбинированными технологическими установками, объединяющими в одном технологическом блоке несколько различных процессов, а также для заводов, имеющих взаимосвязанный производственный цикл. Остановка на ремонт таких комплексов требует единовременной концентрации ремонтного персонала, что может быть осуществлено только с помощью специальных подрядных организаций. Основными факторами, определяющими степень их участия в капитальном ремонте, являются территориальное размещение, размеры основных производственных фондов предприятий и объем их ремонтных работ. Этим обосновываются размещение, сфера обслуживания и мощности создаваемых подрядных организаций и централизованных ремонтных производств. Такой подход к решению проблемы индустриализации ремонтных работ позволяет широко применять собственный подряд и закреплять конкретные объекты за постоянными исполнителями.

Для повышения организационно-технического уровня ремонтной службы наряду с дальнейшим внедрением внутризаводской централизации ремонтных работ требуется территориальное объединение ремонтного персонала организаций, расположенных в районах сосредоточения предприятий, подчиненных одному и тому же всесоюзному производственному объединению (министерству), и создание на этой основе мощных специализированных ремонтно-промышленных комплексов, технические возможности которых по изготовлению оборудования, запасных частей и созданию обменного фонда должны обеспечить индустриальное выполнение ремонта крупнотоннажных установок и производств в максимально сжатые сроки.

Развитие подрядного способа производства ремонтных работ и повышение его эффективности предопределяют необходимость решения ряда вопросов, важными среди которых являются вопросы планирования и оценки деятельности ремонтно-строительных организаций. Применяемый для планирования и учета объема работ и производительности труда показатель стоимости ремонтно-строительных работ недостаточно объективно характеризует деятельность ремонтно-строительных организаций и способствует выполнению в первую очередь дорогостоящих, материалоемких и прибыльных работ. Так, выработка одного рабочего в подрядных организациях более чем в два раза выше ее уровня по ремонтным цехам и ремонтным группам технологических цехов на предприятиях нефтеперерабатывающей и нефтехимической промышленности, хотя она и ниже, чем в специализированных подрядных организациях других министерств.

Сравнение производительности труда при подрядном и хозяйственном способах производства ремонтных работ показывает, что при подрядном способе стоимость выполненных работ в 1,3—1,4 раза выше, чем при хозяйственном. При этом важно учесть, что в стоимости капитального ремонта, производимого подрядным способом, накладные расходы и прибыль составляют около 35,0%, так как подрядные организации главным образом выполняют работы по капитальному ремонту, доля материальных затрат в стоимости которых равна 60—65%. Между тем в стоимости текущего ремонта, осуществляемого хозяйственным способом, материальные затраты составляют 25—30%. Поэтому стоимость ремонтных работ на единицу трудовых затрат будет различной при капитальном ремонте, производимом подрядным способом, и при текущем ремонте, выполненном ремонтно-механической службой предприятия. Кроме того, следует иметь в виду, что доля оплачиваемых повторно используемых материалов, применяемых при подрядной организации ремонтных работ, составляет около 30% их объема, в то время как при хозяйственном способе они не входят в стоимость ремонта.

Существующая разница в отчислениях от сверхплановой прибыли по сравнению с плановой прибылью в ремонтно-строительных организациях побуждает подрядные организации выполнять наиболее выгодные, приносящие максимальную сверхплановую прибыль работы. В результате амортизационные средства, предназначенные для капитального ремонта, трансформируются в сверхплановую прибыль подрядных организаций, что, в свою очередь, приводит к перерасходу и неэффективному использованию амортизационных отчислений, сужению возможностей их использования на ремонтные работы.

Актуален также вопрос упорядочения нормативно-справочной документации для расчета смет на капитальный ремонт. Для определения сметной стоимости капитального ремонта пользуются (в связи с отсутствием единых нормативов) различными нормативно-справочными данными. Стоимость ремонта исчисляется по ценникам на монтажные работы, утвержденным Госстроем СССР применительно к новому строительству, по местным каталогам единичных расценок, установленных объединениями, а также по другим местным нормативам.

Из сказанного следует, что централизация, специализация, создание мощных ремонтных производств должны осуществляться не только с учетом производственных преимуществ такой организации, но и на базе обоснованных расчетов экономической эффективности производства ремонтных работ.

Для повышения эффективности подрядного способа проведения капитального ремонта необходимы дальнейшее совершенствование планирования и оценки деятельности ремонтно-строительных организаций, усиление их заинтересованности в выполнении ремонтных работ. Это требует разработки системы показателей для образования фондов экономического стимулирования, сдерживающей погоню за сверхплановой прибылью (своевременная сдача объектов после их ремонта, фиксированная величина плановой прибыли в размерах, обеспечивающих плату за производственные фонды; формирование фондов стимулирования и других расходов, покрываемых из прибыли, фонда заработной платы). Росту эффективности подрядного способа ремонта должно способствовать также внедрение типового договора, определяющего права, обязанности и взаимную материальную ответственность заказчиков и подрядчиков по проведению капитальных ремонтов.

Уменьшению разрыва в стоимости капитального ремонта и выработки на одного работающего в подрядных организациях и в ремонтно-механических цехах предприятий и правильному определению показателя производительности труда ремонтного персонала должна способствовать разработка единых отраслевых расценок на все виды ремонтных работ и единой для всех организаций методики расчета общей стоимости ремонта. Их отсутствие приводит к неправильной оценке объема ремонтных работ и является наряду с другими факторами одной из причин неоправданно высокой прибыльности ремонтно-строительных организаций. Все это предопределяет необходимость в каждом конкретном случае проанализировать и оценить производительность труда при подрядном и хозяйственном способах производства и учесть различия в стоимости выполненных работ.

Важный фактор повышения эффективности капитального ремонта — рациональное использование амортизационных отчислений на эти цели. Нормы амортизации являются усредненными для каждого вида фондов и не учитывают фактической потребности в средствах для проведения капитального ремонта. В результате одни предприятия испытывают недостаток средств на капитальный ремонт, другие — избыток. В связи с этим по действующему Положению о социалистическом государственном производственном предприятии изымалась часть начисленной амортизации в размере 10% в централизованный фонд для ее перераспределения. Хотя в постановлении ЦК КПСС и Совета Министров СССР от 12 июля 1979 г. предусматривается увеличение размера перечисляемых в централизованный фонд амортизационных отчислений до 15%, однако это не решает до конца проблему перераспределения амортизационных средств на капитальный ремонт между предприятиями.

Острота этого вопроса особенно возрастает не только с непрерывным ростом стоимости промышленно-производственных основных фондов предприятий, а значит, и соответствующим ростом величины амортизационных отчислений на их капитальный ремонт, но и с ростом размера перераспределенной части амортизационных отчислений, обусловленного увеличением процента перечислений. В связи с этим необходима разработка коэффициента перераспределения амортизации с учетом факторов, определяющих фактическую потребность в средствах на капитальный ремонт на каждом предприятии. Такие коэффициенты были разработаны для предприятий нефтеперерабатывающей и нефтетехнической промышленности. При этом учитывалась зависимость затрат на капитальный ремонт от факторов, не нашедших отражение в применяемых нормах: возраст оборудования, качество перерабатываемого сырья, соотношение затрат на капитальный и текущий ремонты и др.

Учет соотношения затрат на капитальный и текущий ремонты (при разработке коэффициентов перераспределения амортизационных средств между предприятиями) обусловлен тем, что практически разграничение капитального и текущего ремонтов условно и научное их определение затруднительно из-за большого разнообразия видов основных фондов и характера ремонтных работ. В ряде случаев текущий ремонт проводится за счет средств, предназначенных на капитальный ремонт, и, наоборот, при недостатке амортизационных средств капитальный ремонт осуществляется фактически за счет средств на текущий ремонт.

Твердо регламентированные нормы расходов на капитальный ремонт, не позволяющие маневрировать располагаемыми средствами, предопределяют, например, то, что на нефтехимических заводах Чехословакии все затраты по любому виду ремонта относят прямо на себестоимость продукции[6]. Общее финансирование капитальных и текущих ремонтов позволяет им привлекать подрядные организации для выполнения не только капитального, но и всех видов ремонта.

Важным фактором повышения эффективности использования амортизационных отчислений на капитальный ремонт является соблюдение

[6] См. А. А. Тихомиров, А. Е. Фолиянц, М. И. Шумяков. Эксплуатация, модернизация и ремонт оборудования. ЦНИИТЭнефтехим № 7, 1973 г.

принципов хозрасчета. При существующем порядке предприятия, передающие часть амортизационных отчислений другим предприятиям и организациям, включают эту часть в себестоимость производимой продукции. В то же время предприятия, получающие в порядке дотации перераспределенную часть необходимых амортизационных отчислений для капитального ремонта, не включают их в себестоимость производимой продукции и не отражают в показателях по издержкам производства. Безвозмездное получение таких средств нарушает хозрасчетные принципы. Если принять во внимание расплывчатость границ между капитальными и текущими ремонтами, то для некоторых предприятий, пользующихся дотацией, последние могут стать источником улучшения своих экономических показателей.

Как свидетельствует практика, установившийся порядок безвозмездного перераспределения амортизационных отчислений приводит к тому, что многие предприятия, получающие средства из амортизационного фонда, затрачивают в то же время на текущий ремонт гораздо меньше средств по сравнению со сложившимся их средним уровнем по отрасли. Поэтому целесообразнее включать средства, полученные из централизованного фонда, в затраты на производство и освободить предприятия, передающие часть амортизационных отчислений, от ее включения в издержки производства. Это будет стимулировать передачу излишних для предприятий средств в централизованный амортизационный фонд и, наоборот, послужит сдерживающим мотивом в получении из централизованного фонда средств, необходимых предприятию для запланированного объема капитального ремонта. Поэтому необходимо изменить сложившийся порядок безвозмездного перераспределения амортизационных отчислений на капитальный ремонт, увязав его с хозрасчетным механизмом. Внедрение в практику разработанных коэффициентов позволит обоснованно изымать средства у тех предприятий, у которых они избыточны, и, наоборот, обеспечивать фактическую потребность в них на старых предприятиях, где парк оборудования отличается повышенным износом.

Важную роль в повышении эффективности ремонтного производства должно сыграть развитие собственной ремонтной подотрасли с глубокой специализацией ремонтных работ для обеспечения предприятий нефтехимическим оборудованием и запасными частями, проведения централизованного ремонта технологического оборудования и введения подменного способа его ремонта.

Наряду с проблемами, связанными с организацией ремонтного производства, обобщением передового опыта по повышению эффективности ремонтных работ, большое значение имеют и вопросы финансирования капитальных ремонтов, совершенствования механизма образования и использования амортизационных отчислений, предназначенных на капитальный ремонт основных фондов.

Вопросы финансирования неоднократно освещались в экономической литературе последних лет. В концентрированном виде они нашли отражение при обсуждении экономических вопросов повышения эффективности использования амортизационного фонда, предназначенного на капитальный ремонт [7].

Большое внимание уделяется проблемам модернизации оборудования. По нашему мнению, модернизацию оборудования необходимо совмещать с проведением капитального ремонта, как это принято в действующем Положении о порядке планирования, начисления и использования амортизационных отчислений, предусматривающем включение за-

[7] См. «Методика и практика определения эффективности капитальных вложений и новой техники». Сборник научной информации АН СССР, вып. 30. Издательство «Наука», 1979 г., стр. 46—65.

трат на модернизацию в состав норм на капитальный ремонт. Объединение модернизации с капитальным ремонтом и их одновременное проведение в широких масштабах в промышленности даст возможность осуществлять модернизацию в короткие сроки и явится наиболее экономичным способом воспроизводства основных фондов. Модернизация же оборудования при реконструкции установок (производств) должна проводиться за счет выделяемых капитальных вложений.

Из комплекса предложений по упорядочению финансирования капитальных ремонтов следует также рассмотреть рекомендации по объединению амортизационных отчислений на капитальный ремонт с фондом развития производства.

По нашему мнению, объединение амортизационного фонда с фондом развития производства, обезличивание его может привести к тому, что значительная часть амортизационных средств будет направляться на мероприятия по техническому перевооружению предприятий и в меньшей степени на сохранение действующих средств труда. Кроме того, объединение двух фондов, которое преследует цель увеличения финансовых возможностей для экономически более эффективного направления воспроизводства основных фондов — их обновления на технически совершенной основе,— не приведет к желаемому результату, так как приобретение нового оборудования взамен устаревшего зависит не только от финансовых источников, а главным образом от баланса оборудования, наличия нового оборудования для замены устаревшего.

Исходя из назначения амортизационных отчислений на капитальный ремонт, призванных обеспечивать нормальное функционирование основных фондов и производственных мощностей, наиболее целесообразно сохранить фонд амортизации на капитальный ремонт в том виде, в каком он существует, то есть в качестве самостоятельного, и использовать его только по целевому назначению, что предусмотрено и постановлением ЦК КПСС и Совета Министров СССР от 12 июля 1979 г., в котором говорится: «Амортизационные отчисления, предназначенные на капитальный ремонт основных фондов, используются производственными объединениями (предприятиями) по прямому назначению».

Огромные средства, расходуемые на проведение капитального ремонта основных фондов страны, выдвигают задачу повышения эффективности капитального ремонта и использования амортизационного фонда, предназначенного на его финансирование, в числе первоочередных задач. В связи с этим министерствам, ведомствам и промышленным объединениям предоставлено право создавать резерв за счет амортизационных отчислений, предназначенных на капитальный ремонт, в размере 15% общей суммы этих отчислений для использования в тех производственных объединениях (на предприятиях), у которых недостаточно собственных средств для осуществления капитального ремонта.

Наряду с этим повышению эффективности капитального ремонта должны способствовать: рост производительности труда на ремонтных работах за счет их индустриализации и дальнейшего развития специализации и централизованного ремонта основных фондов и более полного удовлетворения потребности народного хозяйства в запасных частях к машинам и оборудованию; дальнейшее развитие наиболее прогрессивного и эффективного подрядного способа осуществления ремонтных работ, усиления ответственности подрядных организаций за выполнение договорных обязательств и совершенствование системы материального поощрения за своевременное и качественное проведение ремонта; более широкое осуществление модернизации аппаратуры и оборудования при проведении капитальных ремонтов и замены физически изношенного и морально устаревшего оборудования; разработка отраслевых планов замены действующего оборудования, базирующихся на реальных материальных и финансовых ресурсах; разработка предложений по научно обоснованной системе перераспределения амортизационных отчислений между предприятиями внутри отраслей и увязка этой системы с действующим хозрасчетным механизмом; дальнейшее развитие кредитных отношений в сфере капитального ремонта для оказания кредитной помощи предприятиям, не имеющим достаточных собственных средств для проведения ремонтных работ.

Повышение эффективности использования амортизационных отчислений является неотъемлемой составной частью повышения эффективности производства в целом, которое было и остается, как отметил Л. И. Брежнев в Отчетном докладе ЦК КПСС на XXVI съезде, стержнем экономической стратегии партии. Рациональное использование значительных по своему размеру и непрерывно растущих амортизационных отчислений создает устойчивую базу для поддержания основных фондов в требуемом техническом состоянии.

Е. Афанасьевский

ТЕРРИТОРИАЛЬНАЯ ОРГАНИЗАЦИЯ ПРОИЗВОДСТВА

(на примере текстильной промышленности)

Регулирование уровня и совершенствование форм концентрации промышленности служат одним из важнейших резервов повышения эффективности производства. К наиболее актуальным научно-практическим вопросам этой проблемы относятся количественный анализ уровня концентрации производства с целью уточнения ее рационального предела и определение типа и размера предприятий; повышение уровня территориальной концентрации и специализации для достижения более тесной взаимосвязи форм общественной организации производства с новыми социально-экономическими, демографическими и градостроительными условиями.

Разработка указанных проблем обусловлена необходимостью совершенствования перспективного территориального планирования и управления. Она должна осуществляться в тесной связи с разработкой генеральных схем развития и размещения производительных сил страны на перспективу.

В настоящее время в экономической литературе недостаточно освещена конкретная взаимосвязь эффективности использования основных производственных фондов, например, текстильной промышленности и процесса концентрации производства.

Итоги развития текстильной промышленности за последние годы свидетельствуют о том, что в отрасли достигнут и даже превышен экономически необходимый предел концентрации, что в современных условиях сдерживает дальнейшую интенсификацию использования основных фондов.

В «Основных направлениях экономического и социального развития СССР на 1981—1985 годы и на период до 1990 года» в качестве одной из важнейших задач одиннадцатой пятилетки поставлен вопрос о повышении эффективности капитальных вложений, сокращении продолжительности сооружения объектов и ускорении освоения проектных мощностей, улучшении качества и снижении стоимости строительства. До 60-х годов благодаря обеспеченности производства рабочей силой в легкой промышленности имелись условия для строительства крупных предприятий. Определение наиболее эффективного размера предприятий и рационального уровня удельных затрат на строительство требует нового подхода к решению данного вопроса. При производственной концентрации в форме комбината уровень ее должен соответствовать прежде всего требованиям технологической сопряженности и комбинирования с учетом сырьевых возможностей.

Это позволяет реализовать преимущества, заложенные во внутрипроизводственных условиях, и одновременно усиливает зависимость использования основных фондов предприятия от социально-экономических факторов. Так, недостаточная обеспеченность трудовыми ресурсами неизбежно приводит к снижению показателей работы предприятия. Решение этого вопроса требует крупных дополнительных капитальных вложений.

Уровень использования основных фондов с точки зрения отраслевых особенностей должен снижатся при их эксплуатации и вызывать дополнительные затраты на создание искусственного равновесия между формами организации и реальными воспроизводственными возможностями. В определении эффективной мощности и формы организации использования основных фондов применительно к отдельным экономическим районам важную роль играет сопоставительный статистический анализ результатов деятельности действующих предприятий различных размеров.

При изучении итогов работы хлопчатобумажной промышленности 167 ткацких предприятий отрасли были разделены на 7 групп по количеству действующих станков (см. табл. на стр. 90) за исключением мелких фабрик, насчитывающих менее 100 станков, и предприятий, находящихся в стадии освоения. Разработка и анализ важнейших технико-экономических показателей использования основных фондов по группам предприятий с различным количеством станков подтверждают тесную зависимость его уровня от изменения мощности предприятия. С увеличением размеров предприятий производительность труда, оборудования и другие показатели повышаются. Однако эффективность использования рабочей силы и основных фондов в хлопчатобумажной промышленности возрастает незначительно (на 20—30% в высшей группе предприятий против низшей) по сравнению с другими отраслями, в частности с нефтедобывающей промышленностью, тепловыми электростанциями, пищевой промышленностью и др., где с повышением уровня концентрации эти показатели возрастают быстрее. Таким образом, в хлопчатобумажной промышленности уровень использования основных фондов в зависимости от роста концентрации производства относительно невелик.

Необходимо отметить, что существует также тенденция повышения эффективности использования оборудования и труда, но до определенного размера предприятия. В последующем по мере роста мощности уровень эффективности резко снижается по всем технико-экономическим показателям. Наиболее высокие показатели в натуральном исчислении (выпуск тканей на один станок в год, производительность рабочего и станка в метроуточинах, количество часов работы оборудования и т. д.) присущи группам предприятий с количеством ткацких станков от 500 до 2000.

Из данных таблиц видно, что выпуск хлопчатобумажных суровых тканей на один станок в год увеличивается по всем группам предприятий, однако соотношение уровней годового выпуска между ними изменяется в пользу предприятий, характеризующихся меньшим уровнем концентрации производства: в 1970 г. высшие показатели были в IV—VI группах (1500—3000 станков), в 1975 г.— во II—V группах (500—2500 станков, в 1978 г.— во II—IV группах (500—2000 станков). Выпуск тканей на крупнейших предприятиях IV—VII групп рос заметно медленнее (74—89% показателей II группы). В соответствии с этим на предприятиях II—IV групп, располагавших 30,9% общего количества станков, в 1978 г. было выработано 34,9% хлопчатобумажных тканей. В то же время на предприятиях VII группы, в состав которой входит 44,7% общего количества станков, изготовлено тканей только 39,8% общего их количества.

Из-за низкой среднегодовой выработки станка только на предприятиях VII группы (115,0 тыс. ткацких станков) условные потери по сравнению со среднегодовой выработкой станка на предприятиях II группы превысили 1 млрд. кв. м хлопчатобумажных тканей. В целом же по всем группам по сравнению с уровнем выработки предприятий

Динамика технико-экономических показателей работы предприятий хлопчатобумажной промышленности в 1970—1978 гг.

	Годы	Группы предприятий по количеству станков							Итого
		I до 500	II 501—1000	III 1001—1500	IV 1501—2000	V 2001—2500	VI 2501—3000	VII свыше 3000	
Количество предприятий	1978	53	29	23	18	12	9	23	167
Удельный вес станков (в %)	1970	4,8	10,3	10,5	10,3	13,1	11,1	39,9	100
	1978	4,4	7,9	10,8	12,2	10,5	9,5	44,7	100
Выработано тканей (в %)	1970	3,8	10,9	11,1	11,4	14,0	11,8	37,0	100
	1978	3,7	9,5	12,2	13,2	11,4	10,2	39,8	100
Выпуск тканей в год на один станок (в млн. метроуточин)	1970	44,8	59,1	59,8	62,4	60,3	60,0	52,2	56,9
	1978	52,2	74,7	70,1	67,3	66,5	66,4	55,2	61,9
Производительность одного станка в час (в метроуточинах)	1970	9 304	10 582	10 398	11 002	10 985	10 523	10 433	10 599
	1975	10 201	11 665	11 664	12 155	12 763	11 334	11 017	11 513
	1978	10 904	18 925	12 525	12 479	12 264	12 180	11 463	12 059
1978 г. в % к 1970 г.		117,2	131,5	120,5	113,4	111,6	115,8	109,9	113,8
Производительность одного рабочего в час (в метроуточинах)	1970	15 414	35 527	33 647	45 684	47 251	47 572	45 769	42 969
	1978	20 310	44 528	54 331	58 331	56 829	55 981	53 287	50 571
1978 г. в % к 1975 г.		112,4	107,2	116,2	108,2	105,8	105,5	105,4	101,1
1978 г. в % к 1970 г.		131,8	125,3	161,5	127,7	120,3	117,7	116,4	117,7
Количество часов работы станков	1970	4 874	5 586	5 717	5 670	5 452	5 704	5 006	5 371
	1975	4 756	5 055	5 600	5 528	5 309	5 574	4 868	5 153
	1978	4 790	5 363	5 600	5 393	5 419	5 448	4 812	4 922
1978 г. в % к 1970 г.		98,3	96,0	98	95,1	99,4	95,5	96,1	91,6

II группы эти потери составили 1,5 млрд. кв. м тканей в год. Основная причина значительных отклонений в уровне съема продукции с одного станка в год на крупных предприятиях — нехватка рабочей силы для полного укомплектования смен. Это объясняется несоответствием мощностей предприятий указанных групп возможностям набора рабочей силы в современных условиях.

В 1975—1978 гг. продолжает развиваться тенденция дальнейшего сокращения количества часов работы оборудования групп крупнейших предприятий текстильной промышленности (за исключением V группы). В целом же оборудование наиболее крупных предприятий (VII группа) работает в среднем на 600—800 часов в год (или на 12—15%) меньше по сравнению с менее крупными. На предприятиях I—III групп число часов работы возросло или стабилизировалось.

На крупных текстильных предприятиях не только ниже все основные технико-экономические показатели работы, но и, как правило, значительно более высок уровень текучести кадров (20 и более процентов). Для укомплектования такого предприятия рабочей силой ежегодно необходимо принимать на работу по 1,4—2 тыс. человек, что при недостатке трудовых резервов осуществить практически невозможно. Из-за этого простои оборудования здесь в 2—3 раза превышают нормативы. Рабочие на крупные комбинаты (Ташкентский, Бухарский, Ферганский и др.) приезжают автобусами из окружающих районов, удаленных в среднем на расстояние до 75 км. Возрастают также объемы перевозок грузов. Кроме того, усложняются вопросы специализации и кооперирования. Указанные негативные явления особенно усилились в последние годы в условиях складывающейся неблагоприятной демографической ситуации.

Уровень использования производственных мощностей зависит не только от размера предприятий, но и от различий в мобильных ресурсах рабочей силы в разных экономических районах. Поэтому для повышения эффективности использования основных фондов текстильной промышленности каждой зоне СССР (европейской части, Сибири и Дальнему Востоку, Средней Азии) должны соответствовать уровень концентрации и форма организации производства.

Для Средней Азии следует предусмотреть минимальный вариант типоразмера предприятия, что будет способствовать повышению среди работающих удельного веса местного населения и снижению текучести кадров. В трудодефицитных районах Казахстана, Сибири, Дальнего Востока целесообразно в первую очередь строить небольшие по численности промышленного персонала фабрики-автоматы и предприятия с поточной организацией производства.

Низкие технико-экономические показатели предприятий-комбинатов с количеством станков свыше 3000, более длительные сроки их строительства и освоения проектных мощностей подтверждают, что в настоящее время, когда значительно снизились возможности привлечения рабочей силы, подход к определению рациональной мощности и формы организации производства текстильного предприятия должен быть коренным образом изменен.

В середине 60-х годов в СОПСе при Госплане СССР была сформулирована научная задача создания новой формы территориальной организации производства. На основе централизации управления она должна была включить «набор» предприятий различных размеров. В 1968—1971 гг. задача разработки проектов таких предприятий была успешно решена. Позже эта форма получила название «куста», или производственного объединения. Их создание отражает коренные качественные изменения в материальных и социальных условиях производства: наблюдается не обеспеченность трудовыми ресурсами, а растущий недостаток и территориальная распыленность; изменяется характер личного, общественного и производственного потребления; повышается требование к качественным, эстетическим показателям продукции и орудий производства.

Современные типы и размеры предприятий требуют появления новой «техники» управления и организации производства, которую необходимо внедрять в производство, если даже она и стоит дороже. Однако в практике отраслевого планирования в течение ряда лет имеют место недооценка значения новых форм организации производства, а также трудности научного и планово-организационного характера. Недостаточная разработанность сложных научных вопросов концентрации производства тормозит правильную ориентацию плановых органов на решение насущных проблем. В частности, в настоящее время в печати слабо освещаются принципиальные различия, заложенные в природе отраслевой и территориальной форм общественной организации производства. Главное различие между ними заключается в том, что отраслевая специализация, концентрация, комбинирование и кооперирование отвечают потребностям учета прежде всего технических, технологических и других внутриотраслевых особенностей производства, в то время как территориальная — социально-экономическим, историческим, природным и другим внепроизводственным условиям.

Методологические принципы создания территориальных форм общественной организации производства совершенно иные, чем отраслевых — они предусматривают прежде всего всесторонний учет специфики территории. Поэтому ни межрайонное разделение труда (территориальную специализацию), ни пространственную концентрацию (сосредоточение производительных сил в выбранном районе) нельзя планировать и осуществлять по образцу отраслевой специализации и концентрации. Точно так же и уровни развития двух разных форм общественной организации производства не следует сопоставлять между собой; в противном случае это может привести к неправильному выводу о деконцентрации производства и отказу от строительства новых типов предприятий. В случае замены одного типа предприятия другим развивается тот же процесс концентрации, хотя в иной форме. Отказ от строительства текстильного или другого комбината в пользу производственного объединения означает не переход к деконцентрации, а трансформацию одной формы организации производства — отраслевой концентрации — в другую — территориальную, несопоставимую и, следовательно, несоизмеримую с первой. Сопоставлять можно только комбинат с комбинатом или объединение с объединением.

Замена, где это возможно по технологическим условиям, комбината производственным объединением специализированных предприятий, основана не на деконцентрации производства, а на его специализации. Она призвана решать ту же задачу интенсификации производства, но в изменившихся социально-экономических условиях, определяющих неэффективность крупного производства. Отраслевая или точечная форма концентрации, основанная на единстве производственной площадки, заменяется новой формой территориальной концентрации, которую можно назвать агломерационной, основанной на централизации производства. Обособившаяся ведущая стадия производства, которой в соответствии с требованиями производственной технологии, оформления или назначения продукции должны подчиняться другие специализированные стадии производства, продолжает расширяться, согласно прежнему принципу точечной концентрации, в то время как мощности подчиненных технологических производств — нарастать за счет создания фабрик-филиалов, размещаемых на новой территории. В настоящее время без создания узкоспециализированных предприятий в сочетании с централизованным их управлением невозможно повысить обеспеченность народного хозяйства рабочей силой, поставить на службу социалистическому обществу значительные ресурсы труда без больших дополнительных затрат. В легкой и других трудоемких отраслях промышленности производственные объединения как прогрессивная форма территориальной концентрации располагают неограниченными возможностями для дальнейшего развития. В то же время возможности роста отраслевой концентрации за счет укрупнения, например, текстильных или машиностроительных комбинатов в ближайшей перспективе практически исчерпаны из-за отсутствия объективных социально-экономических предпосылок.

Реконструкция и модернизация действующих мощностей, новое строительство порождают одинаковые по названию, но разные по изначальной сути типы предприятий — производственные объединения. Цель создания производственных объединений на основе существующих предприятий — с помощью централизации производства специализировать отдельные объекты (подразделения) путем перегруппировки оборудования и проведения других мероприятий. Такой путь ведет к усилению отраслевой концентрации производства. Строительство же нового предприятия в форме производственного объединения предусматривает переход от старого, «точечного» или дисперсного принципа размещения к новому, агломерационному, направленному на развитие территориальной концентрации для экономичного использования всех преимуществ территории. Такое производственное объединение не служит новой формой концентрации производства, оно представляет собой новую форму размещения на основе использования преимуществ пространственного сосредоточения мощностей.

Один из важных признаков вступления нашего общества в стадию развитого социализма — сдвиг в характере потребности. Это положение необходимо учитывать при размещении предприятий легкой промышленности. Он вызывает необходимость переоценки значения некоторых специфических для отрасли звеньев производственного процесса. Исходным моментом такой переоценки должно стать положение о том, что в новых условиях потребность в повышении эстетической ценности изделий легкой промышленности резко возросла. В Отчетном докладе ЦК КПСС XXVI съезду партии Л. И. Брежнев отметил: «Нацеленность на экономию, на более полное и рациональное использование того, чем располагает страна, требует нового подхода ко многим вопросам хозяйствования. В частности, это означает, что надо совершенствовать и укреплять «верхние этажи» соответствующих отраслей: так называемый четвертый передел в металлургии, отделочные работы в строительстве, завершающие производства в легкой промышленности. Они во многом определяют качество, а подчас и количество продукции».

Это свидетельствует и о необходимости улучшения системы подготовки дизайнеров, так как в настоящее время их творческая работа серьезно затруднена; многочисленные швейные, обувные, текстильные фабрики не всегда обеспечены этими специалистами. Отсюда вытекает значение организационного принципа максимально возможной централизации использования творческого труда высшей квалификации.

При такой постановке вопроса подразумевается определенная зависимость качества продукции от уровня развития нескольких тесно взаимосвязанных факторов территориальной организации производства: степени централизации использования труда дизайнеров, глубины территориальной (предметной и стадийной) специализации и перехода от предприятий с замкнутым циклом производства (типа комбинатов) к комплексам — объединениям предприятий с выделением стадии отделки, раскроя, разруба в самостоятельные производства. В настоящее время в стране существуют все объективные предпосылки для того, чтобы положить начало новой форме размещения легкой промышленности агломерационного типа, которую и следует брать за основу при прогнозировании.

Благодаря уже достигнутому повсеместному размещению отрасли и достаточно высокому уровню ее развития во всех союзных республиках и экономических районах все меньше ощущается потребность в создании предприятий легкой промышленности «на голом месте». Количество недавно возникших или уже сложившихся центров столь велико, что из них при учете окружающих населенных пунктов можно выбрать такие, где есть возможности не только для расширения мощностей, но и для нового строительства.

Принцип агломерационного размещения на базе уже действующих мощностей применим к большинству отраслей легкой промышленности и в первую очередь к тем, где наблюдается самая высокая распыленность производственных мощностей — швейной, обувной и трикотажной. Переход к агломерационному размещению предусмотрен разделом по легкой промышленности Генеральной схемы развития и размещения производительных сил СССР на период до 1990 г. В ней намечается строительство не хлопчатобумажных и шелковых комбинатов, а кустов стадийно и предметно специализированных предприятий. Являясь филиалами объединений, такие предприятия могут рационально использовать рабочую силу не только малых и средних городов, но и сельских населенных пунктов, где сосредоточена значительная часть мобильных трудовых резервов. Они позволят также использовать скрытые резервы труда, то есть свободное время некоторых категорий населения (рабочих сезонных отраслей промышленности и сельского хозяйства, женщин, занятых в домашнем хозяйстве, и т. д.). В перспективе размерный ряд предприятий легкой промышленности, входящих в производственное объединение, целесообразно пополнить менее крупными предприятиями. Настоятельная необходимость подготовки решения вопроса уменьшения типовых размеров предприятий диктуется потребностью своевременго учета не только социально-экономических условий, но и непосредственно факторов внутрипроизводственного характера, тенденций развития техники и технологии, внедрения комплексно-автоматизированных процессов и оборудования повышенной интенсивности, использования многих новых видов сырья, обладающих специфическими свойствами.

В 1970 г. на основе внедрения поточных линий развернулась комплексная автоматизация текстильного производства. В 1980 г. на основе широкого применения микро-ЭВМ, которые могут быть встроены в любой механизм, она охватит трикотажное, швейное и кожевенно-обувное производство, где сохраняющиеся дискретность и сложность технологического процесса до последних лет служили серьезным препятствием для комплексной автоматизации.

Все это ведет к сокращению количества производственных операций и переходов, уменьшает потребность в живом труде на прядильных, отделочных, ковроткацких и других фабриках, сокращает продолжительность производственного цикла и тем самым позволяет уменьшать размеры предприятий. Автоматизация, основанная на электронно-управляемом оборудовании, как показывает зарубежный опыт, эффективна даже на небольших предприятиях.

Уменьшению степени концентрации производства способствует химизация легкой промышленности. В частности, использование различных синтетических красителей, химикатов, клеев, препаратов и химических волокон, обладающих большой однородностью и чистотой, вносит принципиальные изменения в технологию, сокращает продолжительность производственного цикла и число технологических операций, что в конечном счете ведет к уменьшению размеров предприятий.

Необходимость обновления продукции, более частой и быстрой смены оборудования и, что очень важно, сокращение средних сроков его службы, вызванные научно-техническим прогрессом, обусловливают дальнейшее уменьшение размеров предприятий. Если в прежних проектных проработках предусматривалась возможность сокращения мощностей хлопчатобумажных предприятий до 90—120 тыс. веретен и 1,5—2 тыс. ткацких станков в одном самостоятельном корпусе, то в дальнейшем, по-видимому, возникнет потребность строить предприятия на 40—60 тыс. веретен и 500—600 ткацких станков. Практика социалистических и развитых капиталистических стран, а также экономические исследования показывают, что предприятия подобного типа, на которых число работающих может быть уменьшено до 250—300 человек, позволяют четко организовать управление, сравнительно легко подбирать кадры, рационально расставлять оборудование, в случае необходимости быстро модернизировать фабрику, обеспечить узкую специализацию производства.

Предусматриваемое разделение прядильно-ткацких фабрик и создание вместо них специализированных фабрик-автоматов для безверетенного прядения хлопка, шерсти и химических волокон и автоматизированных предприятий многозвенного и бесчелночного ткачества с электронными системами контроля и управления позволяют, уменьшая размеры наиболее трудоемких производств по численности работающих, размещать их большими группами, иногда до нескольких десятков предприятий в городах и сельских местностях вокруг уже сложившегося центра легкой промышленности. Такое рассредоточение трудоемкого производства (это обусловлено закономерностями размещения трудовых ресурсов) при усилении его централизации будет сопровождаться значительным повышением уровня концентрации на наиболее ответственной и наименее трудоемкой отделочной стадии производства на базе создания блоков цехов-автоматов крашения, отделки, браковки, складирования и упаковки материалов и изделий мощностью до 1 млрд. м тканей в год. На крупных отделочных фабриках будут созданы более благоприятные условия для привлечения к работе высококвалифицированных специалистов — художников и повышения эстетического качества продукции.

Действующие в различных районах страны крупные текстильные комбинаты и фабрики образуют достаточно разветвленную производственную сеть. При выборе пунктов размещения новых отделочных мощностей необходимо учитывать ее наличие и развивать сложившуюся пространственную структуру отрасли, повышать концентрацию отделочных мощностей в уже созданных центрах в целях достижения более высокой централизации в использовании творческого труда дизайнеров и работников других специальностей.

Комплекс взаимосвязанных хозяйств, где централизовано основное и вспомогательное производства, а предметная специализация сочетается с технологической и территориальной, будут представлять собой основной тип размещения и для других отраслей легкой промышленности. Все это позволит избежать дальнейшего территориального распыления мощностей, полнее использовать накопленный опыт. В то же время такая территориальная организация производства даст возможность лучше обеспечить предприятия-филиалы, специализирующиеся на трудоемких стадиях производства, постоянными кадрами, ускорить сроки строительства и ввода мощностей, снизить эксплуатационные расходы.

В десятой пятилетке рекомендуемые типы предприятий практически не строились в легкой промышленности. В то же время в некоторых республиках из-за острой потребности в такой форме производства началась работа по организации в малых городах и районных центрах, имеющих свободные трудовые ресурсы, небольших филиалов предприятий и действующих объединений. В Армянской ССР, например, было создано несколько десятков таких филиалов и участков. Строятся и осваиваются они в 3—4 раза быстрее, чем крупные комбинаты, и позволяют значительно снизить удельные капиталовложения на единицу мощности за счет уменьшения затрат на освоение строительных площадок (небольшие филиалы можно размещать в селитебной зоне городов и поселков, вблизи жилой застройки), на сооружение объектов инженерного обеспечения в связи с относительно небольшим потреблением тепла, электроэнергии и воды.

Все это обеспечивает повышение экономической эффективности общественного производства, капитальных вложений и позволяет в короткие сроки увеличить выпуск товаров народного потребления. Так, за годы текущей пятилетки объем производства продукции по Минлегпрому Армянской ССР вырос почти на 50% против 17% в целом по Минлегпрому СССР. На примере эксплуатации таких филиалов видны многие, но не все преимущества новой территориальной организации производства. В то же время наряду с положительными моментами нельзя забывать о некоторых отрицательных последствиях подобного строительства. Необходимо, чтобы оно было подчинено единым научным принципам размещения, предусмотренным для новых форм общественной организации производства в Генеральной схеме развития и размещения производительных сил СССР на период до 1990 г. Обеспечение филиалов постоянными кадрами, снижение эксплуатационных затрат, повышение качества продукции на них могут быть достигнуты только на основе увязки их производственно-организационных задач с существующими комбинатами и объединениями. Филиалы не должны превращаться в подобие предприятий местной промышленности, территориальная организация которых не подчинена единой системе. Отказ от строительства текстильных и других комбинатов легкой промышленности и переход на сооружение небольших специализированных предприятий и филиалов в составе производственных объединений помогут успешно выполнить поставленную в Основных направлениях на одиннадцатую пятилетку задачу: «Опережающими темпами развивать производство **товаров народного потребления»**.

В. Кочкарев

ДОЛГОСРОЧНЫЕ КРЕДИТЫ В СЕЛЬСКОМ ХОЗЯЙСТВЕ

Учитывая необходимость дальнейшего устойчивого подъема сельского хозяйства, «Основные направления экономического и социального развития СССР на 1981—1985 годы и на период до 1990 года» предусматривают на одиннадцатую пятилетку выделение сельскому хозяйству соответствующих капитальных вложений. При этом ставится задача «всемерно повышать эффективность капитальных вложений производственного назначения, используя их в первую очередь на повышение плодородия земель, создание устойчивой кормовой базы животноводства, мощностей по первичной переработке продукции, строительство складов и хранилищ, реконструкцию и расширение животноводческих помещений и других объектов».

Значительная роль в создании материально-технической базы сельского хозяйства, осуществлении капитальных вложений межхозяйственными организациями, колхозами и совхозами принадлежит долгосрочным кредитам. Размеры этих кредитов ежегодно увеличиваются. Так, в 1970 г. Госбанком СССР было выдано предприятиям и организациям сельского хозяйства долгосрочных кредитов на сумму 3 млрд. руб., в 1975 г.— 6,9 млрд., а в 1979 г.— 8,3 млрд. руб. В последние годы появилась тенденция увеличения числа колхозов, пользующихся долгосрочным кредитом. На начало 1980 г. число колхозов, пользующихся долгосрочными ссудами, составило свыше 90%. В 1979 г. колхозам было выдано долгосрочных кредитов на капитальные вложения 4,5 млрд. руб. по сравнению с 1,4 млрд. руб. в 1965 г. В настоящее время без долгосрочных кредитов колхозы не осуществляют ни одну более или менее крупную операцию.

На современном этапе все острее ощущается потребность многих колхозов в долгосрочном кредите. Об этом свидетельствует не только резкое возрастание его абсолютных размеров, но и повышение удельного веса кредита в затратах производства. В 1965 г. удельный вес кредита в затратах на капитальные вложения составлял 32,6%, в 1979 г. он возрос до 43%. В колхозах некоторых союзных республик доля кредита еще выше. Так, в 1979 г. в колхозах РСФСР она составила 57%, Армянской ССР — 45%. Во многих колхозах долгосрочные кредиты — основной источник формирования капитальных вложений. Наиболее высокая доля кредита в колхозах с низким уровнем рентабельности.

Анализ структуры долгосрочных кредитов показывает, что заемные средства в первую очередь направляются на капитальное строительство и приобретение сельскохозяйственной техники, то есть на мероприятия, обеспечивающие укрепление материально-технической базы сельского хозяйства. Использование долгосрочных кредитов на капитальное строительство наиболее эффективно. Например, в колхозе имени Жданова Новоселицкого района Черновицкой области с помощью кредита в 1978 г. построена молочнотоварная ферма на 800 коров сметной стоимостью 1394 тыс. руб., на которой в 1979 г. произведено 3099 т молока и 23 т привеса мяса. Это позволило хозяйству за один год эксплуатации фермы получить дополнительно 129 тыс. руб. прибыли.

Несмотря на то, что условия долгосрочного кредитования совхозов в основном те же, что и в колхозах, влияние банковского кредита при финансировании капитального строительства на государственных сельскохозяйственных предприятиях (в совхозах, птицефабриках и т. д.) менее значительно, чем в колхозах. Так, удельный вес долгосрочного кредита в источниках капитальных вложений в совхозах в 1979 г. составил всего около 10%. Финансирование капитальных вложений здесь осуществляется главным образом за счет собственных средств и средств бюджета. Однако бюджетная система финансирования капиталовложений не предусматривает обязательный возврат полученных средств и более эффективное их использование.

В отличие от других средств долгосрочный кредит является постоянным и наиболее устойчивым элементом формирования основных фондов, и, что особенно важно, плата за этот кредит низкая. Кроме того, основные принципы кредитования, прежде всего возвратность, стимулируют хозяйства эффективнее использовать основные производственные фонды, изыскивать возможность более полного выявления имеющихся резервов.

Учитывая, что объемы капитальных вложений в сельское хозяйство постоянно возрастают, можно предположить, что в ближайшей и отдаленной перспективе роль долгосрочных кредитных вложений будет также возрастать. Это найдет свое выражение в дальнейшем увеличении выдачи долгосрочных ссуд, в повышении их удельного веса в затратах на капитальные вложения, в более тесном взаимодействии кредита с собственными средствами хозяйств, предназначенными на эти цели, в органической связи с движением основных фондов. Расширение долгосрочного кредитования капитальных затрат в совхозах затронет многие процессы управления финансами и, в частности, создание и распределение прибыли, увязку объемов основного производства с капитальными вложениями, взаимоотношения с бюджетом и банком и т. д.

В отличие от бюджетного финансирования всякий кредит (краткосрочный, среднесрочный и долгосрочный) является возвратным, поэтому важное значение имеют правильность установления сроков погашения кредита и своевременность его возврата. Большинство предприятий сельского хозяйства своевременно возвращают кредиты. Несвоевременность уплаты кредита отдельными хозяйствами часто связана со стихийными бедствиями, а также с недостатками в их производственно-финансовой деятельности (непроизводительные потери, перерасход средств и т. д.). На возврат кредита оказывает влияние и то, что сроки погашения ссуд недостаточно увязаны с окупаемостью кредитуемого мероприятия.

Необходимость дальнейшего укрепления хозрасчета, более эффективного использования средств капитальных вложений требует, чтобы система возврата ссуд была тесно увязана со сроками ввода объектов в строй и с их окупаемостью. Но зачастую такая зависимость отсутствует. Нередко объект еще не введен в действие или введенные мощности не осваиваются, а срок выплаты кредита уже наступает. В результате предприятие вынуждено погашать кредит не за счет накоплений, полученных от эксплуатации данного объекта, а за счет амортизационных отчислений и накоплений, полученных от эксплуатации других объектов. Установление сроков возврата долгосрочных ссуд с учетом окупаемости кредитуемых мероприятий выдвигает перед колхозами и совхозами ряд проблем распределения прибыли, побуждает хозяйства по-новому формировать оборотные средства и источники их покрытия (в частности, по колхозам ставит задачу нормирования собственных средств).

Успешное кредитование капитальных затрат колхозов и совхозов во многом зависит от действенности финансового механизма, соблюдения обеими сторонами основных принципов организации кредитования. Действующая система долгосрочного кредитования колхозов, совхозов и межхозяйственных организаций оказывает еще недостаточно активное влияние на выполнение планов капитальных вложений и эффективное использование выделенных средств. Например, при планировании и выдаче ссуд и их погашении ныне не учитывается такой принцип, как обеспеченность кредита. Дальнейшее совершенствование порядка кредитования капитальных вложений должно предусматривать наиболее полное и активное воздействие основных принципов кредитования на формирование планов капитальных вложений, эффективное использование материальных и финансовых ресурсов. В этом случае кредитный механизм будет способствовать более рациональному использованию основных фондов колхозов, совхозов и межхозяйственных организаций.

Рост капитальных вложений определяется развитием общественного производства. В свою очередь, основные фонды, созданные за счет капиталовложений, способствуют увеличению объема производства сельскохозяйственных продуктов, снижению их себестоимости. Изучение основных принципов организации кредитования, их дальнейшее совершенствование открывают широкие возможности усиления воздействия кредитного механизма на использование капитальных вложений и эффективность производства.

Планирование общего объема капитальных вложений в целом по колхозам страны, республикам, областям и районам недостаточно тесно увязано с планированием кредита. Это вызвано тем, что в настоящее время планы капитальных вложений до колхозов в отличие от совхозов не доводятся, и многие хозяйства планируют завышенные объемы капитальных вложений без учета наличия материальных и финансовых ресурсов. Так, в колхозах Белорусской ССР в 1980 г. капитальные вложения на 140 млн. руб. превышают объем, учтенный в расчетах государственного плана экономического и социального развития, в Эстонской ССР — на 29 млн. руб., в Азербайджанской ССР — на 31 млн. руб. Это обусловливает зачастую нехватку во многих колхозах собственных источников и долгосрочных кредитов для покрытия намечаемого объема капиталовложений. Хозяйства вынуждены в отчетах искусственно завышать поступление собственных средств, предназначенных на капитальные вложения. В основном это проходит по статье «отчисление средств от чистого дохода на пополнение неделимого фонда в части основных средств», что иногда приводит к дезорганизации выполнения плана капиталовложений, ослаблению договорной дисциплины в расчетах с подрядными организациями и поставщиками за материальные ценности, а также с Госбанком по ссудам. Отдельные колхозы в планы капитальных вложений вносят изменения по сметам затрат — предусматривают новое строительство того или иного объекта без корректировки источников покрытия капитальных затрат, вследствие чего нарушаются пропорции между затратами и источниками, заложенными в плане.

Постоянное увеличение объемов капитальных вложений в сельское хозяйство, качественные сдвиги в структуре формирования основных фондов колхозов и совхозов, обусловленные развитием специализации сельского хозяйства и его интеграции с промышленностью, вызывают необходимость более активного участия сельскохозяйственных органов в планировании колхозам объемов капиталовложений и долгосрочных кредитов. Такое планирование должно основываться на предварительных заявках и планах самих колхозов, которые представляют их заранее в районные управления сельского хозяйства. Это — объективное требование успешного развития и укрепления материально-технической базы сельского хозяйства, рационального использования основных фондов.

В условиях, когда ставится задача улучшения планирования и совершенствования хозяйственного механизма, большое значение приобретает сбалансированность планов капитальных вложений отраслей, участвующих в формировании материально-технической базы сельского хозяйства. При планировании необходимо обеспечивать сбалансированность не только капитальных вложений, но и источников их формирования, что позволит осуществлять более действенный контроль за эффективностью использования выделенных средств. Задача всех органов, связанных с формированием планов капитальных вложений,— обеспечение их сбалансированности по материально-техническим, трудовым и финансовым ресурсам.

Особую роль в формировании источников покрытия капитальных вложений играет обоснованное определение потребностей хозяйств в долгосрочных кредитах. Банковские кредиты должны направляться на мероприятия, обеспечивающие выполнение плана и дающие наибольшую отдачу на каждый вложенный рубль. Этому принципу должна быть подчинена вся кредитная политика в области капитальных вложений. Согласованное планирование долгосрочных кредитов сельскохозяйственными органами и учреждениями Госбанка СССР позволит объединить усилия этих органов на решении проблемы повышения эффективности использования хозяйствами собственных и заемных средств. Координация действия сельскохозяйственных и банковских органов создаст прочную основу для тесной увязки объемов производства с капитальными вложениями и источниками их покрытия.

При планировании долгосрочных кредитов необходимо учитывать, что сельскохозяйственное производство в отдельные годы подвергается воздействию неблагоприятных погодных условий. В связи с этим колхозы и совхозы недополучают часть доходов, предназначенных на капиталовложения. Колхозы и совхозы вынуждены обращаться с просьбой в соответствующие органы, чтобы им дополнительно был выделен долгосрочный кредит. Поэтому в плане долгосрочного кредитования следует предусматривать необходимый резерв для обеспечения устойчивости выполнения объемов капиталовложений, утверждаемых в народнохозяйственных планах.

Большую роль в своевременном осуществлении капитальных вложений колхозов, совхозов и межхозяйственных организаций играют их собственные средства, предназначенные для расширенного воспроизводства, особенно отчисления от прибыли. В 1970 г. колхозы отчисляли из прибыли на капиталовложения 54%, в последующие годы размеры этих отчислений сократились (в 1979 г.— 48%). Не все хозяйства своевременно отчисляют средства от доходов, предназначенные на капитальные вложения. Многие хозяйства вообще не выделяют денег на эти цели. Так, на начало 1980 г. задолженность колхозов по взносам средств на счета капиталовложений составила 972 млн. руб. Отдельные колхозы с относительно высоким уровнем рентабельности производства отчисляют средства в неделимые фонды в незначительных размерах. Тем самым они ограничивают свои возможности расширенного воспроизводства. Например, колхозы Казахской ССР отчисления средств от чистого дохода сократили с 50% в 1975 г. до 40% в 1979 г., Молдавской ССР соответственно — с 59 до 44%.

Немало колхозов, получающих значительные суммы прибыли, направляют ее в различные фонды в больших размерах, а недостаток средств на осуществление капитальных вложений стремятся возместить долгосрочными кредитами. Например, 428 колхозов РСФСР, имеющих излишек собственных оборотных средств, запланировали в 1980 г. отчислить на их пополнение еще 14,2 млн. руб. Одновременно эти колхозы планируют получить долгосрочных кредитов на капиталовложения в сумме 115 млн. руб. В известной степени недостатки в распределении прибыли на фонд накопления и фонд потребления вызваны тем, что до сего времени отсутствуют экономически обоснованные нормативы распределения чистого дохода в колхозах с разным уровнем экономического развития и фондооснащенности.

Усиление взаимосвязи долгосрочного кредита и собственных средств колхозов, совхозов и межхозяйственных организаций нельзя сводить только к определению пропорций данных источников капиталовложений. В отдельные годы соотношение собственных средств хозяйств и долгосрочных кредитов может быть различным. На размеры собственных средств, предназначенных на капиталовложения, оказывают влияние масса полученного чистого дохода, удельный вес отчислений в основные фонды, наличие основных средств, начисленная амортизация на них и др. Однако расширенное воспроизводство требует, чтобы хозяйства постоянно увеличивали отчисления средств от прибыли на капитальные вложения.

Нередко в районах, областях и республиках сооружаемые объекты не полностью обеспечиваются материальными, трудовыми и финансовыми ресурсами, объемы строительства не увязаны с возможностями подрядных строительных организаций. Отдельные объекты из-за недостатка средств не вводятся своевременно в строй, вследствие чего растет объем незавершенного строительства. Задержка строительства во многом предопределяется на этапе формирования годовых планов капитальных вложений, так как многие хозяйства с ведома управлений сельского хозяйства при составлении производственно-финансовых планов стремятся включить в них побольше новых строек, выделяют на эти объекты ассигнования, не предусматривая их на переходящие и даже пусковые объекты. Тем самым происходит распыление средств по многим объектам. При таком планировании подрядчик не может сосредоточить свои силы на оптимальном количестве объектов, растет незавершенное строительство. Например, объем его на начало 1980 г. только по колхозам составил 84% затрат на строительство за год.

Одной из причин невыполнения планов ввода в действие основных фондов и роста объемов незавершенного строительства является то, что подрядные организации, например, межколхозные строительные организации, созданные в основном за счет средств колхозов и призванные выполнять строительные работы в первую очередь для них, допускают длительные задержки ввода объектов в эксплуатацию, перевыполняя в то же время работы для государственных и других предприятий. В 1979 г. план подрядных работ для колхозов и межхозяйственных предприятий недовыполнен на 253 млн. руб. при перевыполнении плана для государственных организаций на 115 млн. руб.

Практика показывает, что при определении объемов капитальных затрат не всегда тщательно учитываются реальные возможности снабжения строительными материалами и оборудованием, а также мощности подрядных организаций. В известной степени это вызвано тем, что отдельные показатели производственно-финансовых планов хозяйств недостаточно увязаны с возможностью материально-технического обеспечения. Впоследствии возникают трудности со снабжением намечаемых объемов работ материально-техническими ресурсами и мощностями подрядных организаций, что отражается на выполнении планов капитальных вложений. В связи с этим, по нашему мнению, необходимо чтобы основные показатели плана колхозов находили отражение в материальных и финансовых балансах.

Постоянно растущий объем капитальных вложений в сельское хозяйство требует соответствующего увеличения мощностей строительных организаций и улучшения управления ими. Некоторые недостатки в капитальном строительстве вызваны и тем, что до сего времени не разработана единая методика определения производственной мощности строительно-монтажных организаций. Другая причина в том, что нередко в одних и тех же населенных пунктах строят объекты как государственные, так и межколхозные строительные организации. Различная ведомственная подчиненность этих организаций ведет к несогласованности в их работе, что отрицательно сказывается на капитальном строительстве в сельском хозяйстве. Необходимость его дальнейшего улучшения требует обеспечения единого руководства государственно-колхозными организациями с централизованным использованием средств. В настоящее время в Грузинской ССР, где межколхозные организации подчинены Министерству сельского строительства республики, накоплен опыт единого руководства государственными и межколхозными строительными организациями, в которых эффективнее стали использоваться трудовые, материальные и финансовые ресурсы.

Важное значение для улучшения деятельности строительных организаций будет иметь перевод их на новые условия работы — расчеты за готовый к эксплуатации объект. При этом оценка деятельности строительных организаций будет осуществляться по выпуску товарной продукции. Применение единого показателя в строительстве требует, чтобы задания как для заказчика, так и для подрядчика были едиными. Целесообразно, чтобы план формировался и утверждался не только для подрядной организации, но и находил отражение в плане капиталовложений заказчиков, то есть колхозов, совхозов и межхозяйственных организаций. В связи с переводом строительных организаций на новые условия работы, по нашему мнению, следует областные и республиканские организации перевести на хозрасчет, что даст возможность повысить уровень руководства строительными организациями и тем самым более успешно выполнять планы по товарной продукции и снижению ее стоимости.

В сложившихся условиях, когда незавершенное производство значительно превышает нормативные показатели и зачастую новое строительство объектов осуществляется без учета имеющихся возможностей, целесообразно в народнохозяйственном плане по республикам, областям и районам в разделе капиталовложений в сельское хозяйство предусматривать как объем капитального строительства в денежном выражении, так и количество одновременно строящихся крупных объектов, особенно комплексов по откорму крупного рогатого скота, птицы и т. д., и размеры незавершенного производства. В целях обеспечения нормального хода строительного цикла и более эффективного использования средств и механизмов при планировании следует добиваться правильного соотношения вновь начинаемых строек и объектов и необходимых заделов. С другой стороны, упорядочение капитального строительства требует, чтобы сооружаемые объекты были обеспечены материально-техническими и финансовыми ресурсами и мощностями подрядных организаций. Материально-технические ресурсы следует выделять в соответствии с потребностью, определяемой по проектам и сметам. Наряду с этим необходимо решить вопрос о создании резерва материально-технических ресурсов в строительстве.

Анализ показывает, что с ростом капиталовложений, увеличением предоставляемых сельскому хозяйству долгосрочных кредитов за последние годы значительно возросли основные фонды колхозов и совхозов. Во многих хозяйствах повышается фондоотдача. В основном это вызвано тем, что не разработаны примерные рекомендации по фондооснащенности хозяйств с учетом их специализации, зон и т. д. Необходимость повышения эффективности капитальных вложений и основных фондов требует разработки таких рекомендаций.

За последние годы в сельском хозяйстве увеличилось выбытие основных фондов. Например, в Азербайджанской ССР стоимость выбывших основных фондов только в колхозах в 1979 г. составила 6,2% их наличия на начало года. Нередко основные фонды списываются преждевременно. В результате хозяйства вынуждены восполнять их за счет средств, которые предназначены для расширенного воспроизводства, что снижает темпы роста сельскохозяйственной продукции. Как показывает практика, значительно сокращается удельный вес активной части основных фондов за счет абсолютного и относительного роста оборотных фондов. Причем эта тенденция в большинстве колхозов и совхозов страны носит устойчивый характер. Для повышения эффективности использования основных фондов целесообразно при планировании структуры капиталовложений и источников их покрытия применять и показатели удельного веса капиталовложений на формирование основных производственных и непроизводственных фондов, причем особое внимание надо обратить на формирование активной части фондов.

В последнее время колхозы, совхозы и межхозяйственные предприятия более активно используют долгосрочные кредиты на строительство производственных объектов — комплексов по откорму скота и птицы. На эти объекты, дающие наибольший экономический эффект, учреждения Госбанка выдают кредиты сроком от 10 до 20 лет. Однако эффективность использования выделяемых средств на капиталовложения зависит не только от строительства новых производственных комплексов, но и от того, насколько рационально хозяйства используют имеющиеся основные фонды, от своевременного расширения и реконструкции существующих зданий и помещений. В этой связи капитальные вложения на новое строительство должны выделяться только тогда, когда исчерпаны все возможности реконструкции производства и его прирост не может быть обеспечен за счет действующих мощностей. Целесообразно, чтобы капитальные вложения на реконструкцию ферм и других производственных помещений и ее показатели утверждались в пятилетних планах.

Для повышения эффективности капитальных вложений, ускорения хода строительства большое значение имеет своевременное и качественное обеспечение сельскохозяйственных строек проектно-сметной документацией. Однако многие намечаемые стройки своевременно не обеспечиваются проектно-сметной документацией. Например, по состоянию на 1 мая 1980 г. колхозами не было оформлено в Госбанке финансирование капитального строительства 20,6 тыс. объектов с годовым объемом работ 668 млн. руб. Они не были приняты к финансированию из-за неподготовленности проектно-сметной документации, задержки заключения договоров с подрядчиками и вследствие других причин. В то же время нередко проектно-сметная документация в течение длительного периода находится в институтах, стареет и в дальнейшем уже не используется, то есть расходы на составление таких смет оказываются бросовыми.

В целях повышения ответственности проектных институтов и заказчиков за качественное представление проектно-сметной документации в период составления проектов планов подрядных работ следует разработать более совершенную систему материального стимулирования работников проектных институтов за создание наиболее экономичных проектов. Отсутствие действенного механизма экономического стимулирования ведет к тому, что, например, в 1979 г. проектно-сметная документация по строительству колхозных объектов завышена на сумму 42 млн. руб., из них после проверки колхозы приняли к сокращению сметной стоимости на 36 млн. руб. В этом же году учреждениями Госбанка по предъявленным к счетам колхозами за выполненные строительно-монтажные работы снижена их стоимость на 1,6 млн. руб. При контрольных обмерах, произведенных на колхозных стройках, установлено завышений на 25,4 млн. руб.

Многие колхозы и совхозы отвлекают средства на цели, не связанные с развитием сельскохозяйственного производства, допускают нарушения плановой и финансовой дисциплины, что отрицательно сказывается на результатах их деятельности, наносит ущерб выполнению планов капиталовложений. Различные организации на местах пользуются помещениями, принадлежащими колхозам и совхозам, не возмещая стоимость их затрат, а также не внося арендную плату. Например, колхоз имени Чапаева и колхоз Коминтерна Шадринского района Курганской области построили для потребкооперации два магазина стоимостью 92 тыс. руб., затраты по которым на день проверки возмещены лишь в сумме 20 тыс. руб. Шарихансксе раймедсанобъединение в течение 20 лет занимает принадлежащее колхозу имени А. Ахунбабаева Московского района Андижанской области здание сметной стоимостью 57,7 тыс. руб., не внося арендную плату. Отдельные учреждения органов здравоохранения и культуры Грузинской ССР безвозмездно пользуются зданиями, числящимися на балансе колхозов, стоимость которых составляет около 1 млн. руб.

Колхозы и совхозы нередко передают безвозмездно сторонним организациям тракторы, автомобили и другие материально-технические средства. Только за январь—сентябрь 1979 г. выявлена передача таких средств на сумму около 4 млн. руб., в том числе по колхозам Кулябской области Таджикской ССР — более 0,7 млн. руб. Подобные факты имели место в Латвийской, Молдавской, Украинской и Киргизской союзных республиках. Часто вышестоящие организации обязуют хозяйства выделять материальные и денежные ресурсы на строительство и благоустройство городов и районных центров, ремонт и содержание автомобильных дорог местного, а также республиканского значения сверх норм, установленных действующим законодательством.

Чтобы устранить указанные недостатки, необходимо создать действенную систему контроля за расходованиями материально-денежных средств колхозами и совхозами, за соблюдением установленного порядка использования средств, предназначенных для развития сельского хозяйства. Рациональное использование капитальных вложений требует, чтобы все звенья хозяйственного механизма: планирование, финансы, кредит, цена, прибыль — оказывали активное влияние на сокращение сроков строительства и ввода объектов в эксплуатацию как одного из важных резервов повышения эффективности общественного производства. Сельскохозяйственное строительство, осуществляемое на основе полного хозрасчета, оказывает активное влияние на эффективное использование капитальных вложений. На современном этапе развития сельского хозяйства, когда в непосредственном единстве с задачами повышения эффективности общественного производства решаются вопросы рационального использования капитальных вложений, потребность в экономическом, кредитном воздействии Госбанка на все стороны хозяйственно-финансовой деятельности не только не уменьшается, а становится все более актуальной.

ЭКОНОМИКА МИРОВОЙ СОЦИАЛИСТИЧЕСКОЙ СИСТЕМЫ

СОТРУДНИЧЕСТВО СТРАН СЭВ В ПРОИЗВОДСТВЕ ПРЕДМЕТОВ ПОТРЕБЛЕНИЯ

Высшей целью социально-экономической политики коммунистических и рабочих партий стран СЭВ на всех этапах социалистического и коммунистического строительства являлось и является последовательное повышение народного благосостояния, всестороннее и гармоничное развитие личности. Если в начальный период построения социализма страны СЭВ не могли ставить эту цель в полном объеме как непосредственную практическую задачу, то в современных условиях, когда многие страны содружества находятся на этапах построения и дальнейшего совершенствования развитого социалистического общества, становится возможным выдвигать в планах экономического и социального развития такие задачи, которые более полно и всесторонне отражают эту цель.

Возросший экономический и научно-технический потенциал позволяет странам СЭВ решать все более крупные задачи по подъему народного благосостояния. На основе роста общественного производства и повышения его эффективности объем произведенного национального дохода в расчете на одного человека за 1960—1979 гг. увеличился в целом по странам СЭВ в 2,6 раза [1]. Удвоение реальных доходов к концу 70-х годов обеспечило значительные сдвиги в структуре потребления и в потребностях населения. В целом потребление достигло такого уровня, на котором все насущные материальные и духовные потребности населения стран содружества в основном удовлетворяются. Отмечая эти достижения, Генеральный секретарь ЦК КПСС Л. И. Брежнев в Отчетном докладе ЦК КПСС XXVI съезду партии сказал: «То, что сделано странами социализма в экономическом развитии, в повышении уровня жизни людей,— это целая эпоха».

В решении этих задач всевозрастающую роль играло углубляющееся экономическое сотрудничество стран СЭВ. «Именно в 70-е годы,— указывал Л. И. Брежнев в приветствии участникам XXXIII заседания сессии СЭВ,— особенно широко проявились основные преимущества международного социалистического разделения труда. Ярко выявилась социальная направленность деятельности СЭВ, подчинение всей системы сотрудничества и взаимопомощи интересам трудящихся, реализации основной цели социализма — повышению благосостояния народа».

Вместе с тем на рубеже 80-х годов многие внутренние и внешние условия хозяйственного развития усложнились. Прежде всего это связано с ростом затрат на получение топлива, энергии и сырья. К тому же на мировом рынке повысились цены на энергоносители, усилилась экономическая дискриминация со стороны капиталистических государств. В ряде стран СЭВ оказались исчерпанными источники дополнительного притока трудовых ресурсов, ограничены темпы наращивания капиталь-

[1] По отдельным странам он возрос, например, в НРБ в 3,5 раза, в ВНР — в 2,6, в ГДР — в 2,4, в МНР — в 1,3, в СРР — в 4,4, в СССР — в 2,5, в ЧССР — в 2.1 раза. Это обеспечило удвоение заработной платы — основного источника материального благосостояния населения. В этот период реальные доходы на душу населения в странах СЭВ возросли: в НРБ — в 2,4 раза, в ВНР, ГДР и СССР — в 2,2, в МНР — в 1,9, в СРР — в 2,8 раза. Значительно увеличились также выплаты и льготы из общественных фондов потребления, составляющие примерно 1/3 материальных благ и услуг, получаемых населением.

ных вложений. Недостаточная в ряде случаев эффективность производства, медленное освоение новой техники тормозили перевод экономики на интенсивный путь развития, вызывали перебои в снабжении некоторыми предметами потребления на внутреннем рынке. Конечно, эти проблемы стран социализма не имеют ничего общего с кризисной неустойчивостью капиталистической экономики, хронической безработицей, инфляцией и снижением уровня жизни, расстройством международной валютной системы, энергетическим кризисом. «Последние годы,— подчеркнул Л. И. Брежнев в Отчетном докладе ЦК КПСС XXVI съезду партии,— были не самыми благополучными для народного хозяйства ряда социалистических государств. И все-таки факт, что темпы экономического роста членов СЭВ за десятилетие были вдвое выше, чем у развитых стран капитала. Члены СЭВ оставались наиболее динамично развивающейся группой стран мира».

Вступая в 80-е годы, коммунистические и рабочие партии стран СЭВ намечают преодоление сложных проблем экономического развития путем повышения эффективности общественного производства, лучшего использования научно-технических достижений, преимуществ международного социалистического разделения труда. **«Главная задача одиннадцатой пятилетки,**— отмечается в «Основных направлениях экономического и социального развития СССР на 1981—1985 годы и на период до 1990 года», утвержденных XXVI съездом КПСС,— **состоит в обеспечении дальнейшего роста благосостояния советских людей на основе устойчивого, поступательного развития народного хозяйства, ускорения научно-технического прогресса и перевода экономики на интенсивный путь развития, более рационального использования производственного потенциала страны, всемерной экономии всех видов ресурсов и улучшения качества работы**». Аналогичные задачи выдвигаются и в других странах СЭВ. Исходя из этого, ставится задача в ближайшее десятилетие обеспечить дальнейший социальный прогресс общества, осуществить широкую программу повышения народного благосостояния. При этом намечается создать условия для более полного удовлетворения потребностей населения в высококачественных и разнообразных продуктах питания, в промышленных товарах, предметах культурно-бытового назначения.

В соответствии с основными направлениями экономического и социального развития СССР на 1981—1985 гг. и на период до 1990 г. решение этих сложных социально-экономических проблем намечается осуществить путем разработки и реализации целевых комплексных программ, в первую очередь — продовольственной, развития производства товаров народного потребления и услуг, сокращения применения ручного труда, подъема машиностроения, энергетики и транспорта. Для достижения намеченных целей можно и нужно всемерно использовать преимущества социалистической экономической интеграции, в частности таких ее форм, как международная специализация и кооперирование производства. За 30 лет деятельности СЭВ странами содружества накоплен богатый опыт совместного решения проблем увеличения производства предметов потребления.

Страны СЭВ приложили значительные усилия для увеличения производства продуктов питания и углубления взаимного сотрудничества в этой области. Валовая продукция сельского хозяйства этих стран с 1960 по 1979 г. выросла в 1,6 раза, в том числе в НРБ — в 1,8, в ВНР — в 1,7, в ГДР и МНР — в 1,4, в СРР — в 2,1, в СССР — в 1,6, в ЧССР — в 1,5 раза. Подъем сельского хозяйства был обеспечен за счет укрепления его материально-технической базы, использования интенсивных факторов, прежде всего роста производительности труда, при значительном сокращении численности занятых. Парк тракторов в странах СЭВ (без Кубы и СРВ) на конец 1979 г. составил около 3,7 млн. шт., что в 2,6 раза больше, чем в 1960 г., а использование минеральных удобрений возросло более чем в 5 раз и достигло в 1979 г. (без Кубы и Вьетнама) 28,1 млн. т (в пересчете на питательное вещество). Несмотря на неблагоприятные погодные условия, объем валовой продукции сельского хозяйства стран СЭВ в 1979 г. вырос по сравнению с 1960 г. в 1,6 раза, в расчете на душу населения — на $^1/_3$.

В среднем за год в 1976—1979 гг. в странах содружества урожай зерновых и зернобобовых составил 289 млн. т, что в 1,6 раза превышает среднегодовой сбор в 1961—1965 гг. Возросло производство и других сельскохозяйственных культур. Сбор сахарной свеклы и овощей увеличился в 1,5 раза, фруктов — в 1,9 раза. На конец 1979 г. поголовье крупного рогатого скота в целом по странам СЭВ составило около 156 млн., что на 45% больше, чем в 1960 г., поголовье свиней возросло в 1,4 раза. Это позволило в 1979 г. увеличить производство мяса до 26,3 млн. т, что почти в 2 раза превышает уровень 1960 г., производство молока соответственно — до 134 млн. т (в 1,5 раза), масла животного — до 2 млн. т (почти в 2 раза), яиц — до 99,7 млрд. шт. (в 2,2 раза), сахара — до 22,6 млн. т (более чем в 1,4 раза).

При численности населения, составляющей около 10% населения мира, доля стран СЭВ в мировом производстве молока с 1960 по 1979 г. повысилась с 26,4 до 29,2%, сахара — с 21 до 28, мяса — с 17,3 до 19,2, яиц — с 17,9 до 20%. На страны СЭВ приходится 27,2% мирового производства пшеницы, 42,4% сахарной свеклы и 58,4% картофеля.

Вследствие постоянного укрепления сырьевой и материально-технической базы пищевой промышленности значительно увеличилось производство, расширился ассортимент и улучшилось качество продуктов питания. В период с 1960 по 1979 г. валовая продукция пищевкусовой промышленности возросла в целом по странам СЭВ в 2,6 раза, в НРБ — в 3,4, в ВНР — в 2,6, в ГДР — в 2, в МНР — в 4,6, в СРР — в 3,9, в СССР — в 2,6, в ЧССР — в 2 раза.

Взаимопомощь стран СЭВ в интенсификации сельскохозяйственного производства, в его техническом перевооружении, химизации, крупномасштабной мелиорации земель оказала значительное влияние на увеличение производства продовольствия и сельскохозяйственного сырья. Повышению урожайности способствовало развитие сотрудничества стран СЭВ в области селекции, семеноводства, международных испытаний сортов и гибридов сельскохозяйственных культур, взаимных поставок семян. За счет улучшения кормления, интенсивной племенной работы, активного обмена генофондами лучших пород животных и птицы, внедрения промышленных методов производства в животноводстве страны СЭВ добились повышения продуктивности молочного и мясного скотоводства, свиноводства и птицеводства.

Взаимные поставки различных видов тракторов и другой сельскохозяйственной техники в прошлой пятилетке возросли в два раза по сравнению с 1971—1975 гг. и составили более 1 млн. единиц. Болгария и Венгрия поставляют машины и оборудование для садоводства, овощеводства и виноградарства; Румыния—тракторы для теплиц и машины для обработки кукурузы; Чехословакия — малогабаритные тракторы и машины для возделывания хмеля; ГДР — отдельные машины для обработки зерна; Советский Союз — тракторы, зерноуборочные и свеклоуборочные комбайны и другие сельскохозяйственные машины.

Увеличение объемов производства оборудования для пищевой промышленности привело к значительному росту его экспорта. Страны СЭВ благодаря взаимным поставкам обеспечивают примерно 70% своих импортных потребностей в нем. Важную роль в развитии народного хозяйства и удовлетворении потребностей населения в продуктах питания играет внешняя торговля стран СЭВ сельскохозяйственными товарами и продуктами их переработки. Советский экспорт хлопка в значительной мере удовлетворяет потребности многих стран СЭВ. Болгария обеспечивает подавляющую часть импортных потребностей стран во фруктах и овощах в свежем и в переработанном виде, в табаке и табачных изделиях, в виноградном вине. Венгрия и Румыния поставляют на социалистический рынок фрукты, овощи, консервы, вино, птицу, мясо и зерно; Республика Куба — сахар-сырец, ананасы, грейпфруты, консервы из цитрусовых, сигареты; Чехословакия — пиво, солод, хмель, белковую колбасную оболочку; Монголия — кожевенное сырье, мясо, шерсть и казеин.

Взаимные поставки стран СЭВ сельскохозяйственной продукции, сырья для пищевкусовой промышленности и пищевкусовых товаров возросли с 461 млн. руб. в 1960 г. до 2,8 млрд. руб. в 1979 г., или в 6,2 раза. В последние годы удельный вес этой группы товаров во взаимном экспорте стран СЭВ составил 14% [2].

[2] Об экспортной направленности и интенсивности включения отдельных стран СЭВ во взаимный обмен продовольствием дают представление следующие данные. Экспорт сельскохозяйственных и пищевкусовых товаров увеличился в НРБ со 130 млн. руб. в 1960 г. до 911 млн. руб. в 1979 г., или в 7 раз, в ВНР соответственно — с 68,6 до 656 млн. руб., или в 9,6 раза, в ГДР — с 8,4 до 67 млн. руб., или в 8 раз, на Кубе — с 1,1 до 121,4 млн. руб., в МНР — с 5 до 52,7 млн. руб., или в 10,5 раза, в СРР — с 49,7 до

Советский Союз является основным импортером сельскохозяйственной и пищевкусовой продукции. Его закупки этих продуктов составляют 60% совокупного экспорта других стран СЭВ. Импорт этих продуктов представил в 1979 г. весомую долю в продаже отдельных товаров: консервы плодоовощные — 17,3%, фрукты, ягоды и виноград — 18,4, цитрусовые — 13,5, сухофрукты — 6,9, вино разное и коньяк — 5,3—8,8%.

Неуклонный рост доходов населения и предложения продуктов питания обусловил увеличение их продажи в государственной и кооперативной торговле. Объем продажи продовольственных товаров на душу населения в странах СЭВ возрос в сопоставимых ценах за 1960—1979 гг. в НРБ в 2,6 раза, в ВНР — в 2,5, в ГДР — в 2,0, в МНР — в 1,8, в СРР — в 3,9, в СССР — в 2,3, в ЧССР — в 1,9 раза. В европейских странах СЭВ достигнут высокий уровень потребления основных пищевых продуктов питания. По калорийности (около 4 тыс. калорий в день) эти продукты не только удовлетворяют энергетические затраты организма, но и на 45% превышают соответствующий показатель ФАО, рассчитанный для мира в целом [3]. Одновременно с ростом потребления наиболее ценных продуктов происходит систематическое сокращение потребления хлеба и картофеля, что отражает прогрессивные сдвиги в структуре потребления.

На современном этапе перед странами СЭВ стоит задача обеспечения надежного снабжения продовольствием и дальнейшего улучшения структуры питания населения. Ныне в этой структуре при избытке углеводов еще недостаточна доля белков (10—30%), особенно животного происхождения, овощей и фруктов (30—50%), растительного масла (10—20%) [4]. Имеются различия по странам СЭВ и в уровнях потребления наиболее ценных в питательном отношении продуктов. Поэтому стоит задача увеличения производства мяса, молока, овощей и фруктов.

В странах СЭВ уделяется значительное внимание расширению производства одежды, обуви, тканей, предметов культурно-бытового назначения и хозяйственного обихода. Валовая продукция в текстильной промышленности в 1979 г. возросла по сравнению с 1960 г. в 2,5 раза, в швейной промышленности — более чем в 3 раза, в кожевенной, меховой, обувной промышленности — в 2,5 раза. Выпуск всех видов тканей в странах СЭВ в 1979 г. достиг 15,6 млрд. кв. м (рост по сравнению с 1960 г. в 1,6 раза). В расчете на душу населения производство тканей в целом возросло за эти годы с 31,7 кв. м до 40,7 кв. м, что превышает аналогичный показатель стран ЕЭС (37,8 кв. м). Производство обуви из кожи и кожзаменителей в странах содружества за указанный период удвоилось и составило 1,2 млрд. пар в год. В расчете на душу населения оно увеличилось с 2,1 пары до 3,2 пары в год, что примерно соответствует уровню производства стран ЕЭС (3,5 пары). С 1960 по 1979 г. в странах СЭВ значительно возрос выпуск товаров длительного пользования. Так, производство телевизоров поднялось с 2,7 млн. штук до 10,4 млн., стиральных машин — с 2 млн. до 5,7 млн., холодильников — с 0,86 млн. до 8,8 млн.

Важную роль в дополнительном увеличении ресурсов потребительских товаров и расширении их ассортимента играет взаимное сотрудничество стран СЭВ во взаимных поставках сырья и оборудования для расширения и модернизации производственных мощностей отраслей, производящих потребительские товары, углубление специализации и кооперирования в их производстве, проведение научно-исследовательских работ и обмен товарами народного потребления. Так, в Венгрии 1/8 реализуемых населению потребительских товаров ввозится из-за рубежа. Поставки товаров

310,6 млн. руб., или в 6,3 раза, в СССР — со 141 до 434 млн. руб., или в 3 раза, в ЧССР — с 27 до 98 млн. руб., или в 3,6 раза. Доля сырья и продуктов его переработки (непродовольственных), сырья для производства пищевкусовых товаров в 1979 г. в общем экспорте составила: в НРБ — 25,5%, в ВНР — 23,9, в ГДР — 6,1, в МНР — 72,1, в СРР — 17,1, в СССР — 9,3, в ЧССР — 7,8%.

[3] Согласно расчетам ФАО, обеспечение населения продовольствием на душу населения в день (1978—1979 гг.) составило: по всем странам мира — 2706 калорий, по странам Европы — 3806, по социалистическим странам — 3936, по СССР — 3913.

[4] См. «Вопросы экономики» № 10, 1979 г., стр. 99.

народного потребления из стран СЭВ в СССР составляли в 1979 г. свыше 5% общего объема его розничного товарооборота. Более значительна доля этих поставок в формировании ресурсов отдельных товаров: тканей — от 6,4 до 12%, швейных изделий — 13,4, обуви — свыше 20, мебели и посуды — 10,8—13,3, швейных машин — 7,1, мотоциклов — 8,5%.

Ежегодный импорт СССР из стран СЭВ товаров народного потребления составляет более 3 млрд. руб. В 1979 г. из этих стран было ввезено швейных, трикотажных изделий и белья на 975 млн. руб. (вдвое больше, чем в 1970 г.), мебели — на 341 млн. руб. (в 2 раза), обуви кожаной — 48 млн. пар (на 10%), стеклянных, фарфоровых и фаянсовых изделий — на 40,3 млн. руб. (в 3,5 раза больше), медикаментов — на 426 млн. руб. (в 2,9 раза больше, чем в 1970 г.). В то же время СССР экспортировал в страны СЭВ в 1979 г. холодильников бытовых 357 тыс. (в 4,7 раза больше, чем в 1970 г.), телевизоров —426 тыс. (в 6,4 раза), часов бытовых — 9,2 млн. штук (в 1,7 раза больше).

В рамках содружества сложилось межотраслевое разделение труда, выявилось профилирование экономики стран. Так, ГДР производит на экспорт в страны СЭВ электробытовую и осветительную технику, фото- и кинопленку, швейные машины; ЧССР — обувь, посуду, бижутерию; ВНР — электротовары, обувь, одежду и медикаменты. О формировании экспортной базы и степени развития интенсивности взаимного обмена стран СЭВ потребительскими промышленными товарами свидетельствуют данные о росте поставок этих товаров с 770 млн. руб. в 1960 г. до 5308,6 млн. руб. в 1979 г., или в 7 раз [5].

Советские закупки промышленных товаров народного потребления составляют почти 70% совокупного взаимного экспорта других стран СЭВ. Это свидетельствует о важности для СССР и его партнеров внешней торговли, выходящей далеко за рамки простого ассортиментного обмена, об экспортной ориентации их отраслей легкой промышленности. Достаточно отметить, что 40% продукции легкой промышленности Венгрии реализуется за рубежом. В целом доля этой группы товаров во взаимном экспорте стран СЭВ выросла с 7,4% в 1950 г. до 9,5% в 1979 г.

Рост производства и расширение ассортимента тканей, одежды, обуви, предметов культурно-бытового и хозяйственного назначения и увеличение взаимного обмена между странами СЭВ позволили полнее удовлетворять запросы населения стран содружества в предметах потребления, что нашло отражение в росте покупок непродовольственных товаров на душу населения за 1960—1979 гг. в НРБ в 3,7 раза, в ВНР и СССР — в 3, в ГДР — в 2,6, в МНР — в 1,6, в СРР — в 4,1, в ЧССР — в 2,5 раза (в сопоставимых ценах). В большинстве стран СЭВ наблюдается тенденция насыщения спроса на ткани, обувь, одежду. Особенно возросла обеспеченность семей предметами культурно-бытового и хозяйственного назначения.

Вместе с тем с ростом производства товаров народного потребления и повышением покупательского спроса населения объективно возрастают требования к ассортименту и качеству товаров, уровню обслуживания. За последние годы промышленность стран СЭВ значительно увеличила выпуск и улучшила качество многих товаров широкого потребления. Однако проблема стабильного обеспечения населения товарами, особенно высококачественными, продолжает оставаться актуальной. Чтобы реализовать такую задачу, предлагается развивать производство товаров народного потребления на основе хорошо продуманной, долговременной программы, способной объединить усилия всех отраслей, от которых это зависит.

В целях наиболее полного удовлетворения возрастающих потребностей населения в предметах потребления страны СЭВ разработали и приняли на XXXII заседании сессии СЭВ долгосрочную целевую программу сотрудничества в области сельского хозяйства и пищевой промышленности и на XXXIII заседании сессии СЭВ — долго-

[5] По отдельным странам этот рост составил: в НРБ — с 81,8 млн. руб. до 445 млн. руб., или в 5,4 раза, в ВНР — с 85,8 до 740 млн. руб., или в 8,6 раза, в ГДР — со 176 до 1022 млн. руб., или в 5,8 раза, в СРР — с 31,6 до 454 млн. руб., или в 14,5 раза, в СССР — с 89,3 до 580 млн. руб., или в 6,5 раза, в ЧССР — с 233,4 до 897 млн. руб., или в 3,8 раза. Доля промышленных товаров народного потребления в общем экспорте в 1979 г. составила: в НРБ — 9,4%, в ВНР — 18, в ГДР — 14,9, в МНР — 10,1, в СРР — 16,3, в СССР — 2,3, в ЧССР — 16,5%.

срочную целевую программу сотрудничества в области промышленных товаров народного потребления. Основное назначение этих программ состоит в том, чтобы в максимальной мере содействовать решению задач удовлетворения рациональных потребностей населения стран СЭВ в основных видах продуктов питания и промышленных товаров народного потребления на период до 1990 г.[6]. Некоторые мероприятия других программ сотрудничества стран СЭВ также направлены на увеличение производства предметов потребления. Так, в ДЦПС по топливу, энергии и сырью разработаны мероприятия по обеспечению сельского хозяйства минеральными удобрениями, витаминами и химическими средствами защиты растений, по увеличению продукции целлюлозно-бумажной промышленности. Значительное число мероприятий ДЦПС в области машиностроения направлено на обеспечение отраслей, производящих предметы потребления, машинами, оборудованием и станками для новых мощностей, реконструкции и модернизации предприятий, на выпуск предметов длительного пользования. Программа сотрудничества по развитию транспортных связей содействует удовлетворению спроса населения на пассажирские перевозки всеми видами транспорта.

Однако успешное решение этих проблем сопряжено со значительными сложностями. Все зависит от степени увязки корреспондирующих мероприятий потребительских программ и обеспечивающих их других производственных программ. Важно, чтобы меры по строительству объектов, реконструкции мощностей, специализации и кооперированию были согласованы по ресурсам, срокам, объемам поставок и техническим параметрам продукции, разрабатываемым в рамках различных программ. Страны социалистического содружества в новом десятилетии намечают крупные меры по динамичному развитию всех отраслей сельскохозяйственного производства, повышению его эффективности. Для этого выделяются крупные капиталовложения, совершенствуется механизм управления агропромышленным комплексом.

Л. И. Брежнев в докладе на XXVI съезде КПСС отметил, что в целях радикального решения проблемы признано необходимым разработать специальную продовольственную программу. Эта программа должна соединить воедино вопросы развития сельского хозяйства и обслуживающих его отраслей промышленности — заготовок, хранения, транспортировки и переработки сельскохозяйственной продукции и вопросы развития пищевой индустрии, торговли продовольственными товарами. Такой комплекс должен планироваться, финансироваться и управляться как единое целое и войти органической составной частью в одиннадцатый пятилетний план. Подобные меры намечаются и в других странах СЭВ.

Важность решения этой проблемы странами содружества обусловлена тем, что из сельскохозяйственного сырья производится практически вся продукция пищевой и примерно $^{3}/_{4}$ продукции текстильной индустрии. На продукцию сельского хозяйства и промышленные товары, изготовляемые из сельскохозяйственного сырья, приходится почти $^{3}/_{4}$ фонда потребления, около $^{2}/_{3}$ розничного товарооборота государственной и кооперативной торговли.

Согласованная стратегия стран СЭВ в области увеличения продовольствия основывается прежде всего на интенсивном развитии собственного производства в каждой стране, а также за счет расширения и углубления международного социалистического разделения труда и развития экономического и научно-технического сотрудничества. Каждая страна будет максимально использовать природно-климатические условия для более полного обеспечения своих потребностей в зерне, фураже, продуктах животноводства и других основных сельскохозяйственных продуктах.

Главные направления долгосрочного сотрудничества стран СЭВ состоят в росте производства мяса в основном на собственной кормовой базе, рыбы и морепродуктов, растительных масел и зерна, развитии производства и поставок сахара, фруктов, включая цитрусовые, овощей, картофеля и хлопка в странах, располагающих для этого благоприятными климатическими условиями.

Увеличение производства и взаимных поставок продовольственных продуктов будет достигнуто на основе системы согласованных мероприятий по дальнейшему укре-

[6] См. подробнее об этих программах: Ю. Пекшев, Долгосрочная целевая программа сотрудничества стран—членов СЭВ в области производства товаров народного потребления («Плановое хозяйство» № 11, 1979 г.); Б. Фрумкин, Профилирование стран СЭВ в продовольственной сфере («Вопросы экономики» № 10, 1979 г.).

плению материально-технической базы и повышению интенсификации сельскохозяйственного производства за счет механизации, химизации, мелиорации, развития семеноводства, селекции, включая разработку и освоение современных индустриальных методов производства продовольственных товаров, увеличение выпуска систем машин, разработку прогрессивной технологии в растениеводстве и животноводстве. Мероприятия программы будут всемерно способствовать ускоренному развитию и повышению эффективности сельского хозяйства и пищевой промышленности Республики Куба, МНР, СРВ в целях сближения и выравнивания уровней экономического развития этих стран с уровнями других стран СЭВ.

Для реализации мероприятий программы странами СЭВ уже подписаны соглашения о международной специализации и взаимном использовании генофондов крупного рогатого скота мясных пород, пород свиней для гибридизации и овец для повышения их мясо-шерстной продуктивности, селекции и производству кукурузы на зерно и силос, об освоении целинных земель северной части Гобийской зоны в МНР. Расширено соглашение по использованию генофондов крупного рогатого скота черно-пестрых пород и других пород скота молочного и комбинированного направлений.

Особое внимание уделяется вопросам селекции и внедрения в сельскохозяйственное производство наиболее продуктивных сортов и гибридов сельскохозяйственных культур, взаимных поставок сортовых семян и посадочного материала, проведения международных сортоиспытаний, защиты растений от вредителей, болезней и сорняков, эффективного использования удобрений.

В соответствии с долгосрочной программой сотрудничества страны СЭВ и СФРЮ подписали соглашения о совершенствовании технологии и техники переработки масличных семян, пресноводного промышленного рыбоводства, мясной, сахарной и консервной отраслей пищевой промышленности. В этих соглашениях предусматривается кооперация по конструированию, изготовлению и испытанию опытных образцов оборудования. Намечается создать 70 новых типов машин, оборудования и линий для этих отраслей, что будет содействовать более полному использованию сельскохозяйственного сырья, комплексной механизации и автоматизации производственных процессов, повышению эффективности производства и качества продукции.

Одновременно подписаны протоколы по продлению и дополнению ранее заключенных соглашений о специализации и кооперировании производства тракторов и сельскохозяйственных машин, технологического оборудования и комплектных поточных линий для консервных предприятий, технологического оборудования для современных высокопроизводительных предприятий сахарной, мясной и молочной промышленности. Осуществление ряда мероприятий этих соглашений приведет к ежегодному увеличению производства сахара из свеклы на 600 тыс. т, пресноводной рыбы — на 800 тыс. т, растительного масла — на 30 тыс. т. Более совершенная технология переработки маслосемян будет способствовать росту производства новых видов пищевых белковых продуктов до 1 млн. т и обогащенных белковых кормов — до 3 млн. т.

В программе сотрудничества по удовлетворению потребностей населения в тканях, одежде, обуви и предметах длительного пользования предусматриваются мероприятия по развитию существующих и созданию новых производственных мощностей, повышению технического уровня производства промышленных товаров народного потребления на основе внедрения новых технологий, оснащения высокопроизводительной техникой.

Одним из основных направлений сотрудничества является развитие сырьевой базы и наиболее полное обеспечение возрастающих потребностей отраслей, производящих предметы потребления, в сырье, материалах и полуфабрикатах, разработка мероприятий по расширению ассортимента и улучшению качества продукции на основе внедрения прогрессивной технологии, более полного использования свойств материалов, создания новых видов изделий, моделей и структур.

Реализацию согласованной стратегии развития производства промышленных товаров народного потребления страны СЭВ осуществляют путем углубления специализации и международного кооперирования производства отдельных видов товаров народного потребления, а также узлов и деталей к ним, сотрудничества в проведении научно-исследовательских работ по созданию и внедрению новых видов товаров и новейшей технологии производства, включая закупки и продажу лицензий и «ноу-хау», расширения взаимных поставок товаров и увеличения ассортиментного обмена потребительскими товарами по линии внутренней торговли.

Уже подписан ряд соглашений по выполнению мероприятий программы. К их числу относятся соглашения по сотрудничеству в расширении за счет собственных средств мощностей по производству мебели, мощностей по производству к 1990 г. 33,7 млн. кв. м мебельных тканей в НРБ, СРР и ЧССР для поставки их в СССР, МНР и др.; соглашения по созданию новых современных конструкций холодильников и морозильников, автоматических стиральных машин; соглашения по научно-техническому сотрудничеству в области создания новых моделей перспективных цветных телевизоров, аппаратуры видеозаписи и видеовоспроизведения.

Осуществлена разработка проектов соглашений по развитию специализации и кооперирования производства нетканых материалов, высококачественного искусственного меха. Одобрены предложения по сотрудничеству в создании нового ассортимента хлопчатобумажных, шерстяных и шелковых тканей, новых видов трикотажных изделий, в разработке технологий производства обуви и сборки мебели.

Решению задачи подъема народного благосостояния содействуют двусторонние программы специализации и кооперирования производства между СССР и европейскими странами СЭВ до 1990 г., разработанные в соответствии с крымскими договоренностями Л. И. Брежнева с руководителями братских партий.

Многочисленные мероприятия двусторонних программ тесно увязаны с задачами, решаемыми в рамках долгосрочных целевых программ, особенно в области сельского хозяйства, производства промышленных товаров народного потребления и с программой по машиностроению, в частности машин и оборудования для отраслей группы «Б». Вступая в новое десятилетие, страны СЭВ, опираясь на значительно возросший производственный и научно-технический потенциал, намечают новые рубежи хозяйственного развития, осуществляют глубокий поворот экономики к решению многогранных задач, связанных с повышением народного благосостояния.

Л. И. Брежнев на октябрьском (1980 г.) Пленуме ЦК КПСС отметил, что рост благосостояния народа немыслим без повышения эффективности экономики, интенсификации общественного производства. В 80-е годы должен быть завершен перевод экономики на рельсы интенсивного развития, должны быть резко подняты производительность и качество труда.

Именно этот курс обеспечивает максимальную отдачу и является объективной закономерностью развития производства социалистических стран в условиях построения и дальнейшего совершенствования развитого социалистического общества. Он обусловлен тем, что источники экстенсивного роста производства в большинстве стран социалистического содружества в основном исчерпаны. Это означает, что практически весь прирост материального производства, а следовательно, и рост народного благосостояния, обеспечивается за счет более эффективного использования производственного и научно-технического потенциала. В этих условиях наряду с внутренними источниками интенсификации производства всевозрастающую роль начинает играть социалистическая экономическая интеграция. Максимальное использование возможностей международного социалистического разделения труда в создании благоприятных условий для эффективного применения материальных, трудовых и финансовых ресурсов является одним из важных факторов увеличения производства и повышения качества товаров народного потребления в целях более полного удовлетворения возрастающего на них спроса населения.

На XXXIV заседании сессии СЭВ было обращено особое внимание на вопросы дальнейшего развития и углубления международной специализации и кооперирования производства как важного фактора расширения сотрудничества и повышения его эффективности. Эти возможности не в полной мере используются для увеличения производства потребительских товаров. Еще имеется определенный параллелизм в изготовлении ряда видов машин и оборудования, товаров народного потребления, особенно технически сложных, медленно внедряются в производство новые совместные научные разработки в целях повышения технического уровня и качества предметов потребления.

Дальнейшее развитие специализации и кооперирования производства потребительских товаров и обмена ими вызывает необходимость совершенствования механизма управления этим процессом. Он призван способствовать ориентации сотрудничества на ускорение научно-технического прогресса, рост эффективности производства многих товаров повышенного спроса, расширение ассортимента и качества предметов потребления.

В реализации задачи удовлетворения спроса и повышения культуры обслуживания населения возрастает значение сотрудничества стран по линии министерств внутренней торговли, особенно в области развития материально-технической базы торговли, обмена опытом в организации управления и планирования, в изучении спроса населения и выявлении требований к улучшению потребительских свойств товаров, в расширении ассортиментного обмена товарами.

Многосторонние и двусторонние программы сотрудничества, координация планов на новое пятилетие намечают пути углубления сотрудничества в производстве предметов потребления, содействия в сбалансированности и насыщенности внутреннего рынка. Усиление социального вклада экономической интеграции стран СЭВ обеспечивается путем дальнейшего углубления международной специализации и кооперирования производства, усиления комплексного и долгосрочного характера сотрудничества, концентрации усилий и ресурсов стран-участниц на приоритетных направлениях производства и обмена предметами потребления. Важное значение программ состоит в создании необходимых предпосылок для значительного пополнения ресурсов потребительских товаров, в содействии выполнению программ повышения народного благосостояния.

П. Седов

СЭВ И РАЗВИВАЮЩИЕСЯ СТРАНЫ

(к критике буржуазных концепций)

Экономическое сотрудничество государств — членов СЭВ с развивающимися странами — важный международный фактор. Оно в полной мере отвечает коренным интересам молодых национальных государств. Экономические связи со странами — членами СЭВ помогают государствам Азии, Африки и Латинской Америки в борьбе за экономическую деколонизацию, перестройку порожденной капитализмом системы неравноправных межгосударственных хозяйственных связей. Сотрудничество социалистических и развивающихся стран — один из главных элементов современных международных отношений. «Страны социализма,— указано в Программе КПСС,— искренние и верные друзья народов, борющихся за освобождение или освободившихся от империалистического гнета, и оказывают им всестороннюю поддержку».

На XXXIV сессии СЭВ в 1980 г. главы делегаций государств — членов Совета заявили: «Сотрудничество со странами СЭВ является для освободившихся стран одним из главных условий уменьшения зависимости от империалистических государств и транснациональных корпораций. Социалистическое содружество последовательно выступает за перестройку международных экономических отношений на началах равноправия и уважения суверенитета всех государств. Мы поддерживаем и будем поддерживать на международных форумах прогрессивные и справедливые требования развивающихся стран». Это заявление не расходится с практикой: международное разделение труда между социалистическими и развивающимися странами принимает все более устойчивый и многогранный характер.

Между тем идеологи антикоммунизма не жалеют усилий, чтобы убедить общественность молодых национальных государств отказаться от хозяйственного сотрудничества со странами социалистического содружества. С этой целью империалистическая пропаганда активно распространяет в странах Азии, Африки и Латинской Америки множество книг, статей, обзоров и т. д., в которых искажается сущность деятельности СЭВ, принижается значение торгово-экономического сотрудничества социалистических и развивающихся стран, фальсифицируется опыт социалистических преобразований в государствах — членах СЭВ.

Фальсификация сущности деятельности СЭВ

Тенденциозные трактовки деятельности СЭВ вызваны тем, что он является качественно новой в истории международной организацией, кардинально отличной от всех предшествующих и существующих экономических объединений капиталистических стран. Хозяйственное сотрудничество в рамках международных организаций этих стран развивается в условиях ожесточенной конкурентной борьбы, участниками которой выступают как международные монополии, так и отдельные страны или их группировки. Деятельность же СЭВ строится на принципах социалистического интернационализма, добровольности, уважения государственного суверенитета, национальных интересов, невмешательства во внутренние дела, полного равноправия, взаимной выгоды и товарищеской взаимопомощи.

Затушевывая открытый демократический характер СЭВ, буржуазные теоретики широко муссируют тезисы о том, что он якобы автаркичен, о стремлении стран социализма создать «замкнутое» хозяйство и «освободиться» от связей с капиталистическими и развивающимися странами. Выполняя социальный заказ, об этом, например, пространно рассуждают английский «советолог» Р. Меллор, его коллеги из США Г. Смит, Р. Кэмпбелл, Г. Гроссман, австралийский экономист Д. Вильчинский [1]. Классовая направленность их усилий очевидна — «теоретически» обосновать проводимую империалистическими державами политику изоляции стран Азии, Африки и Латинской Америки от мирового социалистического хозяйства, закрепления неравноправного положения развивающихся государств в системе международного капиталистического разделения труда.

Однако СЭВ был создан отнюдь не для того, чтобы отгородиться от мирового хозяйства. Совет Экономической Взаимопомощи имеет целью содействовать путем объединения и координации усилий стран — членов Совета дальнейшему углублению и совершенствованию сотрудничества и развитию социалистической экономической интеграции, планомерному развитию народного хозяйства, ускорению экономического и технического прогресса в этих странах, повышению уровня индустриализации стран с менее развитой промышленностью, непрерывному росту производительности труда, постепенному сближению и выравниванию уровней экономического развития и неуклонному подъему благосостояния народов стран — членов Совета. Так гласит статья 1 Устава СЭВ, определяющая его цели и принципы [2]. Создание и укрепление СЭВ — закономерный результат все более тесного сближения народов стран социалистического содружества.

Политика автаркии в корне противоречит марксистско-ленинскому учению о международных отношениях [3] и практике социалистических государств, последовательно реализующих преимущества международного разделения труда, в том числе со странами противоположной социальной системы и разными уровнями общественного и экономического развития. В условиях развертывающейся научно-технической революции постоянно усложняются процессы производства. Каждое государство, если оно намерено развивать свои производительные силы на высшем современном уровне, должно внедрять в производство лучшие достижения научно-технического прогресса, использовать новейшие зарубежные идеи и изобретения. Ныне ни одна страна или даже группа стран не в состоянии эффективно производить всю современную продукцию.

Вот почему современный этап развития международных экономических связей характеризуется интенсификацией сотрудничества государств с различными социально-экономическими системами. Неуклонное возрастание роли внешнеэкономической деятельности в решении задач внутренней и внешней политики разных стран полностью соответствует закономерностям интернационализации хозяйственной жизни. Игнорирование этого факта ведет к бессмысленной задержке совершенствования производительных сил.

Бесспорным доказательством того, что социалистические страны стремятся к развитию мирового экономического сотрудничества, в том числе с государствами Азии,

---

[1] R. Mellor, Eastern Europe. A Geography of the Comecon Countries. London — Basingstoke, 1975, p. 237—238; G. Smith, Soviet Foreign Trade. Organization, Operations, and Policy. 1918—1971. New York — Washington — London, 1973, p. 24; R. Campbell, Soviet-Type Economies. Performance and Evolution. London — Basingstoke, 1976, p. 157; «The Fontana Economic History of Europe. The Emergence of Industrial Societies». Part Two. Glasgow, 1975, p. 512; J. Wilczynski, The Economics of Socialism. London, 1970, p. 174. Вместе с тем в 70-е годы некоторые буржуазные авторы стали пропагандировать создание странами Азии, Африки и Латинской Америки собственного «закрытого» хозяйства. Наиболее полно эта точка зрения отражена в работах известного египетского экономиста С. Амина. Его призывы к развивающимся странам «порвать» с мировыми экономическими связями являются, по существу, утопией и авантюризмом (S. Amin, Le développment énegal. Paris, 1973; S. Amin, Accumulation and Development: a Theoretical Model («Review of African Political Economy № 1, 1974; S. Amin, Multinational Firms in Africa. Dakar, 1975, p. 10—17).

[2] См. «Устав Совета Экономической Взаимопомощи». М., 1976 г., стр. 4—5.

[3] Так, в беседе с корреспондентом американской газеты «Уолд» Л. Эйром в феврале 1920 г. Ленин подчеркнул: «Я не вижу никаких причин, почему такое социалистическое государство, как наше, не может иметь неограниченные деловые отношения с капиталистическими странами» (В. И. Ленин, Полное собрание сочинений, т. 40, стр. 152).

Африки и Латинской Америки, служит открытый характер СЭВ. Членом Совета может стать любая страна, разделяющая его принципы и принимающая зафиксированные в Уставе обязательства. В работе СЭВ могут участвовать государства, не являющиеся его членами. СЭВ поддерживает в различных формах отношения с десятками международных, межправительственных и неправительственных экономических и научно-технических организаций, имеет статус наблюдателя ООН. Страны — члены Совета поддерживают и активно способствуют претворению в жизнь всех прогрессивных рекомендаций Конференции ООН по торговле и развитию (ЮНКТАД) в вопросе об экономических связях с азиатскими, африканскими и латиноамериканскими государствами.

Углубляется и совершенствуется сотрудничество СЭВ с Югославией, Ираком, Мексикой и Финляндией. Страны — члены Совета оказывают экономическое и научно-техническое содействие 90 развивающимся странам Азии, Африки и Латинской Америки. Только в 1979 г. заинтересованные страны — члены СЭВ заключили более 100 долгосрочных соглашений об экономическом сотрудничестве с 39 развивающимися странами. На XXXIV сессии СЭВ особо отмечалась важность развития сотрудничества Совета с Анголой, Афганистаном, Демократическим Йеменом, Кампучией, Лаосом, Мозамбиком, Эфиопией [4]. В 1973 г. в Международном инвестиционном банке стран — членов СЭВ был создан специальный фонд (1 млрд. переводных рублей) для кредитования экономического и технического содействия развивающимся странам. Они могут получать кредиты сроком до 15 лет на строительство, реконструкцию и модернизацию различных хозяйственных объектов. Важную роль играет стипендиальный фонд стран — членов СЭВ, созданный в 1974 г. для подготовки высококвалифицированных национальных кадров молодых государств в высших учебных заведениях стран социалистического содружества.

Однако эти и другие стороны деятельности СЭВ, отражающие его демократическую сущность, идеологи и средства массовой информации Запада по понятным причинам стараются замалчивать [5]. Им невыгодно упоминать о них, ибо тогда обнажается сущность их фальсификаций деятельности Совета Экономической Взаимопомощи, в частности под сомнение ставится их тезис об «автаркическом» характере данной организации. Более того, чтобы усилить ложь, некоторые «советологи» заявляют, что якобы СССР «оказывает давление» на другие страны — члены СЭВ, дабы заставить их осуществлять экономическое сотрудничество лишь в рамках Совета, а не с капиталистическими и развивающимися странами [6].

На самом же деле, и это зафиксировано в Уставе СЭВ, в основу деятельности организации положен и последовательно соблюдается принцип суверенного равенства всех ее членов. Каждая страна, включая СССР, независимо от размеров ее территории, численности населения, уровня экономического развития, размера долевых взносов в бюджет СЭВ или каких-либо других условий, имеет равные права и один голос. Участие в СЭВ не затрагивает прав и обязательств стран — членов по другим международным договорам. Постановления СЭВ по экономическим и научно-техническим вопросам носят рекомендательный характер, решения принимаются лишь с согласия всех заинтересованных сторон. Рекомендации не распространяются на страны, заявившие о своей незаинтересованности в данном вопросе. СЭВ никогда не имел и не имеет наднациональных органов.

В Совете созданы, как и предвидел Ленин, «новые, высшие формы человеческого общежития, когда законные потребности и прогрессивные стремления трудящихся масс *всякой* национальности будут впервые удовлетворены в интернациональном

---

[4] См. «Экономическая газета» № 26, 1980 г., стр. 18, 20.

[5] Так, в октябре 1975 г. Институт международного и торгового права и Центр стратегических и международных исследований университета в Джорджтауне (США) организовали совместный коллоквиум на тему «Будущее международных экономических организаций», участие в котором приняли многие западные экономисты. На коллоквиуме анализировалась деятельность свыше 30 различных организаций, но о Совете Экономической Взаимопомощи не было сказано ни слова («The Future of International Economic Organizations». New York — London, 1977).

[6] R. Mellor, Op. cit., p. 225, 227; R. Campbell, Op. cit., p. 130—137.

единстве...» [7]. Деятельность СЭВ сыграла огромную роль в подъеме борьбы азиатских, африканских и латиноамериканских государств за преобразование международных отношений на демократических, справедливых основах.

Экономическое сотрудничество СЭВ с развивающимися странами: правда и вымыслы

Фальсифицируя конкретные аспекты торгово-экономических отношений стран — членов СЭВ с молодыми государствами, буржуазные авторы ссылаются в основном на якобы незначительную роль такого сотрудничества [8]. Но их утверждения противоречат фактам. В начале 60-х годов страны — члены СЭВ оказывали содействие 34 молодым государствам, а в настоящее время — уже 90, и оно получило высокую оценку руководителей развивающихся стран. Так, премьер-министр Индии Индира Ганди подчеркивала: «Начав с малого, индийско-советское экономическое сотрудничество получило такое развитие, что сегодня оно охватывает широкий диапазон промышленной и экономической жизни Индии. Свыше 70 совместных индийско-советских объектов являют собой яркое свидетельство сотрудничества двух стран. Мы особенно высоко ценим важный вклад Советского Союза в усилия Индии по созданию развитой промышленной инфраструктуры» [9].

К настоящему времени страны — члены СЭВ предоставили государствам Азии, Африки и Латинской Америки долгосрочные кредиты на общую сумму 15 млрд. руб. В отличие от империалистической «помощи» 70% этих средств предназначалось для различных ключевых отраслей промышленности молодых государств, на базе которых они предполагают осуществлять индустриализацию и ликвидировать хозяйственную отсталость и внешнюю зависимость. Страны — члены СЭВ оказывают содействие в расширении производственных мощностей добывающих отраслей, машиностроения, металлургии, производства химических и нефтехимических продуктов, в укреплении энергетической базы, создании элементов инфраструктуры, развитии сельского хозяйства, подготовке национальных кадров.

При помощи стран — членов СЭВ в афро-азиатских и латиноамериканских государствах построено и подлежит строительству около 4400 промышленных предприятий и других народнохозяйственных объектов, из которых более 3 тыс. уже введено в эксплуатацию. На ряде из них в течение года можно выплавить 30 млн. т стали, добыть 60 млн. т нефти, выработать свыше 30 млн. т нефтепродуктов. Мощности созданных и создаваемых электростанций превышают 16 млн. квт. В результате сузилась сфера деятельности монополий в Азии, Африке и Латинской Америке. Они были вынуждены пойти на снижение размера процентов по предоставляемым развивающимся странам кредитам и на установление для них менее обременительных условий своей «помощи».

Между странами — членами СЭВ и молодыми государствами успешно развивается торговля. Она обеспечивает развивающимся странам стабильный сбыт товаров и ослабляет их зависимость от мирового капиталистического рынка, подверженного постоянным колебаниям цен, в результате которых освободившиеся государства несут большие материальные и финансовые потери. Товарные поставки государств — членов СЭВ в страны Азии, Африки и Латинской Америки носят целевой характер — они предназначены для удовлетворения первостепенных экономических потребностей молодых государств, прежде всего в машинах и оборудовании (в 70-е годы — около $^1/_3$ стоимости экспорта).

[7] В. И. Ленин, Полное собрание сочинений, т. 26, стр. 40.

[8] F. Holzman, International Trade under Communism — Politics and Economics. New York, 1976, p. 174—176. Иногда, правда, на Западе публикуются объективные материалы по данной проблематике. Так, английский исследователь Х. Спол отмечает большое значение для африканских государств экономического сотрудничества со странами — членами СЭВ, в частности с Болгарией и Румынией, указывает на высокую конкурентоспособность продукции их тяжелой промышленности на рынках молодых национальных государств. Спол справедливо заключает, что это сотрудничество имеет хорошие перспективы («New Commonwealth and World Development» № 1, 1972, p. 5).

[9] «Правда», 2/II 1980 г.

Страны социализма выступают против неравноправного положения освободившихся государств в системе мирового хозяйства. Они последовательно проводят курс на равноправное, взаимовыгодное, демократическое разделение труда. Так, в экспорте развивающихся стран в государства — члены СЭВ растет удельный вес продукции их укрепляющейся национальной промышленности — текстильных изделий, одежды, обуви и других товаров; в 70-е годы эти статьи экспорта возросли в несколько раз. Страны СЭВ имеют устойчивые торговые отношения более чем со ста государствами Азии, Африки и Латинской Америки. Товарооборот между странами социалистического содружества и молодыми государствами вырос за 1950—1978 гг. более чем в 30 раз. Удельный вес развивающихся стран в общем товарообороте государств — членов СЭВ составляет свыше 10%.

В странах — членах СЭВ подготовлено около 350 тыс. специалистов из развивающихся стран, а в настоящее время проходят обучение свыше 41 тыс. человек из более чем ста государств. При содействии стран — членов СЭВ построены и оснащены 32 высших и средних специальных учебных заведения, 120 учебных центров и профессионально-технических училищ; строится 70 учебных заведений. Эта помощь особенно важна в свете необходимости решения освободившимися странами одной из сложнейших проблем — ликвидации острой нехватки национальных специалистов.

В настоящее время машиностроение стран — членов СЭВ предлагает развивающимся странам тысячи наименований современной, отвечающей лучшим мировым образцам продукции — от сверхмощных турбин, оборудования различных электростанций и скоростных воздушных лайнеров до точнейших электронных приборов. Быстрые темпы научно-технического прогресса позволяют странам социализма поставлять на внешние рынки значительное количество оригинальных и совершенных в техническом отношении машин и аппаратов. Эти факты опровергают домыслы некоторых «советологов» о неразвитости производительных сил социализма, их неспособности оказывать действенную научно-техническую и производственную помощь освободившимся странам.

Пытаются на Западе опорочить и сущность социалистической монополии внешней торговли [10]. В частности, Х. Бергман, Д. Бастин, Ф. Холцман, Д. Вильчинский, Ч. Уилбер отрицают международное значение такой монополии, объявляют ее не соответствующей социально-экономическим потребностям освободившихся стран [11], впрочем, как и «советскую экономическую модель» в целом.

Однако вопреки этим «рекомендациям» опыт организации социалистической внешней торговли — сосредоточение в руках государства всей внешнеторговой деятельности — широко изучается и используется развивающимися странами. Он воплощается в мероприятиях по государственному регулированию и контролю за экспортно-импортными операциями, введению государственной монополии на торговлю отдельными (как правило, основными) видами товаров, полного контроля государства над внешней торговлей. Это позволяет молодым странам успешно укреплять национальную экономику, проводить независимую внешнюю и внутреннюю хозяйственную политику. В Алжире, например, принятие в 1978 г. закона об установлении монополии внешней торговли не только привело к укреплению позиции государственного сектора, но и резко сократило возможности частных предпринимателей вести спекулятивную деятельность на внутреннем рынке, переправлять свои доходы в зарубежные банки.

«Советологи» нередко необоснованно пишут, что страны социализма будто бы бездумно повторяют внешнеторговую практику Советского Союза, «дублируют» фор-

---

[10] «Business Transactions with the USSR». New York, 1975, p. 64—67; F. Holzman, Foreign Trade under Central Planning. Harward University Press, 1974, p. 24, 141—142; J. Wilczynski. Op. cit., p. 175; «Soviet Economic and Political Relations with the Developing World». New York — Washington — London, 1975, p. 43, 56.

[11] Правда, некоторые буржуазные экономисты подходят к вопросу о международном значении социалистической внешней торговли более реалистично. Например, адъюнкт-профессор университета штата Огайо (США) Дж. Квиглей освещает эту проблему в целом достаточно объективно (J. Quigley, The Soviet Foreign Trade Monopoly. Institutions and Laws. Ohio State University Press, 1974).

мы и направления его внешнеэкономической помощи [12]. Однако факты свидетельствуют о том, что страны — члены СЭВ практикуют весьма разнообразные формы хозяйственного сотрудничества с молодыми национальными государствами, и каждая социалистическая страна выбирает свою наиболее эффективную форму экономической политики по отношению к странам Азии, Африки и Латинской Америки. Оказывая освободившимся государствам хозяйственное содействие, страны — члены СЭВ главным образом используют собственный опыт. Это позволяет повышать действенность экономического сотрудничества с развивающимися странами.

Болгария, в частности, специализируется на строительстве предприятий табачной, консервной, горнодобывающей промышленности, систем орошения. Венгрия создает преимущественно глиноземные и алюминиевые заводы, предприятия по производству вакуумной техники, средств связи, птицефабрики, фармацевтические предприятия. ГДР достигла больших успехов в сооружении машиностроительных и металлообрабатывающих заводов, объектов химической и текстильной промышленности, Румыния — нефтяных и газовых промыслов, нефтеперерабатывающих, тракторных и деревообрабатывающих заводов, Чехословакия — машиностроительных и металлургических заводов, обувных фабрик и кожевенных предприятий.

Страны СЭВ создают в молодых государствах смешанные компании в различных сферах экономики — в промышленности, транспорте, торговле. Они практикуют также создание специальных организаций, занимающихся проектными и изыскательскими работами, подготавливающих технико-экономические обоснования и консультирующих по вопросам строительства тех или иных объектов. Некоторые страны СЭВ пользуются кредитами членов ОПЕК в конвертируемой валюте для осуществления проектов. Венгрия, в частности, получила такие кредиты от Кувейта, Венгрия и Чехословакия—от Ливии и Кувейта для финансирования строительства нефтепровода «Адрия».

«Бездумное копирование» другими странами — членами СЭВ практики СССР исключается и потому, что в ряде случаев при строительстве объектов в освободившихся странах социалистические государства выступают совместно. Так, Чехословакия и Советский Союз поставили в АРЕ оборудование для двух нефтеперерабатывающих предприятий и завода по производству радиоприемников и телевизоров, Болгария и ГДР помогли построить текстильный комбинат в Алжире, ГДР и Чехословакия — заводы по переработке тростникового сахара в Гане и Марокко. Всего в середине 70-х годов страны — члены СЭВ сооружали на условиях кооперирования в АРЕ 30 объектов, в Ираке — 12, Индии — 13, Гвинее — 15.

Таким образом, вопреки злонамеренным утверждениям западных идеологов хозяйственное сотрудничество со странами — членами СЭВ является для освободившихся стран фактором огромной важности в деле укрепления экономической самостоятельности. Учитывая, что сфера материального производства стала в настоящее время главным объектом борьбы молодых национальных государств за социально-экономический прогресс, страны СЭВ будут и впредь оказывать им братскую помощь.

Фальсификация опыта социалистических преобразований в странах — членах СЭВ

Пытаясь представить опыт социалистических преобразований в целом неприемлемым для стран Азии, Африки и Латинской Америки [13], «советологи» фальсифицируют сущность экономических преобразований в странах — членах СЭВ. Империалистическая пропаганда всерьез обеспокоена тем, что их богатый опыт вызывает у народов освободившихся стран большой интерес. В области экономики со всей полнотой раскрываются преимущества системы социалистических производственных отношений. Особенно внимательно изучается опыт Болгарии, Венгрии, Румынии — государств с небольшими территорией и населением, ограниченными природными ресурсами, но сумевших за считанные десятилетия добиться беспрецедентных в своей истории

---

[12] F. Holzman, Foreign Trade under Central Planning, p. 139—163; C. Sawyer, Communist Trade with Developing Countries: 1955—1965. New York — Washington—London, 1966, p. 48—52.

[13] См. П. Седов, Экономика СССР и развивающиеся страны (К критике буржуазных концепций) («Вопросы экономики» № 10, 1978 г.).

социально-экономических достижений. Пристально рассматривается также практика Кубы и Вьетнама, еще недавно принадлежавших к числу беднейших в мире, а ныне уверенно развивающих производительные силы, повышающих материальное благосостояние и культурный уровень жизни народа.

Стремясь затушевать значение этих факторов, буржуазные авторы утверждают, что страны — члены СЭВ осуществляли и осуществляют социально-экономические преобразования, будто бы слепо копируя опыт Советского Союза [14]. Они пытаются обеднить содержание накопленного странами — членами СЭВ опыта социалистического переустройства общества, игнорируют общие и особенные черты социалистического строительства в странах содружества, протаскивают мысль, что географические, национальные, исторические и другие специфические условия молодых государств якобы несовместимы с социализмом.

Между тем формирование социализма обязательно осуществляется на основе главных закономерностей. Вот почему столь велико влияние опыта Советского Союза — первой в истории социалистической страны. Жизнь полностью подтвердила слова Ленина о том, что «некоторые основные черты нашей революции имеют не местное, не национально-особенное, не русское только, а международное значение» [15]. Суть экономических, политических и идеологических процессов во всех странах социалистического содружества едина.

Однако это ни в коей мере не означает, что страны — члены СЭВ «механически копируют» конкретные формы, методы и темпы социалистического строительства в СССР. Каждая страна имеет и использует суверенное право на их выбор. Строгий учет специфики развития национальных государств — один из важнейших элементов ленинской стратегии становления мирового социалистического содружества. Странами социализма, отмечается в Программе КПСС, «накоплен богатый коллективный опыт преобразования жизни сотен миллионов людей, внесено много нового и своеобразного в формы политической и экономической организации общества. Этот опыт — ценнейшее достояние международного революционного движения».

Социально-экономические преобразования диктовались жизненной необходимостью для стран социалистического содружества ликвидировать эксплуатацию человека человеком, классовые антагонизмы, обеспечить скорейшее развитие производительных сил, резкий подъем материального благосостояния и культурного уровня жизни народа. Эти же задачи весьма актуальны ныне для молодых национальных государств.

Главной закономерностью переустройства экономики на социалистических началах является обобществление средств производства. Национализация средств производства происходила в европейских странах народной демократии в мирных условиях в два этапа и потребовала более длительного срока, чем в Советском Союзе.

Специфически осуществлялся в европейских социалистических странах процесс индустриализации. Богатый и разнообразный опыт накоплен государствами — членами СЭВ в области социалистического переустройства деревни. В ходе этого процесса было наглядно продемонстрировано умелое сочетание общих закономерностей социализма со специфическими историческими, экономическими, культурно-бытовыми, психологическими и другими факторами, что имеет для стран Азии, Африки и Латинской Америки, избравших путь прогрессивных общественных преобразований, первостепенное значение.

В ходе социалистического строительства был наглядно подтвержден ленинский тезис о том, что «единство интернациональной тактики коммунистического рабочего движения всех стран требует не устранения разнообразия, не уничтожения национальных различий (это — вздорная мечта для настоящего момента), а такого применения *основных* принципов коммунизма... которое бы *правильно видоизменяло* эти принципы *в частностях*, правильно приспособляло, применяло их к национальным и национально-государственным различиям» [16].

---

[14] R. Campbell, Op. cit., p. 118; R. Mellor, Op. cit., p. 234—237.
[15] В. И. Ленин, Полное собрание сочинений, т. 41, стр. 3.
[16] В. И. Ленин, Полное собрание сочинений, т. 41, стр. 77.

Трудно найти область прогрессивных общественных преобразований, осуществляемых во многих молодых государствах Азии, Африки и Латинской Америки, где в той или иной мере не использовался бы опыт социалистического строительства в странах — членах СЭВ. Пути и методы подрыва экономического господства иностранных монополий (формы национализации, определение размеров компенсации и т. д.), регулирование и ограничение деятельности частного сектора, создание государственного и кооперативного секторов экономики, ликвидация власти местной буржуазии или буржуазно-феодальных элементов, проведение аграрных реформ так или иначе ранее использовались в ходе социалистического строительства.

В области сельского хозяйства перенимался опыт мероприятий по ограничению и ликвидации иностранного и местного крупного помещичьего землевладения, введению новых, современных методов аграрного производства, кооперированию общинного землевладения, организации государственных хозяйств; в промышленности — по диверсификации экономики, созданию основ современной многоотраслевой индустрии; в сфере управления экономикой — по ведению хозяйственного строительства на плановых началах, определению четкой стратегии развития. Страны Азии, Африки и Латинской Америки, избравшие путь социалистической ориентации, провозгласившие марксизм-ленинизм своей идеологией (Эфиопия, Алжир, Афганистан и др.), широко проводят данные мероприятия.

Авторитет экономической политики стран социализма в широких общественных кругах молодых государств неуклонно растет. Их представители все чаще высказывают мысль о том, что экономическое сотрудничество стран — членов СЭВ с развивающимися странами является качественно новым этапом развития международных отношений, позволяет практически воплощать выдвигаемые молодыми национальными государствами требования об установлении справедливого мирового экономического порядка [17]. Так, индийский экономист К. Датта отмечал, что «сотрудничество между развивающимися государствами и взаимопомощь между этими странами и государствами социалистической системы — историческая необходимость. Ее подтверждает генеральная линия развития международных событий за последние 20 лет» [18]. Несмотря на стремление идеологов антикоммунизма очернить экономическое сотрудничество стран — членов СЭВ со странами Азии, Африки и Латинской Америки, оно становится все более широким и плодотворным. «КПСС,— подчеркнул Л. И. Брежнев на XXVI съезде партии,— и впредь будет последовательно проводить курс на развитие сотрудничества СССР с освободившимися странами, на упрочение союза мирового социализма и национально-освободительного движения».

---

[17] См. «Международная жизнь» № 12, 1978 г., стр. 121—122.

[18] K. Dutta, Third World Countries: Struggle for New Economic Order. New Delhi, 1979, p. 87.

Р. Евстигнеев

СОВЕРШЕНСТВОВАНИЕ ХОЗЯЙСТВЕННОГО МЕХАНИЗМА В ЕВРОПЕЙСКИХ СТРАНАХ — ЧЛЕНАХ СЭВ

В Отчетном докладе ЦК КПСС XXVI съезду партии Л. И. Брежнев отметил, что «за годы социалистического строительства братские страны накопили многообразный положительный опыт организации производства, управления, решения народнохозяйственных проблем». Приведя несколько конкретных примеров, Л. И. Брежнев призвал «внимательнее изучать и шире использовать опыт братских стран».

По мере выравнивания условий хозяйствования, прежде всего уровней развития социалистических стран (за 1949—1979 гг. соотношение между самым высоким и самым низким уровнем национального дохода на душу населения в европейских странах СЭВ сократилось с 3,2 : 1 до 1,3 : 1, а промышленной продукции — с 5 : 1 до 1,5 : 1), происходит и сближение хозяйственных механизмов, хотя несущественные различия, обусловленные национальной спецификой, будут сохраняться всегда. При выравнивании и сближении условий хозяйствования усиливается одновременный поиск решения сходных проблем и чем дальше, тем больше повышается роль коллективного опыта как важного резерва развития.

На современном этапе в европейских странах СЭВ, как и в СССР, в центре внимания находятся задачи усиления интенсивных факторов роста производства, более полного использования возможностей научно-технического прогресса, достижения большей сбалансированности народного хозяйства и в конечном счете дальнейшего повышения жизненного уровня населения. Главным средством реализации этих задач является совершенствование хозяйственного механизма, причем опыт социалистических стран все нагляднее демонстрирует, что такое совершенствование не сводится к сумме мероприятий в области планирования, экономического стимулирования и организационных структур управления, направленных только на повышение эффективности общественного производства в «узкопрактическом» понимании (то есть как отношения эффекта к затратам), но и означает в то же время совершенствование важнейших социально-экономических отношений.

Суть изменений, происходящих в хозяйственных механизмах социалистических стран, можно охарактеризовать, с одной стороны, как усиление роли центрального планового руководства в выработке стратегии социально-экономического развития, в преодолении узковедомственного подхода к управлению и обеспечении народнохозяйственных интересов в главных вопросах. С другой стороны, повышаются самостоятельность и ответственность хозяйственных организаций, местных органов, преодолевается известная недооценка товарно-денежных и хозрасчетных отношений, осуществляется более широкое привлечение трудящихся к управлению производством.

Все эти процессы возникли в европейских странах СЭВ уже полтора-два десятилетия назад, но формирование хозяйственного механизма, адекватного современным условиям, ни в одной стране еще нельзя считать завершенным. Наряду с успешным решением ряда проблем пока не удалось, например, выработать достаточно эффективный механизм ускорения научно-технического прогресса, преодоления распыленности капитальных вложений. Поэтому совершенствование хозяйственного механизма везде продолжается.

В Болгарии в соответствии с решениями национальной конференции БКП (1978 г.) и мартовского (1979 г.) Пленума ЦК БКП начался очередной этап изменений в хозяйственном механизме, характеризующийся, как отмечается в официальных документах, усилением экономического подхода к управлению. Новый хозяйственный механизм в 1979 г. стал применяться в сельском хозяйстве и во внешнеэкономических связях, а с 1 января 1980 г.— и в остальных отраслях экономики. В Венгрии в рамках хозяйственного механизма, введенного еще в 1968 г., продолжается работа по приспособлению его к меняющимся внутренним и внешним условиям. В ГДР мероприятия по совершенствованию планирования и управления народным хозяйством, проводимые в последние годы, увязываются с повышением роли промышленных комбинатов в общественном воспроизводстве. В Румынии важные решения о совершенствовании финансово-экономического механизма были приняты мартовским (1978 г.) Пленумом ЦК РКП; в развитие этих решений был разработан и утвержден ряд законов. В Чехословакии с 1 января 1981 г., после двухлетнего эксперимента, вступил в силу комплекс мероприятий по совершенствованию системы планового руководства народным хозяйством.

Проводимые в странах мероприятия в той или иной мере затрагивают каждый из трех основных блоков хозяйственного механизма: планирование, хозрасчетные отношения и организационную структуру управления. Сравнительный анализ позволяет выявить общие прогрессивные тенденции изменений в этих блоках, особенно переориентацию на конечные результаты хозяйствования, отражающие реальные потребности экономики.

Совершенствование планирования

Во всех европейских странах СЭВ продолжается разработка долгосрочной перспективы на 10—15 лет, ориентирующей на решение важнейших социально-экономических проблем. При этом особое внимание уделяется в последнее время подготовке и реализации целевых комплексных программ, способствующих более эффективной концентрации сил и средств на решении особо важных народнохозяйственных проблем, ослаблению узковедомственных и местнических тенденций. Опыт, накопленный в странах, привел к выводу, что число таких программ должно быть сведено к минимуму, так как в ином случае появляется опасность чрезмерных заявок на централизованные капитальные вложения. Этот принцип последовательно соблюдается в ВНР, где число программ не превышает 6—7, учитывается он и в других странах. Там же, где он нарушается, обнаруживаются нежелательные последствия. Нужно заметить, что, помимо немногих крупных народнохозяйственных программ, в странах разрабатывается немало различных программ на микроуровне вплоть до хозяйственных организаций.

Другой тенденцией в области планирования является усиление роли пятилетнего плана в качестве основного инструмента управления. Проводится более глубокая балансовая проработка плана, причем в общей системе балансов заметно возрастает значение финансовых. Отрабатываются стабильные экономические нормативы, что в условиях нарушений сбалансированности, в том числе внешнеторговой, представляет собой весьма нелегкую задачу.

В ряде стран СЭВ большое внимание уделяется так называемым косвенным методам управления (единым экономическим нормативам и правилам) по сравнению с прямыми методами (конкретно-адресными показателями и нормативами). При этом в отличие от предыдущих этапов хозяйственных реформ повышение напряженности материальных балансов теперь не влечет за собой, как правило, увеличения числа обязательных плановых заданий.

В ВНР пятилетний и годовые планы выполняются без доведения обязательных плановых заданий до предприятий, хозяйственная деятельность которых направляется в основном централизованно устанавливаемыми едиными нормативами и правилами, которые постоянно корректируются. В 1980 г. наибольшей корректировке подверглась система оптовых цен, которые были ориентированы на соотношения цен мирового рынка (самого дорогого по импорту сырья, материалов и энергоносителей и самого дешевого по экспорту продукции обрабатывающей промышленности). В результате примерно 70% промышленной продукции стало выпускаться с учетом внешнеторговых цен, что заметно стимулирует повышение эффективности производства и конкурентоспособности венгерской промышленности на мировом рынке [1]. Хотя давление внешнеторговых цен не является бесконтрольным (проводя активную политику валютного курса форинта и некоторые другие мероприятия, государство стремится противостоять влиянию на внутренний рынок инфляционного роста мировых цен), тем не менее для окончательной оценки указанных изменений еще не накоплен достаточный опыт.

В НРБ в рамках нового хозяйственного механизма произошло резкое сокращение числа обязательных плановых показателей, доводимых до хозяйственных организаций. В промышленности, например, число таких показателей сократилось в 5 раз. Теперь хозяйственные организации получают только следующие показатели: реализованная продукция в натуральном выражении; объем чистой продукции; валютные поступления от экспорта и лимит на импорт; лимиты снабжения сырьем, материалами, топливом, энергией, дефицитными видами машин и оборудования; лимит общей численности занятых [2]. По некоторым оценкам, примерно 40% промышленной продукции не планируется из центра. Обязательными заданиями охвачено производство 140—150 основных видов продукции, имеющих особо важное значение. В результате хозяйственные организации получили возможность производить не только сверхплановую, но и внеплановую продукцию, реализуя ту и другую по избираемым ими самими каналам (через собственные фирменные магазины, через внешнеторговые организации на основе комиссионной торговли и т. д.). Следует подчеркнуть, что проводившееся в стране в последнее двадцатилетие последовательное создание единого для всех отраслей хозяйственного механизма к началу 80-х годов практически завершилось.

В ГДР, ЧССР и СРР существенных изменений в соотношении прямых и косвенных методов управления не наблюдается. В то же время нельзя сказать, что характер плановых показателей остается неизменным.

Так, в ГДР при некотором сужении в новой пятилетке круга директивных показателей и одновременном расширении числа расчетных заметно возрастает роль качественных показателей (в частности, в 1980 г. к числу оценочных показателей наряду с товарной продукцией

---

[1] См. М. Усиевич, Развитие механизма планового руководства экономикой ВНР на современном этапе («Плановое хозяйство» № 7, 1980 г., стр. 113—114).

[2] «Държавен вестник» № 71, 1979.

были добавлены чистая продукция и расход основных материалов на 100 марок товарной продукции). Самостоятельность комбинатов расширяется в основном в сфере производства — директор освобождается от излишней ведомственной опеки и сам несет ответственность за обеспечение непрерывности производства и сокращение цикла от исследований до сбыта, за постоянное совершенствование материальных и социальных условий труда и т. д. В выступлении на собрании партактива и пропагандистов в г. Гера осенью 1980 г. Э. Хонеккер привел один из примеров расширения самостоятельности комбинатов: теперь генеральный директор комбината может на 90% решать вопрос о налаживании производства новых товаров, которые требуются на внутреннем и мировом рынках [3].

Характеризуя комплекс мероприятий по совершенствованию системы планового руководства народным хозяйством, начавший внедряться в ЧССР с 1981 г., мартовский (1980 г.) Пленум ЦК КПЧ отметил, что «речь идет не о какой-то новой модели управления и планирования, а о таком совершенствовании существующей системы, которое привело бы к повышению ответственности всех звеньев управления, трудовых коллективов и отдельных трудящихся, причем решающее значение должны иметь показатели, определяющие рост эффективности и качества работы» [4]. К числу изменений в системе показателей следует отнести также доведение до хозяйственных организаций обязательных показателей пятилетнего плана в виде «вилки», то есть с допусками. Оценка выполнения пятилетнего плана будет теперь осуществляться не только по отношению к текущему плану, но и нарастающим итогом с начала пятилетки. Вообще принципиальные направления и многие конкретные мероприятия по совершенствованию хозяйственного механизма в ЧССР весьма близки к тем, которые реализуются сейчас в Советском Союзе.

В СРР число обязательных плановых показателей, доводимых до предприятий, в минувшей пятилетке несколько возросло. Номенклатура централизованно планируемой продукции в промышленности охватывает свыше 90% общего объема производства и около 900 видов изделий и групп изделий.

Изменения в планировании, особенно в системе плановых показателей и нормативов, во многом предопределяют характер хозяйственного расчета. Главным водоразделом здесь является то, на что он нацелен — на стимулирование «уровня» или «плана».

Развитие хозрасчетных отношений

В ВНР при формировании фонда заработной платы последовательно проводится принцип его заработанности, то есть увязки с фактическими хозрасчетными результатами работы предприятия. Способы этой увязки постоянно уточняются. В настоящее время на 70% промышленных предприятий осуществляется нормативное регулирование роста фонда заработной платы в зависимости от прироста условно-чистой продукции (на подавляющем большинстве предприятий фонд заработной платы увеличивается на 0,4% за каждый процент прироста условно-чистой продукции). Этот метод, сфера действия которого за последние годы заметно расширилась, лучше других, как показал опыт, способствует сокращению избыточной рабочей силы на каждом предприятии. На остальных предприятиях фонд заработной платы определяется либо централизованно, либо путем регулирования средней заработной платы. Во всех вариантах за прирост фонда сверх установленных нор-

[3] «Neues Deutschland» 14.X.1980.
[4] «Rudé právo» 27.III.1980.

мативов взимается прогрессивный налог из фонда участия в прибылях. Фонд развития и фонд участия в прибылях образуются после ряда отчислений от прибыли, в том числе единого налога, ставка которого возросла в 1979 г. с 36 до 40%, а в 1980 г.— до 45%.

Иначе подошли к увязке стимулов с конечными результатами хозяйствования в НРБ. Здесь тоже стимулируется достижение фактического результата, а не выполнение плановых показателей [5]. Однако если в Венгрии образование фонда заработной платы связывается с условно-чистой продукцией, а других фондов — с прибылью [6], то в Болгарии критерий образования всех фондов — развития и технического совершенствования, социально-бытовых и культурных мероприятий, резервного и, наконец, заработной платы (с которым теперь слился и фонд дополнительного материального стимулирования, создававшийся прежде от сверхплановой эффективности) — один: валовой доход. При этом фонд заработной платы образуется как результативно-остаточная величина после всех предусмотренных взносов в госбюджет и формирования других фондов. Рассмотренный порядок образования фонда заработной платы представляет собой главное звено нового хозяйственного механизма НРБ.

Заслуживает внимания опыт Болгарии по формированию фонда заработной платы на уровне бригад (заметим, что бригадная организация и оплата труда является основной формой в промышленности страны). Этот опыт неразрывно связан с углублением внутрихозяйственного расчета, которому в НРБ придается большое значение. Образование фонда заработной платы бригады зависит от степени выполнения так называемого нормированного планового задания, включающего нормативный объем продукции (в нормо-часах и в натуральном выражении); нормативы всех видов затрат, машин, оборудования, инструментов и т. д.; критерии оценки качества продукции (с учетом специфики производства); лимит численности бригады. Далее этот фонд распределяется с помощью так называемого коэффициента трудового участия, позволяющего дать комплексную (а не только по личному разряду и отработанному времени) оценку труда каждого члена бригады. В случае, если суммарный фонд заработной платы бригад превысит общий фонд заработной платы хозяйственной организации, его величина все равно будет гарантирована за счет сокращения максимум на 20% заработной платы руководителей и ИТР, за счет резервного фонда и других предусмотренных источников.

В ГДР, СРР и ЧССР плановые показатели или лимиты по фондам заработной платы, численности занятых, среднемесячной заработной плате и некоторые другие сохраняются в качестве обязательных для хозяйственных организаций. За показатели результатов, на основе которых они определяются, приняты: в ГДР — определенная комбинация товарной и чистой продукции; в СРР — стоимость чистой продукции и ее ассортиментное наполнение; в ЧССР с 1981 г.— стоимость условно-чистой продукции и уровень рентабельности, исчисляемый отношением прибыли к производственным фондам (до 1981 г.— объем реализации).

---

[5] Это не означает противопоставления «уровня» «плану». Совершенно прав П. Бунич, когда пишет, что «стимулирование коллективов за «уровень» внутренне, имманентно включает в себя стимулирование высокого «уровня», предусмотренного планом, перерастает в высший синтез «уровня» и «плана». Выходит, что «уровень» и «план» не антиподы: «уровень» поощряет мобилизацию в плане внутренних резервов, «план»— всесторонне обеспечивает сбалансированность «уровня» планомерными хозяйственными связями» (П. Г. Бунич, Хозяйственный механизм развитого социализма. Сущность, структура, проблемы и перспективы. Издательство «Наука», 1980 г., стр. 206).

[6] Хотя такое разделение и существует, тем не менее «ядром» всей системы экономического стимулирования в ВНР является заинтересованность в росте прибыли. Это убедительно доказано в статье Н. Владовой «Фонды оплаты по труду в промышленности стран СЭВ» («Вопросы экономики» № 12, 1980 г., стр. 110—111).

В этих странах образование других фондов тоже связано с выполнением тех или иных плановых показателей, причем в последнее время там стало больше стимулироваться выполнение плана по тем частям прибыли, которые обусловлены плановыми показателями по конечным результатам хозяйствования — увеличением объемов чистой продукции, снижением себестоимости и важнейших ее элементов, особенно материальных затрат, повышением технического уровня и качества изделий. Сверхплановая прибыль распределяется по нормативам, которые дифференцируются по факторам ее получения.

Таковы только некоторые стороны совершенствования хозрасчетных отношений в европейских странах СЭВ. На наш взгляд, рассмотренные выше мероприятия представляют сегодня наибольший интерес.

Изменения в организационной структуре управления

Ориентация на конечные результаты проявляется в последние годы не только в усилении программно-целевого аспекта планирования, не только в новой направленности хозрасчетного стимулирования производства, но и в развитии организационных структур управления. При этом возникают некоторые новые проблемы, окончательного ответа на которые еще не найдено.

Рассмотрим прежде всего изменения в системах централизованного отраслевого управления. В истекшее десятилетие в ряде стран СЭВ сложилось единое централизованное руководство сельским хозяйством, заготовками и пищевой промышленностью в рамках одного комплексного министерства; укрупнились некоторые родственные машиностроительные и строительные министерства. Это в определенной степени способствовало ослаблению ведомственных перегородок, но полностью проблему не сняло: общегосударственный подход к управлению продолжает наталкиваться на эти перегородки.

Поиск продолжается в двух направлениях. С одной стороны, предлагается ликвидировать отраслевые министерства и усилить руководящую роль центральных функциональных органов, а всю оперативную работу по управлению передать крупным хозяйственным организациям. Именно в этом направлении развивается, на наш взгляд, структура управления в ВНР, где с 1981 г. начало функционировать новое единое Министерство промышленности, созданное на базе сохранившихся к тому времени трех отраслевых промышленных министерств (металлургии и машиностроения, тяжелой промышленности и легкой промышленности).

С другой стороны, происходят дальнейшие организационные перестройки, не затрагивающие принципа центрального руководства отраслью, но вносящие в реализацию этого принципа определенные модификации. Так, в НРБ вместо бывшего министерства сельского хозяйства и пищевой промышленности по решению мартовского (1979 г.) Пленума ЦК БКП была создана новая форма управления агропромышленным комплексом страны — национальный агропромышленный союз (НАПС). НАПС объединяет на добровольной основе все предприятия сельского хозяйства, пищевой промышленности и сельскохозяйственного машиностроения, соответствующие научные институты, проектные организации и т. п. Всего в НАПС входит около 300 хозяйственных организаций, подавляющее большинство которых — агропромышленные комплексы (270). Основными задачами НАПС, определяемыми его уставом, являются непрерывное увеличение объема, повышение качества и эффективности сельскохозяйственной продукции с целью максимального удовлетворения внутренних потребностей страны, увеличения ее валютных ресурсов и участия в социалистической интеграции.

На уровне крупных хозяйственных организаций (комбинатов, концернов, трестов, объединений) самой характерной чертой в последнее время является усиление вертикальной интеграции производства, приводящее в ряде случаев к перегруппировке отдельных, организованных горизонтально хозяйственных единиц.

Так, в ГДР в последние годы на передний план вместо объединений народных предприятий выдвинулись комбинаты, созданные преимущественно по принципу технологической специализации. На начало 1980 г. в стране имелось 129 комбинатов, насчитывающих, как правило, по 20—40 тыс. занятых[7], на долю которых приходилось 90% всех рабочих и служащих, занятых в промышленности и строительстве, 90% научно-технического потенциала и около 90% товарной промышленной продукции. Комбинаты объединяют в одно целое научные исследования и разработки, производство и сбыт продукции, а наиболее крупные из них и внешнеторговые операции. Мощная собственная финансовая база комбинатов позволяет им самостоятельно решать проблемы развития, социальные вопросы трудовых коллективов (жилищное строительство, базы отдыха, лечебно-профилактические учреждения и т. п.), проблемы обучения и повышения профессиональной квалификации кадров. Специфической функцией комбинатов является координация деятельности значительного числа сотрудничающих с ними мелких предприятий.

В ЧССР к середине текущего пятилетия планируется завершить образование концернов. При их формировании нередко используется «комбинатный принцип», то есть принцип максимальной технико-технологической взаимосвязанности входящих в концерн предприятий в целях производства определенных видов конечной продукции. Доля концерна в удовлетворении общественных потребностей в его конечной продукции высока и составляет иногда 100%.

Образование комбинатов на основе определенного профиля конечной продукции осуществляется и в НРБ, где они признаны, как указывается в Тезисах к XII съезду БКП, «основной структурной единицей организации и непосредственного управления производственной, инженерно-внедренческой, снабженческой и сбытовой деятельностью. Развитие и укрепление комбинатов происходит на экономической основе и в соответствии с требованиями мультипликационного подхода»[8].

В ВНР в 1980 г. началась реорганизация в сфере хозяйственных организаций. Причиной послужили слишком крупные размеры большинства промышленных предприятий, объединяющих в некоторых случаях целые отрасли, но не имеющих тесных внутрипроизводственных связей (искусственная концентрация производства). Разукрупнен уже ряд горизонтальных объединений трестовского типа в пищевой промышленности, готовится разукрупнение и в некоторых других отраслях. Следует иметь в виду, что частичные реорганизации не означают вообще ликвидации крупных предприятий, которые и впредь останутся основой социалистической промышленности. При формировании новых и совершенствовании имеющихся производственно-хозяйственных комплексов используется более широко, чем раньше, принцип вертикальной технологической интеграции производственных единиц.

Общей для всех перечисленных выше стран тенденцией является расширение хозрасчетной (а иногда даже закрепление юридической) самостоятельности входящих в крупные производственно-хозяйственные комплексы предприятий. Эта тенденция объясняется возрастающей в

---

[7] См. «Проблемы мира и социализма» № 10, 1980 г., стр. 63.

[8] «Работническо дело» 16.II.1981. Напомним, что мультипликационный подход направлен на получение эффекта по всей цепи межотраслевых связей благодаря углублению и расширению специализации производства.

условиях усложнившихся хозяйственных связей необходимостью повышения маневренности предприятий, более оперативного и полного учета производственных потребностей и потребительского спроса.

В последние годы в ряде стран усилилось внимание к мелким государственным и кооперативным предприятиям. Не ставя под сомнение роль крупных предприятий как основы социалистического производства, в некоторых странах все больше приходят к убеждению, что и в развитой социалистической экономике мелким и средним предприятиям принадлежит важная роль. Прежде всего они дополняют работу крупных, принимая на себя те виды деятельности, на которых рациональнее специализироваться малым предприятиям. Небольшое предприятие легче приспосабливается к меняющимся требованиям рынка, а в ряде случаев оказывается более приспособленным и к своевременным нововведениям. Мелкие предприятия менее капиталоемки, способны оперативно встраиваться в имеющуюся инфраструктуру, использовать местные ресурсы сырья и рабочей силы, что очень важно при реализации мероприятий социально-экономической политики.

Особую проблему в этой связи представляет развитие мелкого частного сектора в сфере услуг (ВНР, НРБ), розничной торговле (ГДР, НРБ), ремесле (ГДР, ЧССР). Этот сектор рассматривается в названных странах как определенное подспорье государству в деле обеспечения населения услугами, снабжения продовольственными товарами и товарами народного потребления. Государство держит частный сектор под особым контролем, поскольку чрезмерный рост нетрудовых доходов может породить не только (и не столько) нежелательные экономические, сколько социальные, а при определенных условиях и идеологические проблемы. Необходимость в частном секторе, удельный вес которого в национальном доходе и сейчас незначителен, будет, несомненно, отпадать по мере совершенствования хозяйственного механизма, который пока недостаточно ориентирован на улучшение качества товаров, устранение дефицитности, перекосов в заработной плате и т. п.

Мероприятия по совершенствованию хозяйственных механизмов в европейских странах СЭВ, несмотря на то, что сделано уже очень многое, тем не менее пока больше направлены на устранение недостатков, чем на формирование механизма, адекватного условиям развитого социализма, способного решительно повернуть экономику на рельсы интенсивного развития. Отчасти это объясняется некоторыми неблагоприятными объективными условиями последних лет, особенно внешними. Тем более остро в странах встает задача активизации работы по улучшению управления экономикой.

Совершенствование хозяйственных механизмов европейских стран СЭВ имеет еще один важный аспект. Речь идет о сближении хозяйственных механизмов как необходимой предпосылке углубления социалистической экономической интеграции. На XXVI съезде КПСС отмечалось, что «в повестку дня ставятся и такие вопросы, как сближение структур хозяйственных механизмов, дальнейшее развитие прямых связей между министерствами, объединениями и предприятиями, участвующими в кооперации, создание совместных фирм...». Сближение хозяйственных механизмов рассматривается, таким образом, в связи с задачами развития интеграции прежде всего на микроуровне, от чего на современном этапе зависит во многом углубление интеграционных процессов в целом.

Выше были рассмотрены вопросы развития хозяйственного механизма только в европейских странах СЭВ. В других странах СЭВ (МНР, Куба, СРВ) эти вопросы тоже занимают в настоящее время одно из первых мест. Сейчас, когда эти менее развитые в экономическом отношении страны составляют неотъемлемую часть мировой социалистической системы, они могут в полной мере использовать исторический опыт стран, поднявшихся на более высокий уровень развития, в том числе заимствовать некоторые решения, принимаемые на нынешнем этапе. Разумеется, ни одна страна не может при этом механически повторять опыт других стран. Например, в СРВ тоже появились комбинаты и объединения государственных предприятий, но на их деятельность накладывает отпечаток своеобразие экономических проблем, решаемых страной. Большее внимание, чем в других странах, уделяется во Вьетнаме мелкому и кустарному производству, частному сектору, формам их организации и стимулирования. Подобные примеры можно привести и по другим странам. Так, в Республике Куба идет процесс формирования хозяйственного механизма во всех его звеньях, адекватного современному развитию страны. По мере выравнивания уровней экономического развития возможность и эффективность взаимного обмена опытом хозяйствования будут все более возрастать.

СПИСОК РЕКОМЕНДУЕМОЙ ЛИТЕРАТУРЫ

Л. И. Брежнев, Отчетный доклад Центрального Комитета КПСС XXVI съезду Коммунистической партии Советского Союза и очередные задачи партии в области внутренней и внешней политики. 23 февраля 1981 года. Издательство политической литературы, 1981 г.

«Современный этап совершенствования планового управления экономикой (по материалам съездов коммунистических и рабочих партий)». Под общей ред. Р. А. Белоусова, А. Г. Куликова. Издательство «Мысль», 1978 г.

«Эффективность социалистического производства и хозяйственный механизм». Отв. ред. К. И. Микульский. Издательство «Наука», 1979 г.

Г. В. Аристов, Роль цен в управлении социалистической экономикой. Из опыта зарубежных стран СЭВ. Издательство «Наука», 1980 г.

П. И. Кулигин, Хозрасчет и его развитие в зарубежных странах СЭВ. Издательство «Наука», 1980 г.

Р. Евстигнеев, Эволюция предприятия: опыт европейских стран СЭВ («Вопросы экономики» № 10, 1979 г.).

А. Шабалин, Л. Цедилин, Комбинаты в народном хозяйстве ГДР: роль, функции, тенденции развития («Плановое хозяйство» № 4, 1980 г.).

М. Усиевич, Развитие механизма планового руководства экономикой ВНР на современном этапе («Плановое хозяйство» № 7, 1980 г.).

Н. Владова, Фонды оплаты по труду в промышленности стран СЭВ («Вопросы экономики» № 12, 1980 г.).

В. Мишев, Новый хозяйственный механизм в экономике Болгарии («Экономика и организация промышленного производства» № 1, 1981 г.).

ЗАМЕТКИ И ПИСЬМА

КОНТРОЛЬ ФАКТИЧЕСКОЙ ЭФФЕКТИВНОСТИ КАПИТАЛЬНЫХ ВЛОЖЕНИЙ

В постановлении ЦК КПСС и Совета Министров СССР об улучшении планирования и совершенствовании хозяйственного механизма предусмотрено активное участие трудовых коллективов предприятий в разработке пятилетних и годовых планов, а также в осуществлении контроля за их выполнением.

Многолетний опыт свидетельствует о необходимости проведения систематического контроля за исполнением директивных решений по капитальному строительству. Акад. Т. Хачатуров считает недостатком то, что у нас не ведется анализа фактической эффективности капитальных вложений и не устанавливается ответственность за нарушения в этой области виновных лиц [1].

Известно, что рост эффективности капитальных вложений во многом зависит от сокращения сроков строительства и освоения объектов. В Типовой методике рекомендуется в расчетах эффективности капитальных вложений учитывать лаг и продолжительность строительства. Однако в отраслевых инструкциях эти положения не нашли должного отражения. Так, фактор времени учитывается только при определении сравнительной эффективности методом дисконтирования с помощью условных приведенных данных. Между тем методика расчета полного лага, особенно лага освоения, требует более четкого изложения, так как именно в этом вопросе наблюдаются различные подходы. Лаги строительства и освоения можно рассчитывать как более сложными точными методами, так и упрощенным способом деления периодов строительства и освоения пополам. Однако и при простом исчислении полного лага возникают трудности, когда анализируются объекты, в которых периоды строительства совмещаются с периодами освоения (например, крупные новостройки).

При исследовании эффективности капитальных вложений по стране в целом, республикам, областям и отраслям производства сокращение или увеличение лага свидетельствует о росте или снижении эффективности. Поэтому определение лага, так же как и средних периодов строительства и освоения объектов, представляет большой интерес. В то же время величина лага является лишь косвенной характеристикой изменения эффективности, так как лаг не только не стыкуется «со стоимостной формой расчета показателей абсолютной эффективности» [2], но и при его учете получаются противоречивые результаты.

Оценка фактической эффективности имеет свою специфику, обусловленную многообразием и сложностью протекания инвестиционных процессов. Проектировщики, определяя время получения конечного эффекта, часто не учитывают реальные условия строительства и освоения объектов. На практике же сроки строительства растягиваются, объекты вводятся по частям, поэтому ряд объектов, несмотря на значи-

---

[1] См. акад. Т. Хачатуров, Пути повышения эффективности капитальных вложений. («Вопросы экономики» № 7, 1979 г., стр. 130).

[2] «Фактор времени в плановой экономике». Издательство «Экономика», 1978 г., стр. 143.

тельные сроки строительства, начинают давать отдачу с первых годов освоения. Другие, наоборот, в первые годы строительства медленно осваивают капитальные вложения, но в дальнейшем темпы освоения резко возрастают. Методы оценки фактической эффективности капитальных вложений должны в наибольшей степени учитывать реальные условия протекания инвестиционных процессов, поэтому основная задача — контроль фактической эффективности капитальных вложений.

На наш взгляд, при контроле фактической эффективности капитальных вложений могут быть использованы следующие показатели:

1. Среднее время окупаемости ($T_с$) определяется по формулам:

$$T_с = \frac{T_1 + T_к (Э_{об} - 1)}{Э_{об}} = \frac{Л}{Э_{об}} = \frac{Л \times К}{Д} = \frac{К}{Д_с}. \qquad (1)$$

2. Общий коэффициент эффективности ($Э_{об}$) или число оборотов капитальных вложений (число сроков окупаемости) можно рассчитать по формуле:

$$Э_{об} = Д : К. \qquad (2)$$

3. Средневзвешенное время (лаг) окупаемости определяется по формуле:

$$t = \frac{М}{Э_{об}} = \frac{К(МД - МК)}{Д} = \frac{К}{Д} \times$$

$$\times \left(\frac{Д_1Г_1 + Д_2Г_2 + \ldots + Д_пГ_п}{Д} - \frac{К_1Г_1 + К_2Г_2 + \ldots + К_пГ_{п\,к}}{К}\right). \qquad (3)$$

T_1 — время начальной однократной окупаемости; $T_к$ — последующее (после T_1) время окупаемости, то есть обычный срок окупаемости; $Л$ — число лет анализируемого периода с начала осуществления капитальных вложений; $К$ и $Д$ — общий размер капитальных вложений и эффекта; $Д_с$ — среднегодовой эффект за весь период $Л$; $М$ — полный лаг, среднее время между осуществлением капитальных вложений и получением эффекта; $МД$ и $МК$ — средневзвешенные оценки времени получения общего эффекта и осуществления вложений; $Г_{пк}$ и $Г_п$ — последние годы осуществления вложений и получения эффекта; $Д_1, Д_2 \ldots Д_п$ и $К_1, К_2 \ldots К_п$ — годовые эффекты и капитальные вложения по годам анализируемого периода.

На практике удобнее использовать выражение $T_с = Л \times К : Д$ формулы 1. При контроле фактической эффективности главный показатель — среднее время окупаемости. Общий коэффициент эффективности и средневзвешенное время (лаг) окупаемости служат вспомогательными характеристиками. Первый — $Э_{об}$ (как и $T_с$) показывает уровень эффективности (но не затраты времени и соотношение этих затрат с ресурсами и отдачей). Средневзвешенное время (лаг) окупаемости в отличие от среднего ($T_с$) отражает темпы осуществления затрат и получения эффекта.

Срок окупаемости ($T_к$) — предел, к которому должно стремиться среднее время окупаемости ($T_с$). Максимальное уменьшение разницы между $T_с$ и $T_к$ за счет сокращения сроков строительства и освоения объектов является важнейшей задачей рационального использования капитальных вложений.

Подставляя $T_к$ в первое выражение формулы (1) вместо T_1 для идеальных случаев (включая и «вечную» эксплуатацию объектов), получим:

$$T_с = \frac{T_к + T_к Э_{об} - T_к}{Э_{об}} = T_к.$$

Средневзвешенные оценки времени получения общего эффекта и осуществления вложений ($МД$ и $МК$) в формуле (3) можно определять более простым методом прямого отсчета и интерполяции путем исчисления времени осуществления половины вложений и времени получения половины общего эффекта. Для упрощенного сопоставления средневзвешенного времени окупаемости t с T_c первое необходимо увеличивать вдвое.

В последнем варианте Методики по определению фактической эффективности капитальных вложениий ЦСУ СССР (1971 г.) при расчете главного показателя, называемого первоначально сроком возмещения (что более правомерно), а позже — сроком окупаемости, вместо среднего срока берется полный срок строительства. Однако основная часть сроков строительства объектов исключается из расчета показателя эффективности, что может привести к ошибочным результатам. Даже если и не исключать сроков строительства из срока возмещения, то все равно этот показатель является неоперативным. Для его определения надо, чтобы на новостройке образовался суммарный эффект, равный вложениям. В этом случае анализ и контроль фактической эффективности теряют свое значение. Они прежде всего необходимы на первых этапах и стадиях инвестиционного процесса.

Анализ и контроль фактической эффективности должны ограничиваться периодом устойчивого достижения новостройкой проектных показателей. Однако бывают такие объекты, как, например, сады, шахты, которые за период освоения неоднократно окупают затраты. Если к ним применять Методику ЦСУ СССР, то эффективность можно определить только на начальной стадии освоения, а последующий период выпадает из-под контроля. В вышеупомянутой Методике величина показателя, имеющего лаговый характер, оказывается примерно в два раза меньше периода возмещения. Но и этот показатель не пригоден для оперативной оценки фактической эффективности. Время однократной окупаемости исчисляется и по формуле (3). Для этого при расчете используется величина эффекта, равная капитальным вложениям. По формулам (1 и 3) можно оценивать эффективность с первого года освоения объектов, включая и время однократной окупаемости.

В таблице 1 приведена оценка вариантов: 1-й вариант — фактические данные строительства и эксплуатации бройлерной фабрики в колхозе «Россия» Сакского района Крымской области, 2-й и 3-й варианты — данные обычного и улучшенного проектов фабрики. Предположим, что все три варианта — самостоятельные предприятия. Возникает вопрос, как оценить результаты капитальных вложений, учитывая, что в первом варианте отдача была с первого года строительства, во втором — после окончания строительства, а в третьем — со второго года строительства. Оценку всех вариантов, по нашему мнению, следует производить за весь период строительства и эксплуатации.

По T_c эффективность первого варианта несколько меньше второго и значительно ниже третьего варианта. Однако преимущество первого варианта состоит в раннем получении отдачи, что отражается в показателе средневзвешенного времени окупаемости.

Определим средневзвешенные оценки времени получения общего эффекта и осуществления вложений (*МД* и *МК*) путем интерполяции. Так, по фактическим данным половина всех затрат — 493 тыс. руб.— произведена за три года, в том числе за два года — 368 тыс., за половину третьего года — 125 тыс. руб. Отсюда *МК* равен 2,5 года [2 + (493 — 368) : 253].

Половина всей суммарной прибыли в 677 тыс. руб. получена на 5-й год, в том числе в 5-м году — 90 тыс. руб., на которые было затрачено 0,3 года. В этом случае *МД* равно 4,3 года (4 + 0,3); $t = 1{,}32$ года [(4,3 — 2,5) : 1,37].

Таблица 1

Эффективность капитальных вложений (эффект; в тыс. руб.)

Обозначения *	Порядковые годы						Всего
	1-й	2-й	3-й	4-й	5-й	6-й	
			1-й вариант				
$К_г$	46	322	253	205	160	—	986
$К_{нар}$	—	368	621	826	986	—	—
$Д_г$	26	68	226	267	271	496	1354
$Д_{нар}$	—	94	320	587	858	1354	—
$Т_к$	1,8	5,4	2,7	3,1	3,6	2,0	—
$Э_{об}$	0,57	0,26	0,52	0,71	0,87	1,37	—
$Т_с$	1,8	7,0	5,8	5,6	5,8	4,4	—
			2-й вариант				
$К_г$	400	590	—	—	—	—	990
$Д_г$	—	—	200	400	400	400	1400
$Т_к$	—	—	5,0	2,5	2,5	2,5	—
$Э_{об}$	—	—	0,20	0,61	1,01	1,41	—
$Т_с$	—	—	15	6,6	5,0	4.3	—
			3-й вариант				
$К_г$	590	400	—	—	—	—	900
$Д_г$	—	200	400	400	400	400	1800
$Т_к$	—	5,0	2,5	2,5	2,5	2,5	—
$Э_{об}$	—	0,20	0,61	1,01	1,41	1,82	—
$Т_с$	—	10	4,9	4,0	3,5	3,3	—

* $К_г$ — годовые капитальные вложения; $К_{нар}$ — годовые капитальные вложения нарастающим итогом; $Д_г$ — годовой эффект; $Д_{нар}$ — годовой эффект нарастающим итогом; $Т_к$ — срок окупаемости; $Э_{об}$ — общий коэффициент эффективности; $Т_с$ — среднее время окупаемости.

Таблица 2

Варианты	Показатели в годах						
	$МД$	$МК$	$МД-МК$	$Э_{об}$	t	$2t$	$Т_с$
1	4,3	2,5	1,8	1,37	1,32	2,64	4,4
2	4,2	1,2	3,0	1,41	2,13	4,26	4,3
3	3,8	0,8	3,0	1,82	1,65	3,30	3,3

Сокращение разрыва во времени между затратами и отдачей в 1-м варианте резко повышает фактическую эффективность, которая по t оказывается даже выше, чем в 3-м варианте (см. табл. 2).

Высокий уровень фактической эффективности капитальных вложений достигается за счет ускорения окупаемости затрат. Это доказывается и эффективностью 3-го варианта, где она повышена не за счет сокращения строительства, а путем ускоренного освоения.

Следовательно, примененный показатель подтверждает целесообразность строительства предприятий отдельными очередями, цехами, секциями, блоками для ускорения оборота капитальных вложений. Так, бройлерная фабрика крымского колхоза «Дружба народов» стоимостью 17,2 млн. руб. строилась четыре года вместо двух по проекту. Однако за счет досрочного освоения к моменту окончания строительства она дала 18,3 млн. руб. прибыли. Фактическая эффективность превысила проектную на 75%.

Ценность анализа и контроля — в их оперативности, определении узких мест, выявлении главных причин, сдерживающих достижение проектных показателей. Контролем должна охватываться не только стадия освоения, но и стадии планирования и собственно строительного производства. Для внедрения повсеместного контроля, как показывает накопленный опыт, необходимо специальное инструктивно-методическое руководство, в котором были бы сведены в единое целое методы оценки результатов на всех стадиях инвестиционного процесса.

В проектах, помимо оторванного от календарных периодов строительства и освоения срока окупаемости, следует отражать динамику показателей по отдельным частям новостроек с первых лет освоения с учетом пусковых расходов и повышенных затрат на освоение. При изменении условий строительства и эксплуатации проектные показатели должны своевременно уточняться.

К сожалению, в настоящее время работники планово-экономических служб предприятий зачастую не имеют представления о показателях и учетных данных по концентрации и эффективности капитальных вложений. Поэтому сейчас вместо анализа фактической эффективности контролеры занимаются поиском, сбором и первичной отработкой исходных данных.

П. Ананских
Симферополь

КРИТИКА И БИБЛИОГРАФИЯ

П. А. ИГНАТОВСКИЙ, Экономические вопросы теории и практики социализма (анализ современного опыта). М., «Экономика», 1979, 344 с.

В книге рассматривается широкий круг экономических проблем теории и практики социализма. В ее трех начальных главах исследуются некоторые методологические аспекты экономики развитого социализма, включающие экономические отношения, характеристику сущности реального социализма и методологию анализа его преимуществ. Здесь обращают на себя внимание не только стремление изложить уже достаточно разработанные вопросы, но и попытка показать реальные противоречия в экономических отношениях на этапе развитого социализма. Эти проблемы еще недостаточно подробно раскрыты в нашей литературе, в связи с чем интересным нам представляется проведенный в книге анализ вопроса об обеспечении соответствия хозяйственной практики и принимаемых хозяйственных решений требованиям объективных экономических законов.

Важным методологическим положением, обоснованным в монографии, является положение о необходимости исследования социализма как естественноисторического результата общественного развития. Развитой социализм связан с изменениями в общественном производстве, структуры экономических отношений, структуры интересов социалистического общества, отношениями собственности и широким применением достижений научно-технической революции. Сущность социализма раскрывается в том, что человек, его потребности и интересы представляют цель социальных и экономических общественных преобразований. Развитой социализм возник как следствие движения социализма на его собственной основе. Это динамично развивающийся строй. Автор выдвигает в качестве наиболее общего критерия развитого социалистического общества «развитость общественно-экономических отношений, проявление в них всей системы экономических законов социализма, обеспечивающих комплексное решение экономических и социальных задач» (с. 53). Данный критерий дополняется рядом признаков развитого социализма, которые достаточно детально раскрыты в работе.

Проанализировав объективные различия в экономических потенциях социализма и капитализма, П. Игнатовский рассматривает содержание экономических преимуществ социализма. Они сводятся прежде всего к отношениям общественной собственности на средства производства, которая обусловливает всю систему преимуществ социалистического общественного строя. Оригинальным здесь нам представляется положение о том, что одно из преимуществ социалистической экономики — особенности использования товарно-денежных отношений, которые лишены стихийности и подчинены отношениям планомерности.

Много внимания в работе уделено специфике развития социалистической собственности и системы интересов в условиях современного этапа социализма. В ней подчеркивается, что вся система производственных отношений социалистического общества базируется на двух формах общественной собственности на средства производства, являющейся экономической основой сотрудничества двух дружественных классов и других социальных слоев. На базе государственной (общенародной) собственности на средства производства формируется собственность профессиональных и других общенародных организаций на имущество, необходимое им для осуществления уставных задач. Развитие общественной собственности основывается на дальнейшем обобществлении социалистического производства, которое способствует расширению кооперационных связей, межотраслевых и территориальных интеграционных процессов. Эти объективные процессы обусловлены дальнейшим углублением разделения труда.

Общественная собственность на средства производства при социализме порождает целую систему интересов. Заинтересованность всего общества рассматривается в работе как следствие достижения совокупности целей социализма в реализации труда членов общества как общественного труда, учитываемого и контролируемого обществом, его политическими институтами. Общественные интересы обеспечиваются системой экономических отношений, коллективные же интересы регулируются на основе хозяйственного расчета, который имеет свой уровень, свои пределы. Система хозрасчета отвечает задачам материального и морального стимулирования результатов труда в целях осуществления основного принципа социализма — обязательного соизмерения количества и качества труда каждого работника с долей совокупного общественного продукта, которую общество выделяет ему по труду. Такой механизм позволяет сочетать интересы общества и интересы индивида, которые при социализме еще не полностью совпадают. В связи с вопросом о системе интересов в социалистическом обществе в книге рассматриваются проблемы эффективности хозяйственного механизма.

Оптовые и розничные цены, прибыль, кредит и другие экономические инструменты анализируются автором в качестве конкретных рычагов, обеспечивающих планомерное сочетание интересов социалистического государства с коллективными. Он подчеркивает роль научно обоснованного нормирования материальных и других производственных затрат, а также оптовых цен. Исследуя вопрос о необходимости сочетания планирования стоимостных и натуральных показателей хозяйственной деятельности подразделений, П. Игнатовский указывает, что от этого зависит сбалансированность экономики.

В книге много внимания уделяется вопросам экономической стратегии и тактики. Автор показывает, что на современном этапе экономическая стратегия Советского государства направлена на достижение фундаментальных долговременных целей, высшей среди которых является неуклонный подъем материального и культурного уровня жизни народа. Экономическая стратегия связана с теорией, воедино слитых в программных положениях партии.

В работе исследуется соотношение стратегии и тактики, выступающей составной частью стратегии. Тактика отличается методами, формами и временем действия. Она крайне подвижна и сообщает динамизм стратегии. В связи с этим подчеркивается роль научно-технической революции как условия общественного прогресса и достижения стратегических целей. При рассмотрении практических проблем научно-технической революции автор подчеркивает значимость показателей освоения новой техники, ее доли в производимой продукции, говорит о комплексных планах научно-технического прогресса.

Значительное место в книге занимает анализ процесса обобществления производства на современном этапе, главными направлениями которого выступают специализация и концентрация. В промышленности СССР постоянно растет удельный вес предприятий, оснащенных мощным производственным аппаратом, повышается роль интенсивных факторов воспроизводства. Но при всех сдвигах, происшедших в обобществлении труда, уровень концентрации все еще недостаточен. Для его повышения следует и дальше развивать объединения. Основа концентрации производства в сельском хозяйстве — создание межколхозных, межсовхозных, колхозно-государственных и государственно-колхозных объединений.

Обобществление производства на основе его концентрации и централизации рассматривается в книге в тесной связи с интенсивными и экстенсивными факторами развития экономики. При этом отмечается, что интенсификация представляет собой совокупность средств совершенствования производства на основе достижений науки и техники. Автор подробно проанализировал основные направления интенсификации.

В успешной реализации задач по интенсификации производства важное значение принадлежит планированию. П. Игнатовский детально аргументирует необходимость перехода к планированию деятельности подразделений по конечному результату в стоимостном и натуральном выражении. Однако, правильно отмечая важность разработки нормативов затрат материалов, сырья, топливно-энергетических ресурсов, автор все же несколько недооценивает роль стоимостных показателей. Между тем многолетняя практика не раз уже подтверждала, что недооценка стоимостных или натуральных измерителей всегда приводила к просчетам и нарушениям нормальной сбалансированности социалистического расширенного воспроизводства. Поэтому в монографии целесообразно было полнее раскрыть роль стоимостных показателей в обеспечении планомерного развития экономики.

Автор подробно характеризует содержание комплексного планирования, которое должно охватывать все звенья общественного производства, обеспечивать формирование оптимальных отраслевых и территориальных пропорций. Он подчеркивает роль комплексных программ, которые не заменяют народнохозяйственный план, а дополняют его, определяют совокупность средств, обеспечивающих реализацию перспективного плана. Каждая конкретная программа по мере достижения включенных в нее целей изживает себя, в то время как народнохозяйственный план — постоянно действующий рычаг непрерывного управления народным хозяйством.

Для читателей несомненный интерес представит исследование народнохозяйственного агропромышленного комплекса страны (АПК) и пропорций его сфер. В работе приводятся результаты поэлементного анализа АПК. При этом подчеркивается, что ведущее место по числу занятых, по стоимости производственных фондов занимает сельское хозяйство. Однако в этой отрасли, по расчетам автора, создается только 40,3% валовой продукции АПК (с. 305), значит, остальные 60% падают на отрасли промышленности, поставляющие сельскому хозяйству средства производства, строительство, промышленность, перерабатывающую сельскохозяйственную продукцию, материально-техническое снабжение, заготовку и сбыт сельскохозяйственных продуктов, транспорт и связь в сельском хозяйстве.

Конечно, все это так, если использовать данные о структуре чистой продукции и валового общественного продукта по отраслям народного хозяйства, которые рассчитываются статистикой в фактических ценах реализации. Но здесь надо иметь в виду, что налог с оборота, как часть чистого дохода, реализуемого в ценах промышленной продукции, учтен в промышленности. Если же распределить его между сельским хозяйством и промышленностью, то сумма национального дохода, созданного в сельском хозяйстве, соответственно увеличится. Поэтому необходима дальнейшая теоретическая разработка вопроса о действительной доле общественного продукта, создаваемого в разных элементах агропромышленного комплекса. Таким образом, этот вопрос нуждается в дальнейшей проработке, и приведенные цифры без их глубокого анализа являются по меньшей мере спорными.

Довольно скупо в монографии освещены особенности интенсификации производства в животноводстве в рамках АПК. Здесь связи более сложные, нежели те, которые отражены в рецензируемой книге.

Недостаточно подробно в монографии рассмотрены вопросы управления агропромышленным комплексом. Автор рекомендует создать агропромышленный центр страны, который должен осуществлять планомерное размещение производительных сил, определять структуру капитальных вложений по отраслям комплекса в целом. Кроме того, предлагается формировать производственные объединения, подчиненные агропромышленному центру, развивать смежные производственные колхозно-совхозные, колхозно-государственные, межколхозные формирования. Все эти предложения, безусловно, интересны, но они сформулированы в книге таким образом, что возникает целый ряд вопросов, на которые нет ответа. Например, каковы взаимоотношения Министерства сельского хозяйства и агропромышленного центра страны? Не ясна структура управления АПК в союзных республиках, областях и т. п.

П. Игнатовский поставил вопрос о социально-экономической ответственности. Он пишет, что речь идет не об административно-правовой, а о социально-экономической ответственности тружеников на всех уровнях общественной структуры производства за итоги хозяйственной деятельности, за результаты научно-технического прогресса. Дальнейшее совершенствование экономической структуры механизма социально-экономической ответственности имеет, безусловно, важное значение. Из сущности социально-экономической ответственности следует, что предприятие как хозяйственное звено, получив от государства в свое распоряжение определенную совокупность производственных фондов, обязано использовать их с максимальным эффектом. Причем эта ответственность, с одной стороны, воплощается в доле общественного продукта, передаваемого коллективом в распоряжение общества, в величине экономического эффекта, полученного в результате использования факторов производства, а с другой — в размере доли общественного продукта, которую получает коллектив в свое распоряжение. И чем меньше вклад коллектива в результаты общественного производства, тем меньше его доля (с. 319).

Применительно к отдельному работнику автор видит механизм социально-экономической ответственности в том, что если кто-то из конкретных исполнителей оказался в деловом отношении несостоятельным, если он не оправдывает общественного доверия, то об этом должно быть широко известно как общественности, так и хозяйственным и экономическим звеньям, поддерживающим с ним деловые связи и способным лишить его своего доверия. Это положение следовало рассмотреть более конкретно.

Структура работы, видимо, также не отработана в полной мере, что привело в ряде случаев к повторениям. Однако в целом книга заслуживает внимания как теоретиков-политэкономов, так и практических работников. В ней содержится ряд интересных постановок сложных проблем современного экономического развития страны и предложены пути решения некоторых из них.

В. Жамин

А. М. ОМАРОВ, Управление социалистической экономикой. Учебное пособие для вузов. М., «Экономика», 1979, 424 с.

В рецензируемом учебном пособии, допущенном Минвузом СССР для студентов экономических специальностей вузов и состоящем из четырех разделов, освещается широкий круг вопросов управления социалистической экономикой. Главная задача книги — раскрыть научные основы управления экономикой применительно к современному этапу ее развития, с учетом происшедших в хозяйственном механизме изменений, накопленного в этой области опыта. Сразу же отметим, что в целом с поставленной задачей автор справился.

В первом разделе подробно характеризуется научная база управления экономикой, рассматриваются цели и функции управления, сущность системного подхода, роль права в управлении экономикой. Оправданными нам представляются изложение в начале курса исторических предпосылок возникновения системы управления экономикой, анализ предмета и метода науки управления, использования в управлении экономических законов социализма. Вместе с тем именно в этом разделе было бы целесообразно, не ограничиваясь простым перечислением принципов управления, попытаться компактно изложить их содержание и формы реализации. Правда, последние детально раскрыты в последующих разделах, при изложении соответствующих аспектов управленческой деятельности. Однако если бы автор хотя бы кратко сделал это в первой части книги, студентам, знающим содержание принципов управления, легче было бы понять границы и возможности их применения в современных условиях.

Удачной, на наш взгляд, является глава «Экономика и хозяйственное право». Здесь во многом по-новому рассмотрены, в частности, вопросы стабильности и динамизма нормативных актов (эти проблемы не часто излагаются в учебниках), показана необходимость создания в стране единого хозяйственного кодекса. Но композиционно этот раздел следовало дать сразу же вслед за рассмотрением методов управления, так как право закрепляет существующие методы управления экономикой. Кроме того, слишком сжато в этом разделе проанализированы функции управления, за исключением, может быть, только хозяйственно-организаторской функции государства.

При характеристике методов управления в качестве основных в книге названы административные, экономические методы, отмечено также значение социальных аспектов управления, социально-психологической базы управленческой деятельности, выбора правильного стиля руководства. Заслуживает поддержки стремление автора осветить широкий круг экономических методов. Отдельные главы посвящены планированию, экономическим интересам, хозяйственному расчету. И хотя учебное пособие вышло в свет до принятия постановления ЦК КПСС и Совета Министров СССР «Об улучшении планирования и усилении воздействия хозяйственного механизма на повышение эффективности производства и качества работы», основные идеи автора соответствуют тем направлениям совершенствования хозяйственного механизма, которые определены данным постановлением.

Много внимания А. Омаров уделяет вопросам хозяйственного расчета, раскрытию его сущности и принципов, при этом хозрасчет увязывается с эффективностью производства. Вместе с тем в тех главах, где эти вопросы затрагиваются, целесообразно было бы более подробно охарактеризовать особенности применения хозрасчетных принципов на разных уровнях управления производством (производственные объединения, промышленные объединения, отрасль в целом). К сожалению, в состав методов управления экономикой автор не включил экономико-математические методы и комплексный экономический анализ. Вряд ли следовало рассматривать в отдельных главах социальные аспекты управления и социально-психологическую базу управленческой деятельности. Эти вопросы тесно связаны, и их можно было бы объединить.

В книге исследуются вопросы формирования организационных структур, сочетания отраслевого и территориального управления, управления объединениями и предприятиями, использования принципов демократического централизма при построении организационных структур. При этом приводится обширный иллюстративный материал, детально показаны особенности организации управления в производственных и промышленных объединениях. Выводы, вытекающие из анализа этих вопросов, имеют как теоретическое, так и определенное практическое значение.

Вместе с тем ряд положений раскрыт не в полной мере. Так это относится к тезису о необходимости организационного обеспечения управления развитием группы однородных отраслей. В качестве органа, управляющего их развитием, «выступает, как правило, министерство, в рамках которого сосредоточена наибольшая часть объектов данной отрасли и которое располагает необходимым опытом» (с. 182). В связи с этим анализируется опыт социалистических стран. Как нам представляется, в данном случае проблема создания надведомственного органа не снимается. Во всяком случае, этот вопрос требует более детального анализа и других подходов к его решению. Не освещена в учебном пособии и проблема формирования органов управления территориально-производственными комплексами.

В теории и практике управления социалистической экономикой до сих пор мало внимания уделяется оценке труда работников управления, методике такой оценки, процедуре оценки деловых качеств руководителя. Отсюда вытекает актуальность вопросов определения критериев и показателей оценки качеств управленческого персонала, проведения аттестации кадров. Автор, излагая эти проблемы, подкрепил их интересным иллюстративным материалом, характеризующим процедуру оценки деятельности управленческого персонала и использование личных карточек работников при аттестации. Актуальна и постановка вопроса о преемственности кадров в управлении.

Специальный раздел книги посвящен технологии и технике управления. А. Омаров попытался рассмотреть вопросы организации управленческого труда, раскрыл основные направления НОТ в области управления, документационное обеспечение процесса управления, показал содержание нормирования труда и планирования численности управленческого персонала. Значительное место здесь отведено информационному обеспечению процесса управления и управленческих решений. Эти проблемы тесно взаимосвязаны. Автор приводит не только классификацию информации, но и доказывает, что управление по своей сущности — информационный процесс и средство для принятия оптимального решения и организации его выполнения. Однако в этом разделе, по нашему мнению, нарушена последовательность в изложении отдельных вопросов. Автор рассматривает здесь три функции управления — анализ, учет, контроль (с. 386) — в дополнение к тем, которые приведены ранее. Было бы более правильным, если бы автор привел в одной главе (например, второй главе первого раздела) формулировку всех функций управления в их совокупности, что послужило бы предпосылкой изложения методов управления экономикой.

Значительное место в учебном пособии отводится характеристике технических средств управления, видов АСУ, основных принципов и этапов их разработки. Однако предложенную автором иерархию АСУ по уровням вряд ли можно считать полной классификацией. На с. 410—412 раскрыты в основном организационные предпосылки АСУ, но не описаны (кроме АСУП) отраслевые, республиканские, функциональные, территориальные АСУ и ЕОГАС. Освещение этих вопросов приобретает практическое значение в связи с необходимостью усиления научной обоснованности управленческой деятельности и созданием в стране Единой общегосударственной автоматизированной системы управления.

Отмеченные критические замечания не умаляют достоинств работы. Это полезная книга по основам управления социалистической экономикой, которая способствует повышению уровня подготовки экономистов.

Х. Мурадова
Ташкент

А. А. ШАМОВ, Управление производством региона. М., «Советская Россия», 1979, 224 с.

Исследованию теории и практики управления социалистическим общественным производством посвящено немало работ, опубликованных в последнее время в нашей стране. И если их авторы уделяют достаточное внимание анализу теоретических, методологических и отраслевых аспектов управления народным хозяйством, то вопросы управления производством региона все еще изучены слабо. В рецензируемой книге рассматриваются те тенденции в экономике, развитие которых приводит к возрастанию роли территориальных факторов. В результате А. Шамов делает вполне обоснованный вывод: «Современная система управления и ее центральное звено — планирование должны очень четко улавливать воздействие территориальных факторов на процесс производства и достаточно полно отражать это влияние во всех основных элементах: целях, функциях, принципах, методах и т. д.» (с. 6—7).

В экономической литературе понятие территориального (регионального) управления имеет несколько значений, отражающих различное понимание исследователями данной категории,— это и управление всей совокупностью производств различного подчинения на территории региона, и управление производством местного подчинения, и управление процессами использования отраслевыми объединениями и предприятиями ресурсов территории и т. д. В связи с этим автор отмечает, что «любое управление не может не быть территориальным, так как всякая человеческая деятельность имеет пространственную протяженность и так или иначе основана на использовании атрибутов этого пространства» (с. 20). В то же время он обосновывает необходимость выделения двух аспектов в управлении производством региона: территориальное управление в собственном смысле и региональное управление.

Под территориальным управлением в книге понимается управленческая деятельность, осуществляемая на территории того или иного региона в соответствии с планами развития отдельных отраслей или ведомств,— регулирование использования ресурсов территории, создание и эксплуатация объектов инфраструктуры. Актуальность выделения такого аспекта в управлении производством региона вызвана самой практикой хозяйствования. В постановлении ЦК КПСС и Совета Министров СССР о совершенствовании хозяйственного механизма (июль 1979 г.) отмечается необходимость улучшить разработку проектов планов развития отраслей в территориальном разрезе. В связи с этим целесообразно обосновать территориальный разрез планов развития промышленных и производственных объединений и других звеньев народного хозяйства. Важна также задача выделения территориального разреза программно-целевого управления. Можно говорить и о территориальном аспекте управления межотраслевыми процессами.

Однако территориальное управление в собственном смысле отражает лишь отраслевой, ведомственный аспект управления производством региона. Между тем это производство как целостный социально-экономический организм требует адекватной системы управления. В качестве такой системы должно выступать региональное управление, которое, по мнению автора, интегрирует в рамках региона необходимые элементы и территориального и отраслевого управления и вместе с тем не равняется их сумме. «Региональное управление,— пишет А. Шамов,— можно охарактеризовать как народнохозяйственное, но суженное рамками региона и ограничениями, накладываемыми на него с той целью, чтобы реализация региональных интересов не противоречила осуществлению народнохозяйственных интересов» (с. 21).

Пока мы не можем с достаточной уверенностью утверждать, что сложившаяся система управления производством региона вполне рациональна и эффективна. Еще нередки, к сожалению, случаи ведомственной ограниченности и местничества. В книге приводится довольно много примеров этого. Но каковы направления совершенствования регионального управления? Важнейшим из них названа дальнейшая рационализация экономического районирования страны. Выявляя его недостатки, автор говорит о необходимости построения многоуровневой сетки экономических районов СССР, обоснованно отражающей как пространственные характеристики, так и временные горизонты экономического и социального развития народного хозяйства в целом и его отдельных региональных образований. Предлагается, в частности, четырехуровневая сетка экономических районов СССР, где каждый из уровней имеет свои горизонты предпланово-аналитических работ и свою проблематику этих работ. Автор считает, что такая сетка позволяет «переходить в процессе проведения предпланово-аналитических работ от глобальных, стратегических задач общественно-политического и социально-экономического развития страны в целом к конкретным задачам комплексного развития районов различных уровней народного хозяйства и обеспечить тем самым ритмичность и непрерывность планирования экономического и социального развития регионов по пятилеткам» (с. 52).

Можно спорить о «числе уровней» экономических районов, о степени их обоснованности, таксономии, о проблематике предпланово-аналитических работ на каждом уровне, но сейчас, когда идет перестройка планирования с расширением его горизонта до 20 лет и последующей декомпозицией на 10 лет и на пятилетку, необходимость совершенствования экономического районирования в рассматриваемом автором русле очевидна.

Региональная структура народного хозяйства нашей страны представлена различными, часто неповторимыми по своему своеобразию звеньями. Это объясняется историческими, социально-экономическими, национальными, природными и другими особенностями развития регионов СССР. А. Шамов предложил классификацию регионов народного хозяйства. Выделены следующие типы регионов: экономические районы; регионы, имеющие свою форму государственности; регионы, образованные в соответствии с административно-территориальным делением союзных республик; территориально-производственные комплексы. Для каждого из них сформулированы основные принципы организации управления производством.

По нашему мнению, ряд вопросов при рассмотрении этой классификации вызывает возражения. Весьма спорным нам представляется, например, отнесение всех регионов к производственным комплексам. Так, экономику, скажем, Северо-Кавказского экономического района, на территории которого находятся четыре автономные республики, два края и одна область, нельзя считать единым производственным комплексом, если, конечно, это понятие не толковать слишком широко. Вряд ли также правильно называть все регионы, имеющие свою форму государственности, национально-производственными комплексами. Поэтому разработка практически приемлемой классификации регионов страны все еще не завершена.

Эффективность региональной экономики определяется прежде всего тем, в какой мере она способствует повышению результативности использования ресурсов народного хозяйства в целом. Вместе с тем экономика отдельного района имеет свою внутреннюю структуру, отражающую объективные особенности его развития. Подчеркивая это, автор отмечает, что территориальная экономика не может быть достаточно эффективной, если внутренние пропорции хозяйства региона не будут обеспечивать его особого места в общественном разделении труда. Отсюда задача регионального управления — «найти свои звенья в цепочке отраслевых и межотраслевых связей, завязанных на вышестоящих уровнях, объединить на компактной территории эти звенья в производственный комплекс, соединяющий интересы отраслей и региона» (с. 134).

В книге на примере Дагестанской АССР показаны направления решения этой задачи, в частности, проанализированы пути совершенствования экономического и организационного механизма регионального управления, рассмотрены вопросы управления рациональным использованием трудовых ресурсов, подготовкой кадров управления, формированием на Каспийском побережье Дагестана рекреационного комплекса и др. При этом автор подчеркивает, что важнейшая задача повышения эффективности системы регионального управления — более полное использование регионами прав, которые предоставлены им Конституцией СССР, а также конституциями союзных и автономных республик. Решение ее создаст основу для достижения необходимого соответствия между отраслями и регионами, позволит разгрузить верхние уровни управления народным хозяйством от выполнения несвойственных им функций и даст возможность местным органам управления обеспечивать комплексное экономическое и социальное развитие региона с учетом конкретных условий ведения хозяйства на его территории. На наш взгляд, такая постановка проблемы правильна, так как многие негативные стороны организации регионального управления проистекают не из того, что региональные органы управления якобы не имеют достаточных прав, а из того, что они недостаточно полно их используют.

Рассматривая содержание рецензируемой работы, мы затронули лишь некоторые спорные моменты, содержащиеся в ней. Необходимо сказать и о недостатках книги.

Автор включил в сферу своего исследования широкий круг вопросов регионального управления, начиная от его теоретических основ и кончая, например, анализом структуры населения Дагестана или описанием курортной зоны Каспийского побережья республики. Отсюда ясно, что рассмотрение ряда проблем требовало большей глубины и обоснованности. Так, А. Шамов пишет о «возможности создания для отдельного экономического района, сформированного с учетом условий реально сложившихся ТПК, своего рода координационного органа» (с. 77). Однако обоснования необходимости создания такого органа в книге нет, не раскрыты также его задачи и функции, а указание на то, что «этот орган должен играть роль своеобразного связующего звена между отраслевыми министерствами и местными органами регионального управления» (с. 78), по существу, не раскрывает содержания вопроса.

То же самое можно сказать и о первых двух звеньях предлагаемой автором трехзвенной структуры управления территориально-производственными комплексами (с. 186). Вообще автор рассматривает больше организационный элемент регионального управления, чем такие его центральные звенья, как планирование и экономический механизм. Это в известной степени приводит к отрыву его предложений по совершенствованию организационной структуры управления от всей системы мер по улучшению управления региональной экономикой.

Экономика нашей страны представляет собой, как известно, единый народнохозяйственный комплекс, и управление им основано на использовании единых методов и форм социалистического хозяйствования. Вместе с тем закономерности регионального управления производством требуют учета в составе этих методов и форм социально-экономических, природных, национальных и других особенностей развития каждой республики, области, края и т. д. В книге на этот принцип организации регионального управления производством правильно обращается внимание, но реализовать его удается не всегда. В результате одни проблемы использования хозяйственного и организационного механизма в регионе не отражены в работе, а другие освещаются без достаточного учета региональных особенностей. Например, рассматривая экономический механизм регионального управления, автор говорит о необходимости использования «сложного инструментария планового воздействия на региональную экономику» (с. 141), однако из региональных проблем экономического механизма в книге освещены лишь некоторые вопросы совершенствования рентных платежей и платы за ресурсы.

За рамками исследования остался ряд важных аспектов улучшения экономических методов хозяйствования в регионе, в частности проблема учета в отраслевом механизме особенностей размещения предприятий и т. д. При анализе проблем программно-целевого управления мало места отводится региональным особенностям комплексных программ, а те признаки этих программ, которые выделены в монографии, характерны не только для региональных, но и для отраслевых и народнохозяйственных программ. Слабо выражен региональный аспект в освещении проблемы кадров.

Существенным недостатком рецензируемой книги является то, что в ней почти полностью обойдены вопросы управления развитием некоторых социальных процессов. Руководство многими из них невозможно без совершенствования управления в регионе в целом. Ведь развитие производства в любом районе предполагает адекватный уровень решения социальных проблем, связанных с удовлетворением работающих и членов их семей в жилье, медицинском обслуживании, образовании, досуге и отдыхе. Об этих вопросах А. Шамов говорит лишь мимоходом.

В целом рецензируемая монография — интересное исследование, которое можно рекомендовать широкому кругу читателей.

В. Рутгайзер

«Экономика торговли». Под ред. проф. А. И. Покровского. М., «Экономика», 1980, 392 с.

Рецензируемый учебник предназначен для студентов экономических факультетов торговых вузов. В нем отражены последние разработки в области теории сферы обращения товаров, а также результаты анализа практики торговли, в частности вопросы прогнозирования потребительского спроса, планирования товарного обеспечения, совершенствования форм хозяйственных связей с промышленностью, использования прогрессивных методов обслуживания, внедрения новой техники, усиления роли материального и морального стимулирования. Таким образом, в него включен ряд новых вопросов, постановка которых связана с вступлением нашей экономики в этап развитого социализма.

Во введении подчеркивается значение дальнейшего развития хозрасчетных отношений в торговле. Заслуживают внимания изложение в учебнике в свете последних решений партии и правительства по улучшению планирования и экономического стимулирования развития народного хозяйства механизма и принципов руководства торговлей, освещение методологии разработки отраслевого плана экономического и социального развития, его увязки во временно́м, программно-целевом и пространственном разрезах, характеристика роли торговли в едином народнохозяйственном комплексе страны. Здесь раскрыты также содержание экономических методов планового руководства, пути его совершенствования и вопросы социального планирования в торговых организациях.

Теоретически глубоко рассмотрена тема «Формирование потребностей и спрос на товары народного потребления». Автор четко характеризует категории потребности и спроса, показывает их сущность. Нам представляется правильным выдвигаемое им положение о том, что комплекс всех объективных и субъективных условий, определяющих поведение покупателя, должен формироваться при активном воздействии со стороны социалистического общества. Особое место при этом отводится анализу потребностей населения в товарах, характеристике методов изучения покупательского спроса. В учебнике приведены конкретные примеры расчета объема и структуры спроса, дана оценка степени его удовлетворения.

Всесторонне изложена в книге тема, посвященная товарным ресурсам. В нее включены вопросы закупок сельскохозяйственных продуктов, расширения производства товаров народного потребления, планирования фондов товаров для населения, а также развития хозяйственных связей торговли с поставщиками. При этом раскрыты категории товарного предложения, его определяющие факторы, а также система измерения его величины. Такой подход способствует лучшей экономической подготовке студентов.

Следует отметить, что с введением новой программы курса существенно изменено изложение темы «Цены на товары народного потребления». Так, выделен самостоятельный вопрос, которого не было в предыдущих учебниках — «Цены на товары и спрос населения». При его рассмотрении отражены взаимосвязи цены и спроса, а также способы измерения таких связей. Здесь показано значение временных цен на новые товары, аргументируется необходимость обеспечения большей гибкости цен.

Составной частью розничного товарооборота является оборот общественного питания. В учебнике этим вопросам посвящена самостоятельная глава, что позволило, хотя и лаконично, показать значение общественной формы приготовления пищи, ее эффективность.

Хотелось бы обратить внимание на то, что в главе «Оптовый товарооборот» подробнее, чем прежде, рассматриваются факторы, определяющие звенность товародвижения и соотношения складского и транзитного оптовых оборотов. Много места отводится планированию товарных запасов в оптовых торговых предприятиях в увязке с планированием состава оптового товарооборота по формам товародвижения и условиям формирования товарных запасов в розничной торговле. Впервые в учебнике для торговых вузов рассматриваются методология оптимального планирования товарных запасов и звенность товародвижения на основе целевой функции — минимизации совокупных затрат по завозу и хранению товаров в оптовых торговых звеньях.

Глава «Основные фонды и капитальное строительство» также существенно отличается от аналогичных разделов ранее изданных учебников. Автор, опираясь на постановление ЦК КПСС и СМ СССР от 12 июля 1979 г., по-новому излагает вопросы планирования развития материально-технической базы торговли, капитального строительства, рекомендует расширить круг показателей экономической эффективности капитальных вложений. Методы определения экономической эффективности капитальных вложений раскрываются с народнохозяйственных позиций, с учетом показателя национального дохода, созданного в торговле, и его соизмерения с объемом капитальных вложений.

Надо подчеркнуть, что в учебнике особое внимание уделяется возрастанию роли торговли в удовлетворении спроса населения, сокращению издержек потребления и увеличению свободного времени как важного фактора роста производительности общественного труда. В нем отражена и такая социально-экономическая категория, как эффективность труда.

При изложении вопросов экономики труда показаны изменения в работе экономических служб по анализу и планированию труда, заработной платы и издержек обращения в торговле. Надо отметить стремление автора раскрыть сущность и возрастающее значение труда работников торговли в развитом социалистическом обществе, акцентировать внимание на важности управления затратами труда для достижения высоких конечных результатов отрасли. Специфика торговли, ее особая роль в контактах с покупателем обусловливают необходимость оценки и социального результата труда, качества обслуживания населения. Автор характеризует методику определения социально-экономической эффективности труда, излагает требования, предъявляемые к уровню обслуживания населения. При этом четко прослеживается связь роста производительности труда в торговле с качеством обслуживания населения на основе научно-технического прогресса.

Вместе с тем при изложении данных вопросов допущены определенные неточности. Автор утверждает, что «под производительностью труда в торговле следует понимать объем товарооборота, дополнительных торговых услуг или других работ, приходящихся на одного среднесписочного работника в единицу времени» (с. 242—243). Вряд ли можно согласиться с этим. Здесь поставлен знак равенства между критерием и показателем. Нам представляется, что под производительностью труда в отрасли следует понимать продуктивность, эффективность целесообразной деятельности работников торговли при реализации товаров и услуг. Что касается объема товарооборота, приходящегося на одного работника, то это показатель, а не критерий уровня производительности труда в торговле.

Следует отметить, что по сравнению с ранее изданными учебниками в главе «Торговые и оптово-сбытовые скидки» более полно раскрыта экономическая природа скидок. Справедливо подчеркивается их связь с национальным доходом, создаваемым в сфере обращения, указывается, что в соответствующей части торговая скидка представляет часть прибавочного продукта, создаваемого в промышленности и сельском хозяйстве.

На высоком уровне написан также параграф «Прибыль и рентабельность торговли». Теоретический аспект проблемы здесь рассмотрен весьма подробно. Нельзя не согласиться с тем, что автор включил в прибыль не только часть стоимости прибавочного продукта, но и часть необходимого продукта, поскольку премирование работников торговли все более осуществляется за счет фонда материального поощрения, создаваемого из прибыли. В связи с этим особенно актуальным является проработка вопросов планирования прибыли на основе использования приемов экономико-статистического анализа.

В целом правильно и доходчиво изложены вопросы планирования финансов.

В учебнике есть отдельные недостатки. На наш взгляд, в нем слабо освещены вопросы колхозной и комиссионной торговли. Более того, значение колхозной торговли, рынка в удовлетворении потребностей населения в продукции сельского хозяйства явно принижено. По мнению авторов, колхозный рынок «носит подсобный характер, и его роль в общем рыночном обороте незначительна» (с. 17—18). Если рассматривать его с учетом доли в товарообороте, то это действительно так. В 1979 г. удельный вес колхозного рынка в общем объеме товарооборота составил 2,6%, или 6,9 млрд. руб. Но по продовольственным товарам эта цифра возрастает уже до 4,7%. Доля картофеля, реализуемого на рынке, по нашим расчетам, составляет около 35% общей его продажи.

Колхозная торговля продолжает играть существенную роль в снабжении населения сельскохозяйственной продукцией. Ее целесообразно расширять. Развитие колхозной торговли повышает материальную заинтересованность колхозов, колхозников и других лиц, имеющих личное подсобное хозяйство, в расширении производства картофеля, овощей и других продуктов питания. Поэтому вопросам колхозной торговли в учебнике целесообразно было посвятить специальную главу.

Важную роль в экономии общественного труда, материальных ресурсов играет комиссионная торговля непродовольственными товарами. Достаточно сказать, что только в Москве в 1980 г. комиссионными магазинами продано различных изделий на общую сумму 129 млн. руб. Этот вид торговли также целесообразно всемерно расширять, что требует соответствующей учебно-методической базы для подготовки специалистов.

Отдельные формулировки, цифры нуждаются в уточнении. Так, авторы отмечают: «Экономика социалистической торговли — это отраслевая наука, предметом изучения которой являются экономические отношения, возникающие в процессе перехода товаров из сферы производства в сферу обращения, движения их внутри этой сферы и реализации для целей коллективного и личного потребления...» (с. 8). Едва ли правильно здесь на первое место ставить коллективное потребление.

Один из авторов учебника пишет: «Величина фонда поощрения поставлена в прямую зависимость от роста розничного товарооборота в плановом году» (с. 53). Это правильно, но недостаточно полно характеризует величину этого фонда, который, кроме того, прямо зависит и от прибыли. Нельзя также рассматривать «общественное питание как отрасль народного хозяйства» (с. 169). Между тем общесоюзным классификатором отраслей народного хозяйства «торговля и общественное питание» определены как одна отрасль.

В учебнике отмечается, что для предприятий, торгов, объединений в разделе по труду и заработной плате «устанавливаются задания по росту производительности труда» (с. 71). Данное положение не соответствует действительности, такие задания не планируются.

Неправильно писать, что «нормы по труду включают нормы выработки продавцов...» (с. 57). Таких норм не существует. В соответствии с действующим положением для продавцов и других категорий работников, занятых обслуживанием покупателей, разрабатываются нормативы численности. Отдельные цифры, относящиеся к одному и тому же показателю (например, торговой выручке), на разных страницах имеют разное значение (с. 69 и 334).

Указанные недостатки носят частный характер. В целом учебник соответствует современным требованиям подготовки квалифицированных специалистов для советской торговли.

Е. Данилов

А. К. КОШАНОВ, Индустриальный прогресс Казахстана в период развитого социализма. Алма-Ата, «Наука», 1979, 301 с.

Закономерности формирования индустриальной структуры общественного производства в региональном аспекте являются одной из основных тем экономических исследований. Особую актуальность в этом отношении представляют исследования историко-экономического плана, ибо в этом случае теоретические выводы опираются на конкретный обширный материал, а само развитие экономики предстает как процесс во всем его многообразии не только с чисто технологической, но и с социально-экономической стороны.

С этой точки зрения монография А. Кошанова является актуальным и полезным исследованием, восполняющим определенный пробел в литературе, ибо процесс формирования и развития современной материально-технической базы в одном из крупнейших промышленных районов СССР — Казахстане не получил еще достаточного отражения. Это важно как с общетеоретических позиций использования опыта Казахстана в других союзных республиках, так и с точки зрения его реализации в развивающихся странах, находящихся в сходных хозяйственных условиях.

Широкий круг вопросов формирования многоотраслевого индустриального комплекса в союзных республиках как всеобщей формы функционирования производительных сил развитого социализма на всей территории страны рассмотрен в первой главе. Анализируя индустриальный рост союзных республик как неотъемлемую часть общего процесса по укреплению единой материально-технической базы развитого социализма, автор исследует роль союзных республик, в частности Казахской ССР, в этом процессе. Глава завершается показом все более возрастающей роли восточных районов в индустриальном прогрессе страны.

Во второй главе дается обобщенная характеристика закономерностей и региональных особенностей темпов роста промышленности. В 60—70-е годы Казахстан превратился в один из крупнейших экономических районов страны, который по своему индустриальному потенциалу теперь уступает лишь РСФСР и Украине. Темпы фондооснащения промышленности за 1960—1977 гг. опережали общесоюзный показатель в 1,53 раза. В этом отразились не только то преимущественное внимание, которое уделяется разностороннему развитию производительных сил республики, но и целенаправленная политика по планомерному сближению и выравниванию уровней технико-экономического развития республик и районов при всеобщем укреплении и совершенствовании материально-технической базы развитого социализма. Особое внимание автор уделяет вопросам формирования прогрессивной отраслевой структуры и структурной политики как самостоятельного фактора экономического роста.

В третьей главе рассматриваются рациональные пути совершенствования отраслевой структуры промышленности Казахстана. Общие закономерности и специфические особенности индустриального роста, этапы и проблемы формирования развитой отраслевой структуры раскрываются в органической связи с динамикой и совершенствованием основных пропорций промышленности.

В книге разносторонне обосновывается объективность процесса дальнейшего выравнивания уровней экономического и социального развития союзных республик и районов. Союзная республика, крупный район рассматриваются как подсистемы единого народнохозяйственного комплекса, а суть проблемы выравнивания сводится к максимальному сближению районных уровней развития производительных сил и постепенному выравниванию на этой основе условий и предпосылок жизнедеятельности трудящихся.

В целом монография представляется серьезным исследованием новых аспектов проявления закономерностей и проблем индустриального роста одной из крупных союзных республик в условиях развитого социализма. Теоретические обобщения материалов по такой республике с многосторонне развитой промышленностью, как Казахстан, вполне репрезентативны для получения общих выводов по экономике республик и регионов.

Е. Рогов

ЛИТЕРАТУРА ИЗДАТЕЛЬСТВА «ЭКОНОМИКА» В 1981 г.

Показ достижений советской экономической науки и хозяйственной практики за годы десятой пятилетки, анализ путей решения задач на новом этапе коммунистического строительства, сформулированных в документах XXVI съезда КПСС, определяют основное содержание литературы издательства «Экономика» в 1981 г.

В книге «Стратегия экономического развития СССР на современном этапе», подготовленной коллективом авторов под руководством д. э. н. Кириченко В. Н., рассматриваются принципиальные установки XXVI съезда КПСС по вопросам экономической и социальной политики, их взаимосвязь с положениями предыдущих съездов партии и новые задачи, вытекающие из особенностей экономического и социального развития в одиннадцатой пятилетке и на период до 1990 г. Особое внимание уделяется реализации курса на интенсификацию общественного производства, принятого в 70-х годах, который и сейчас является стержнем технической и экономической политики Советского государства. Под этим углом зрения исследуются вопросы совершенствования отраслевой структуры производства, развития топливно-энергетического комплекса, машиностроения, агропромышленного комплекса. При характеристике социальных аспектов экономической стратегии партии анализируются пути повышения эффективности использования трудовых ресурсов, основные мероприятия по повышению уровня жизни трудящихся, намеченные на перспективу, совершенствование структуры потребления, развитие непроизводственной сферы.

Комплексному исследованию материального и культурного уровня жизни населения СССР на современном этапе и в перспективе посвящена монография д. э. н. Саркисяна Г. С. «Народное благосостояние в СССР». Теоретический аспект темы сочетается в ней с освещением конкретных направлений повышения благосостояния народа. Вопросы уровня и образа жизни советских людей рассматриваются в неразрывной связи с развитием экономики, темпами ее роста, эффективностью производства и его структурой, производительностью труда, потребительскими ресурсами общества. При этом благосостояние людей — не только цель и результат роста экономики, но и фактор, стимулирующий ее развитие. Основное внимание в книге уделяется анализу тенденций, темпов и пропорций, путей и методов повышения народного благосостояния.

Для повышения уровня жизни трудящихся на базе динамичного развития экономики, роста производительности труда и улучшения качества продукции важное значение имеет осуществление общегосударственных мероприятий по повышению заработной платы и совершенствованию ее организации. В книге д.э.н. Кунельского Л. Э. «Заработная плата и стимулирование труда (социально-экономический аспект)» излагаются вопросы теории заработной платы, показано ее место в системе расширенного воспроизводства совокупного валового продукта и в общественных отношениях развитого социализма. В монографии анализируются особенности использования заработной платы в современных условиях для обеспечения оптимального сочетания индивидуальных, коллективных и общественных интересов при решении основных социально-экономических задач коммунистического строительства, раскрывается значение заработной платы как главного источника роста доходов трудящихся и важнейшего материального стимула повышения эффективности производства.

В 1981 г. издательство опубликует ряд работ по проблемам развития и совершенствования территориальной организации производительных сил страны на современном этапе. Так, в подготовленной научными сотрудниками СОПСа при Госплане СССР под редакцией акад. Некрасова Н. Н. и к. г. н. Адамеску А. А. в книге «Территориально-производственные комплексы СССР» обобщаются материалы теоретических исследований и практических разработок проблем создания и развития ТПК: определены принципы формирования ТПК, научные основы управления ими, показано значение ТПК для совершенствования территориальных пропорций, повышения эффективности капитальных вложений и роста производительности общественного труда, рассмотрена система показателей оценки народнохозяйственной эффективности ТПК. В монографии исследуются особенности формирования крупных ТПК в различных районах страны: Сибири, Дальнем Востоке, Европейской части СССР.

Достигшее огромных масштабов общественное производство, непрерывно развивающееся жилищно-коммунальное хозяйство предъявляют все больший спрос на топливо и энергию, в результате чего повышается роль топливно-энергетического комплекса в экономике страны. Этой проблеме посвящена книга коллектива авторов «Топливно-энергетический комплекс СССР». В ней анализируется состояние топливно-энергетического комплекса, обосновываются направления развития составляющих его отраслей, показаны тенденции научно-технического прогресса в добыче и транспортировании топлива и в электроэнергетике, принципы формирования Единой электроэнергетической системы СССР. Большое внимание уделяется вопросам охраны природной среды, борьбы с потерями топлива и энергии, использования новых источников энергии.

Важное место в литературе издательства занимают проблемы освоения природных ресурсов в тесной взаимосвязи с охраной окружающей среды. В монографии члена-корр. АН УССР Мелешкина М. Т. «Экологические проблемы Мирового океана» сформулированы принципы подхода к экономическому освоению Мирового океана, теоретические основы прогнозирования развития морских экологических систем, освещены вопросы экономико-экологического исследования морской среды. В ней излагаются вопросы эффективности капитальных вложений в освоение и охрану морской среды, методы экономической оценки ущерба от загрязнения океана.

Вопросы прогнозирования и планирования природоохранных мероприятий разрабатываются в коллективной монографии под редакцией д.э.н. Гофмана К. Г. и к.э.н. Гусева А. А. «Охрана окружающей среды. Модели социально-экономического прогноза». В ней раскрываются методические принципы составления прогноза экономических последствий воздействия хозяйственной деятельности на природную среду, предлагаются пути совершенствования использования природно-ресурсного потенциала.

Управлению научно-техническим прогрессом посвящена монография д.э.н. Зыкова Ю. А. и к.э.н. Даугелы В. К. «Проблемы развития управленческой техники. Методологические аспекты планирования». В книге предлагается методика прогнозирования научно-технического прогресса в области средств обработки информации и учета его социально-экономических последствий. Большое внимание уделено тенденциям развития таких видов техники за рубежом и учету этих тенденций при разработке вариантов стратегии развития управленческой и информационной техники в нашей стране.

Содержание научно-технической и производственной интеграции на основе организации научно-производственных объединений раскрывается в коллективной монографии под редакцией д.э.н. Русинова Ф. М. и к.э.н. Покровского В. А. «НПО: формирование, развитие, эффективность». В книге освещены методические и организационные вопросы функционирования научно-производственных объединений, исследуется экономический механизм управления научно-техническими разработками в условиях объединений. Важное место отводится прогнозированию и планированию деятельности НПО, ее эффективности, оценке результатов коллективного труда научных и обслуживающих подразделений.

Ряд работ посвящен анализу проблем и накопленного опыта реализации постановлений ЦК КПСС и Совета Министров СССР по совершенствованию хозяйственного механизма. Политико-экономические аспекты этой темы рассмотрены в монографии д.э.н. Медведева В. А. «Социалистическое производство. Политико-экономическое исследование». Правовые проблемы совершенствования хозяйственного механизма социалистического общества изложены в работе члена-корр. АН СССР Лаптева В. В. «Экономика и право. Теория и практика правового регулирования хозяйственных отношений». В книге раскрыты правовые аспекты совершенствования народнохозяйственного планирования, экономического стимулирования развития производства.

Вопросы организации и планирования хозяйственных отношений освещаются в монографии к.э.н. Селиванова А. И., к.э.н. Садреевой А. Х. «Прямые длительные хозяйственные связи». В ней показаны экономическая сущность прямых длительных хозяйственных связей между предприятиями-потребителями и изготовителями по поставкам продукции производственно-технического назначения, а также длительных хозяйственных связей между поставщиками и снабженческо-сбытовыми организациями по поставкам продукции на базы и склады этих организаций. С использованием интересных фактических материалов охарактеризовано развитие и эффективное функционирование этих связей. Особое внимание уделено проблеме дальнейшего совершенствования и повышения эффективности таких связей на основе долгосрочных хозяйственных договоров между предприятиями.

Разработка методики определения влияния новой техники на эффективность деятельности объединений и предприятий, анализ ее народнохозяйственной и хозрасчетной эффективности — тема монографии д.э.н. Зайцева Б. Ф. «Планирование и эффективность технического развития объединения». В ней предложен метод планирования технического развития объединения, который предусматривает определение долговременных целей, разработку комплексных программ, необходимость увязки заданий плана технического развития с другими разделами техпромфинплана.

Анализу условий труда в развитом социалистическом обществе посвящена монография д. э. н. Макушина В. Г. «Совершенствование условий труда на промышленных предприятиях. Социально-экономические проблемы». На основе фактических данных показано, как практически используются достижения в различных областях науки и техники в целях создания здоровых и безопасных условий труда, сокращения сферы применения труда в неблагоприятных условиях. Много места отводится вопросам влияния улучшения условий труда на повышение экономической эффективности производства.

Развитие бригадной организации труда в промышленности страны исследуется в книге Гудскова А. К., Левина А. Э., Уваровского М. А. «Производственная бригада: организация, нормирование и оплата труда». В ней изложен передовой опыт по совершенствованию бригадной организации и оплаты труда ряда машиностроительных предприятий Украины. Рассматриваются вопросы планирования в организации работы по НОТ в бригаде, методы расчетов при распределении заработка, учитывающие коллективную заинтересованность, организация социалистического соревнования в бригаде, морального и материального стимулирования высокого качества работы.

В 1981 г. будет продолжен выпуск брошюр по пропаганде передового производственного опыта, проблемам развития социалистического соревнования в сериях «Передовые методы хозяйствования, труда, управления» и «Социалистическое соревнование на современном этапе».

Среди книг по актуальным проблемам развития сельского хозяйства следует отметить монографию к.э.н. Охримчука А. И. «Развитие производительных сил сельского хозяйства: проблемы и перспективы», в которой раскрывается место производительных сил сельского хозяйства в едином народнохозяйственном комплексе страны. Особое внимание уделяется изучению влияния основных производственных фондов на повышение эффективности сельскохозяйственного производства, изменение характера труда, исследованию различных форм специализации и концентрации сельскохозяйственного производства на базе межхозяйственной кооперации и агропромышленной интеграции, определению путей повышения функционирования различных агропромышленных формирований.

В числе работ, в которых исследуются важнейшие проблемы развития отраслей нематериального производства, монография д.э.н. Дарбиняна М. М. «Торговля: совершенствование планирования и хозяйствования». В ней рассматриваются пути совершенствования плановой работы в отрасли: улучшение порядка разработки годовых и перспективных планов экономического и социального развития торговых организаций, обеспечение сбалансированности спроса и предложения, преодоление дефицита некоторых товаров, совершенствование системы показателей оценки хозяйственной деятельности торговых предприятий и отрасли в целом. В книге анализируются проблемы развития хозрасчета как на уровне отрасли, так и отдельных предприятий, взаимоотношения торговли с промышленностью, финансовой и кредитной системой.

В течение года будут опубликованы книги для системы экономического образования. Намечен выпуск пяти работ под общей редакцией д.э.н. Белоусова Р. А. и д.э.н. Омарова А. М. в серии изданий «Научные основы управления социально-экономическими процессами». Будут также выпущены переработанные издания четырех учебных пособий: под редакцией д. э. н. Лебедева В. Г. «Управление научно-техническим прогрессом», под редакцией д. э. н. Егиазаряна Г. А. «Научно-технический прогресс и эффективность производства», под редакцией акад. ВАСХНИЛа Рунчева М. С. «Управление научно-техническим прогрессом в сельском хозяйстве», под редакцией к. э. н. Емельянова А. М. «Научно-технический прогресс и эффективность сельскохозяйственного производства». Для пропагандистов и широкого круга читателей издательство готовит серию брошюр по пропаганде решений XXVI съезда КПСС под общим названием «Экономика СССР: 1981—1985 годы».

Будет продолжен выпуск литературы по актуальным проблемам экономического сотрудничества социалистических стран. В монографии д.э.н. Кормнова Ю. Ф. «Международная социалистическая специализация и кооперация» рассматривается проблема хозяйственного сотрудничества социалистических стран, анализируется и обобщается опыт производственной специализации и кооперации как базы экономической интеграции. В книге излагаются вопросы формирования производственно-экспортного профиля социалистических стран в рамках международного социалистического разделения труда, проблемы экономической эффективности международной специализации и кооперации производства. Значительное место отведено вопросам совершенствования экономического механизма производственно-экономического сотрудничества.

В коллективном исследовании ученых СССР, НРБ, ВНР, ГДР, ПНР и ЧССР «Психологические аспекты управления», выпускаемом совместно с издательством «Ди Виртшафт» (ГДР), комплексно раскрываются теоретические и практические вопросы подготовки, повышения квалификации и оценки качеств хозяйственных руководителей.

Широка и разнообразна тематика подготавливаемых переводных изданий. В их числе книга Коциолека Г. «Воспроизводство и национальный доход» (ГДР), коллективная монография ученых-экономистов ВНР под редакцией Августинович М. «Народнохозяйственные модели в долгосрочном планировании», работа Саболчика М. «Цены в системе планового управления» (ЧССР). Будут изданы также книги Оппенлендера К. «Технический прогресс: воздействие, оценки, результаты» (ФРГ), Низа А. «Экономика и окружающая среда» (Великобритания), работа коллектива авторов под редакцией Пирса Д. (Великобритания) и Уолтера И. (США) «Использование вторичных ресурсов. Экономические аспекты».

Издательство выпустит также значительное количество учебной и справочной литературы, книги по вопросам торговли, товароведения, общественного питания и потребительской кооперации.

И. Исаченко

НОВЫЕ КНИГИ ПО ЭКОНОМИКЕ

А. П. АЛЕХИН, Основы отраслевого управления народным хозяйством. Издательство Московского университета, 1980 г., 296 стр.

Э. АЛИКУЛОВ, Основное производственное отношение и основной экономический закон социализма. Проблемы методологии и теории. Ташкент, 1980 г., 195 стр.

И. Е. АРТЕМЬЕВ, Американский капитализм и передача технологии. Международно-экономические аспекты. Издательство «Наука», 1980 г., 190 стр.

К. А. БАГРИНОВСКИЙ, Н. Е. ЕГОРОВА, В. В. РАДЧЕНКО, Имитационные модели в народнохозяйственном планировании. Издательство «Экономика», 1980 г., 199 стр.

П. Е. БЕЛЕНЬКИЙ, М. А. КОЗОРИЗ, Технико-экономическое управление качеством продукции в объединении. Львов, 1980 г., 151 стр.

Н. Д. БЕЛЫЙ, Управление качеством продукции (Планирование, стимулирование, НОТ). Ташкент, 1980 г., 239 стр.

А. Я. БОЯРСКИЙ, Д. И. ВАЛЕНТЕЙ, А. Я. КВАША, Основы демографии. Учебное пособие для вузов. Издательство «Статистика», 1980 г., 295 стр.

П. Г. БУНИЧ, Хозяйственный механизм развитого социализма. Сущность, структура, проблемы и перспективы. Издательство «Наука», 1980 г., 351 стр.

Е. Я. ВИТТЕНБЕРГ, В. З. ДРОБИЖЕВ, Рабочий класс и профсоюзы СССР. Критика буржуазных и ревизионистских концепций. Профиздат, 1980 г., 359 стр.

«Вопросы статистической методологии и статистико-экономического анализа». Материалы Всесоюзного научного совещания. Редколлегия: В. Е. Адамов и др. Издательство «Статистика». 1980 г., 208 стр.

А. М. ВОРОНОВ, Проблемы научно-технического прогресса. Издательство «Экономика», 1980 г., 151 стр.

Н. В. ГАРЕТОВСКИЙ, Экономические рычаги и эффективность производства. Издательство «Финансы», 1980 г., 222 стр.

Н. А. ГОРЕЛОВ, Экономика трудовых ресурсов. Учебное пособие для вузов. Издательство «Высшая школа», 1980 г., 327 стр.

Т. П. ГРИНЧЕЛЬ, Планирование «жизненного цикла» промышленной продукции. На примере машиностроения. Издательство Ленинградского университета, 1980 г., 142 стр.

Г. И. ЗИНЧЕНКО, А. Н. ПОПОВ, Социалистический труд и качество работы. Издательство «Мысль», 1980 г., 188 стр.

В. Г. ЗОЛОТОГОРОВ, Экономическое обоснование эффективности капитальных вложений и новой техники в лесной промышленности. Минск, 1980 г., 159 стр.

«Имитационные модели в демографии». Сборник статей. Под ред. А. Г. Волкова. Издательство «Статистика», 1980 г., 207 стр.

А. В. КАЛИНКИНА, В. В. КОЧЕРГИН, Комплексное планирование производства и капитальных вложений в сельском хозяйстве. Издательство «Колос», 1980 г., 208 стр.

Н. Я. КЛЕПАЧ, В. М. КУЗНЕЦОВ, Экономические функции социалистического соревнования. Издательство «Мысль», 1980 г., 232 стр.

А. П. КЛИМОВ, Потребительская кооперация в системе развитого социализма. Издательство «Экономика», 1980 г., 207 стр.

З. П. КОРОВИНА, Эффективность производства, новой техники, капитальных вложений. Издательство «Экономика», 1980 г. 199 стр.

«Кризис современной буржуазной политэкономии». Отв. ред. А. Г. Милейковский, Ш. Геретик, И. М. Осадчая. Издательство «Мысль» — Братислава. Издательство «Правда», 1980 г., 287 стр.

П. И. КУЛИГИН, Хозрасчет и его развитие в зарубежных странах СЭВ. Издательство «Наука», 1980 г., 232 стр.

И. МАКАРОВ, В. СОКОЛОВ, А. АБРАМОВ, Целевые комплексные программы. Издательство «Знание», 1980 г., 135 стр.

В. А. МАТУСЕВИЧ, Потребительская кооперация в агропромышленном комплексе страны. Издательство «Экономика», 1980 г., 175 стр.

«Международный рынок СЭВ в условиях интеграции». Коллективная монография. Отв. ред. В. М. Шаститко. Издательство «Наука», 1980 г., 238 стр.

«Методология и методика системного изучения советской деревни». Коллективная монография. Отв. ред. Т. И. Заславская и Р. В. Рывкина. Новосибирск, 1980 г., 344 стр.

«Механизация труда. (Анализ, планирование и управление)». Авторы Е. Г. Яковенко и др. Издательство «Экономика», 1980 г., 151 стр.

М. Г. МУТАЛИМОВ, Закон распределения по труду и его использование в развитом социалистическом обществе. Минск, 1980 г., 223 стр.

«Народное хозяйство РСФСР в 1979 г.». Статистический ежегодник. Издательство «Статистика», 1980 г., 391 стр.

«Обращение средств производства в условиях социалистического хозяйствования. Вопросы теории и практики». Коллективная монография. Под ред. В. С. Куротченко. Издательство «Экономика», 1980 г., 215 стр.

А. М. ОМАРОВ, Социалистический трудовой коллектив. Политиздат, 1980 г., 112 стр.

«Оптимизация функционирования социалистической экономики. Учебное пособие для вузов». Под ред. С. С. Шаталина. Издательство Московского университета, 1980 г., 288 стр.

«Организация управления промышленным производством». Учебник для вузов. Под ред. О. В. Козловой, С. Е. Каменицера. Издательство «Высшая школа», 1980 г., 399 стр.

В. Ф. ПАВЛЕНКО, Межотраслевые комплексы Средней Азии. Издательство «Мысль», 1980 г., 155 стр.

«Проблемы использования и охраны природных ресурсов Сибири». Сборник статей. Отв. ред. В. Н. Сакс. Новосибирск, 1980 г., 132 стр.

«Прошлое и настоящее демографии». Главный ред. Д. И. Валентей. Издательство «Статистика», 1980 г., 103 стр.

«Региональные проблемы и территориальное планирование в социалистических странах». Сборник переводных статей. Под ред. Н. Н. Некрасова и Ю. С. Ширяева. Вып. 3. Издательство «Прогресс», 1980 г., 328 стр.

Л. М. САТУНОВСКИЙ, Показатели эффективности общественного производства. Издательство «Статистика», 1980 г., 176 стр.

«Сибирь в едином народнохозяйственном комплексе». Коллективная монография. Редколлегия: А. Г. Аганбегян и др. Новосибирск, 1980 г., 336 стр.

А. Ф. СИДОРОВ, Проблемы производительности труда в сельском хозяйстве. Издательство «Высшая школа», 1980 г., 176 стр.

С. А. СМОЛЯК, Б. П. ТИТАРЕНКО, Устойчивые методы оценивания. (Статистическая обработка неоднородных совокупностей). Издательство «Статистика», 1980 г., 208 стр.

«Совершенствование хозяйственного механизма». Сборник статей. Издание 3-е. Минск, 1980 г., 280 стр.

«Совершенствование хозяйственного механизма и эффективность производства». Коллектив авторов. Под ред. И. И. Мокана. Кишинев, 1980 г., 263 стр.

«Созидательная сила соревнования». Сборник статей. Составитель Т. М. Дерницына. Издательство «Московский рабочий», 1981 г., 240 стр.

«Соревнование за высокую эффективность и качество. Пятилетка, год пятый». Под ред. А. Ф. Румянцева. Издательство «Правда», 1970 г., 271 стр.

«Социалистическая экономическая интеграция. Основные положения и задачи». Авторы: Г.-Х. Хаупт и др. Сокращенный перевод с немецкого. Под ред. и с предисловием И. П. Олейника. Издательство «Экономика», 1980 г., 167 стр.

«Социалистическое расширенное воспроизводство. Вопросы экономической теории и политики». Под ред. К. И. Микульского. Издательство «Мысль», 1980 г., 399 стр.

«Социально-демографическое развитие села. Региональный анализ». Под ред. Т. И. Заславской и И. Б. Мучника. Издательство «Статистика», 1980 г., 343 стр.

«Статистический ежегодник стран — членов Совета Экономической Взаимопомощи. 1980 г.». Издательство «Статистика», 1980 г., 496 стр.

«Структура и кадры управления (Вопросы теории и практики)». Авторы: В. Г. Иванов и др. Киев, 1980 г., 263 стр.

И. П. СУСЛОВ, М. И. ТУРАВА, Методология статистических сравнений. Издательство «Статистика», 1980 г., 208 стр.

«США: организация государственных программ». Коллектив авторов. Отв. редактор Л. И. Евенко. Издательство «Наука», 1980 г., 408 стр.

«Теоретические народнохозяйственные модели». Отв. ред. К. К. Вальтух. Новосибирск, 1980 г., 336 стр.

Н. Ф. ТИМЧУК, Город и район. Регулирование комплексного развития. Издательство «Экономика», 1980 г., 159 стр.

Н. А. УШАКОВА, Страны СЭВ и развивающиеся государства социалистической ориентации: экономическое сотрудничество. Издательство «Наука», 1980 г., 183 стр.

«Финансы предприятий и отраслей народного хозяйства». Учебник для вузов. Под ред. Н. Г. Сычева. 3-е издание, переработанное и дополненное. Издательство «Финансы», 1980 г., 415 стр.

«Хозяйственный расчет и его совершенствование в условиях развитого социализма». Коллективная монография. Под ред.

Н. М. Кириенко и Н. Д. Миронова. Киев, 1980 г., 264 стр.

А. Г. ХУДОКОРМОВ, Критика ревизионистских теорий капитализма. Экономический аспект. Издательство «Мысль», 1980 г., 223 стр.

«60 лет ленинского плана ГОЭЛРО». Сборник статей. Под общей ред. П. С. Непорожнего. Издательство «Энергия», 1980 г., 407 стр.

В. ШИМАНСКИЙ, Я. ОРЛОВ, Торговля и благо народа. 2-е издание, дополненное. Политиздат, 1980 г., 272 стр.

С. И. ШКУРКО, Передовой опыт хозяйствования и соревнование. Профиздат, 1980 г., 176 стр.

«ЭВМ в управлении соревнованием». Издательство «Экономика», 1980 г., 111 стр.

С. ЭЙЛОН, Б. ГОЛД, Ю. СЕЗАН, Система показателей эффективности производства. Прикладной анализ. Перевод с английского. Предисловие и научная редакция Ю. Я. Ольсевича. Издательство «Экономика», 1980 г., 191 стр.

«Экономика непроизводственной сферы». Учебное пособие для вузов. Под ред. М. В. Солодкова. Издательство Московского университета, 1980 г., 284 стр.

«Экономические проблемы ускорения научно-технического прогресса». Коллективная монография. Под ред. К. И. Таксира. Издательство «Высшая школа», 1980 г., 254 стр.

Р. ЭСПЕНХАЙН, Критика буржуазных и ревизионистских концепций социализма. Сокращенный перевод с немецкого. Издательство «Мысль», 1980 г., 173 стр.

«Эффективность территориальной организации промышленного производства в Казахстане». Отв. ред. М. Г. Исаева и А. И. Чекерес. Алма-Ата, 1980 г., 191 стр.

НАУЧНАЯ ЖИЗНЬ

РАЗВИТИЕ АГРОПРОМЫШЛЕННОЙ ИНТЕГРАЦИИ И СОВЕРШЕНСТВОВАНИЕ СОЦИАЛИСТИЧЕСКИХ ПРОИЗВОДСТВЕННЫХ ОТНОШЕНИЙ

В конце октября 1980 г. в Баку проходила научная конференция «Развитие агропромышленной интеграции и совершенствование социалистических производственных отношений», организованная Институтом экономики АН Азерб. ССР, Министерством сельского хозяйства Азерб. ССР, Государственным комитетом Азерб. ССР по виноградарству и виноделию и объединением «Азплодоовощпром». В работе конференции приняли участие более 200 человек, представлявших научно-исследовательские экономические институты АН СССР и академий наук союзных республик, высшие учебные заведения и др.

Конференцию открыл президент АН Азерб. ССР, акад. АН Азерб. ССР, член-корр. АН СССР Г. Абдуллаев. В докладах на пленарном заседании (министра сельского хозяйства Азерб. ССР М. Аскерова, председателя Госкомитета Азерб. ССР по виноградарству и виноделию Ю. Рзаева, председателя объединения «Азплодоовощпром» И. Шамиева) были проанализированы успехи, достигнутые трудящимися Азербайджана в годы девятой и десятой пятилеток, определены конкретные задачи в области дальнейшего развития специализации и концентрации сельскохозяйственного производства на перспективу. В своем докладе член-корр. АН Азерб. ССР А. Махмудов (ИЭ АН Азерб. ССР), отметив высокую эффективность развития межхозяйственных и агропромышленных формирований в Азербайджане, обратил внимание на недостаточную разработанность многих методологических и региональных проблем этого процесса.

На конференции обсуждались три группы вопросов: методологические и региональные проблемы агропромышленной интеграции, особенности формирования и эффективного функционирования межхозяйственных и агропромышленных формирований различного уровня, разработка критериев и показателей, характеризующих их развитие;

— взаимосвязь и взаимозависимость интеграционных процессов и совершенствования социалистических производственных отношений;

— повышение роли межхозяйственной кооперации и агропромышленной интеграции в социальном развитии села, преодолении существенных различий между городом и деревней.

При обсуждении методологических и методических вопросов эффективности общественного производства, особенностей определения ее в условиях агропромышленной интеграции акад. АН БССР Ф. Мартинкевич (ИЭ АН БССР) отметил, что на уровне объединения экономическая эффективность включает социально-экономическую и хозрасчетную эффективность. Социально-экономическая эффективность выражает меру реализации прав по решению социально-экономических задач, предоставленных обществом объединению.

Механизм действия и использования экономических законов в условиях агропромышленных формирований был рассмотрен в докладе д. э. н. М. Аллахвердиева (ИЭ Азерб. ССР).

В условиях агропромышленной интеграции, отмечалось в докладе к. э. н. П. Рукосуева (ИЭ АН СССР), в качестве критерия эффекта целесообразно применять категорию чистого дохода, в котором воплощено единство экономических интересов различных подразделений и звеньев агропромышленных формирований.

В докладах к. э. н. Н. Корызно, к. э. н. В. Большаковой (ИЭ АН БССР), к. э. н. Г. Бадалова, к. э. н. Д. Касумовой (ИЭ АН Азерб. ССР) обосновывалась необходимость дальнейшего совершенствования показателей эффективности, разработки интегрального показателя, учитывающего особенности межхозяйственной кооперации и агропромышленной интеграции.

В докладе д. э. н. А. Алескерова (ИЭ АН Азерб. ССР) были раскрыты предпосылки формирования виноградарско-винодельческого комплекса, его отраслевая структура, межотраслевые связи. Целесообразно создать в Азербайджане отрасли промышленности, непосредственно связанные как с процессом возделывания виноградников, так и переработкой продукции по принципу безотходного производства; решить вопросы рационального использования земельных ресурсов, новых перспективных водных источников, строительства промышленных объектов по производству минеральных удобрений и др.

Эффективность функционирования районных производственных объединений и АПК союзной республики обусловлена сбалансированным развитием всех сфер и звеньев АПК, и прежде всего дальнейшей индустриализацией сельского хозяйства. Для этого, по мнению члена-корр. АН ЭССР М. Бронштейна, необходимо разработать поэтапную тактику перевода сельского хозяйства на индустриальную основу, комплекс организационных и социально-экономических мероприятий по ее реализации.

Экономические отношения участников кооперации нуждаются в совершенствовании с целью усиления материальной заинтересованности хозяйств. Дело в том, что часть прибыли межхозяйственных предприятий и объединений направляется в их централизованный фонд (который постоянно растет), а доля прибыли, распределяемая между хозяйствами-участниками относительно снижается. По мнению к. э. н. П. Гусева (ИЭ АН СССР), совершенствованию экономических взаимоотношений участников кооперации будут способствовать: широкое использование расчетных цен, базирующихся на общественно необходимых затратах труда, на продукцию внутрихозяйственного оборота; введение платности за паевые фонды для межхозяйственных предприятий и объединений — участников кооперации; распределение части прибыли с учетом конечных результатов работы и фактического участия партнеров в совместном производстве.

Ряд выступлений на конференции был посвящен вопросам совершенствования хозяйственного механизма в условиях агропромышленной интеграции (Г. Халилов, С. Мустафаева и др.). В них содержались конкретные предложения, направленные на преодоление «параллельности» планирования в объединениях и предприятиях, совершенствование договорных отношений, повышение роли договоров контрактации как инструмента планового управления и усиления материальной заинтересованности сторон в выполнении договорных обязательств.

На конференции были заслушаны также доклады по социально-экономическим проблемам развития агропромышленной интеграции, вопросам раскрытия диалектической взаимосвязи и взаимозависимости развития интеграционных процессов и совершенствования социально-экономических отношений (к. э. н. Г. Касумов — ИЭ АН Азерб. ССР), возрастания роли межхозяйственных и агропромышленных формирований в подъеме сельского хозяйства (д. э. н. Н. Манасерян — ИЭ АН Арм. ССР) и социальном развитии села (к. э. н. Н. Гасанова — ИЭ АН Азерб. ССР).

В рекомендациях конференции отмечалось, что необходимы дальнейшее углубление исследований методологических и региональных проблем агропромышленной интеграции; разработка и осуществление комплексных мероприятий по эффективному функционированию межхозяйственных и агропромышленных формирований; обеспечение органического слияния сельскохозяйственного и промышленного производства, сбалансированного развития всех звеньев и подразделений объединений, увязки их экономических интересов и др.

И. Васильев, Г. Касумов
Баку

ПЛАНИРОВАНИЕ И ПРОГНОЗИРОВАНИЕ СОЦИАЛЬНО-ЭКОНОМИЧЕСКОГО РАЗВИТИЯ РЕГИОНОВ, ОТРАСЛЕЙ И ПРЕДПРИЯТИЙ

В конце октября 1980 г. в Бресте проходила конференция «Комплексное планирование и прогнозирование социально-экономического развития регионов, отраслей, предприятий», организованная БелНИИНТИ Госплана БССР и другими научными организациями республики, Ленинградским финансово-экономическим институтом (ЛФЭИ).

Конференция обобщила опыт решения вопросов сочетания долгосрочных, среднесрочных и текущих народнохозяйственных планов, достижения единства отраслевых и территориальных их аспектов, повышения роли регионального планирования и управления, комплексной разработки экономических и социальных проблем территориального развития. Особое внимание было уделено экономическим проблемам управления и планирования, которые были выдвинуты в постановлении ЦК КПСС и СМ СССР (июль 1979 г.) и на октябрьском (1980 г.) Пленуме ЦК КПСС.

О развитии программно-целевого метода в системе социально-экономического планирования говорил к. э. н. М. Климов (Госплан СССР). Он осветил методологические аспекты, вопросы организации разработки целевых комплексных программ, направления практических работ, проводимых с целью широкого применения данного метода в народнохозяйственном планировании.

Проблема взаимосвязи производства и потребления рассматривалась в докладе д. э. н. В. Минеева (ЛФЭИ), при этом особое внимание было уделено планированию агропромышленного комплекса. С созданием агропромышленных объединений, охватывающих весь цикл воспроизводства (начиная с производства сырья и его переработки и кончая транспортировкой и реализацией готовой продукции), упрочатся взаимосвязи производства и потребления, упростится путь продукции непосредственно к потребителю.

Вопросам капиталоемкости продукции было посвящено выступление д. э. н. В. Ланцова (ЛФЭИ). На ее уровень сегодня наибольшее влияние оказывают два фактора: изменение сметной стоимости единицы производственной мощности и степень концентрации капитальных вложений во времени. Было предложено определять величину сводного норматива удельных капитальных вложений на единицу прироста продукции на пятилетний плановый период с учетом распределения капитальных вложений в соответствии с нормативными сроками строительства предприятий.

Повышение роли регионального планирования и управления, вопросы комплексного экономического и социального развития территорий, рационального размещения производительных сил, достижения единства отраслевых и территориальных аспектов планирования освещались в докладе к. э. н. В. Медведева (БелНИИНТИ Госплана БССР). Рассматривая комплексное развитие народного хозяйства союзной республики как часть единого народнохозяйственного комплекса страны, докладчик отметил, что структура планирования и управления социально-экономическим развитием республики должна быть приведена в соответствие со структурой органов государственного и партийного руководства и построена по производственно-территориальному принципу.

При разработке региональной комплексной программы научно-технического прогресса, по мнению д. э. н. В. Войтоловского (ЛФЭИ), следует отражать региональные особенности единой научно-технической политики, разрабатывать целевую программу развития научного потенциала региона.

Совершенствование системы управления регионом возможно на базе уточнения содержания и методики исчисления основных показателей функционирования производства региона. Д. э. н. Л. Чистов (Ленинградский инженерно-экономический институт) считает, что обобщающим показателем является региональная эффективность производства, и предлагает исчислять его путем деления локального экономического результата производства (экономического эффекта) на величину производственных ресурсов, которыми регион располагает. Данный показатель явится важнейшей характеристикой интенсивности функционирования производственных ресурсов регионов.

Вопросы обеспечения материально-вещественной и финансово-стоимостной сбалансированности в региональных моделях рассмотрели в своих сообщениях к. э. н. М. Белькиндас (Вильнюсский государственный университет) и В. Навицкас (ИЭ АН Лит. ССР). Предложено для разработки планов народного хозяйства региона использовать модифицированные модели межотраслевого баланса, а также модели сводного материально-финансового баланса, в которых процесс воспроизводства отражается в единстве.

В докладах конференции рассмотрена и проблема больших городов: д. э. н. И. Сыроежин (ЛФЭИ) изложил ход разработки и реализации целевой программы совершенствования комплексного и социального планирования крупного города на примере Ленинграда; член-корр. АН БССР Е. Бабосов (Институт философии и права АН БССР) остановился на методологических аспектах совершенствования комплексного планирования экономического и социального развития крупных городов как составной части территориального планирования.

Вопросам развития территориально-производственных комплексов, являющихся прогрессивной формой территориальной организации общественного производства, были посвящены выступления к. э. н. В. Шимова и к. э. н. Я. Александровича (НИИЭМП при Госплане БССР).

На октябрьском (1980 г.) Пленуме ЦК КПСС было подчеркнуто значение развития инициативы на местах для нормального функционирования экономики. В выступлениях председателей Витебской и Могилевской областных плановых комиссий И. Москалева и М. Жбанкова обосновывались предложения по совершенствованию организационной структуры управления.

Значительное внимание на конференции было уделено также вопросам социально-экономического планирования, прогнозу занятости населения, развитию туризма, региональному планированию профессионально-технического образования и решению воспитательных задач в трудовом коллективе.

На конференции были приняты рекомендации, направленные на внедрение в практику планирования программно-целевого метода, на дальнейшее изучение экономики развития региональных комплексов, на максимальное использование достижений научно-технического прогресса как важнейшего фактора роста экономики и повышения эффективности производства, на реализацию всех региональных особенностей республик, отраслей, предприятий.

Л. Барабанова, Н. Цветкова

СОЦИАЛИСТИЧЕСКАЯ ИНТЕГРАЦИЯ В ОБЛАСТИ ПОДГОТОВКИ И ПОВЫШЕНИЯ КВАЛИФИКАЦИИ НАУЧНЫХ КАДРОВ И СПЕЦИАЛИСТОВ

С 1973 г. в рамках Комитета СЭВ по научно-техническому сотрудничеству действует Постоянная рабочая группа по сотрудничеству в области подготовки и повышения квалификации кадров, основной задачей которой является разработка методик, рекомендаций, нормативов и прогнозов по различным аспектам кадровой политики стран — членов СЭВ. В состав группы входят представители НРБ, ВНР, ГДР, Республики Куба, МНР, ПНР, СРР, СССР и ЧССР. С момента образования Постоянная рабочая группа провела 12 заседаний. Был разработан ряд документов: номенклатура специальностей научных работников стран — членов СЭВ; справочник по вопросам подготовки и повышения квалификации научных кадров в странах — членах СЭВ; временная методика составления пятилетнего плана подготовки и повышения квалификации научных кадров в странах — членах СЭВ; общие положения обмена научно-исследовательским и научно-педагогическим персоналом между заинтересованными странами — членами СЭВ и др. По результатам научных исследований были опубликованы 8 монографий, 22 научные статьи по важнейшим проблемам кадровой политики.

Очередное (13-е) заседание Постоянной рабочей группы состоялось в конце октября 1980 г. в Ереване под председательством С. Обста (ЧССР).

С докладом о результатах сотрудничества стран — членов СЭВ по вопросам аттестации научных и научно-педагогических кадров высшей квалификации выступил председатель Высшей аттестационной комиссии при Совете Министров СССР проф. В. Кириллов-Угрюмов. В докладе отмечалось, что социалистическая интеграция в области аттестации научных кадров высшей квалификации — пример развития социалистического интернационализма. Это положение подтверждается цифрами: в 1975—1979 гг. в СССР получили ученые степени докторов и кандидатов наук 2175 человек из стран — членов СЭВ, а 62 гражданам СССР в 1978—1979 гг. были присуждены ученые степени в странах — членах СЭВ. Важной задачей является выработка единой номенклатуры специальностей научных работников в странах — членах СЭВ с учетом перечня специальностей научных работников ЮНЕСКО, что позволит создать банк данных о научных кадрах в странах — членах СЭВ. По мнению докладчика, необходимо также провести экспертизу диссертаций в странах — членах СЭВ, установить их связь с долгосрочными целевыми программами сотрудничества (ДЦПС) и ориентировать подготовку научных кадров высшей квалификации с учетом ДЦПС.

На основе доклада и его обсуждения были намечены пути дальнейшего расширения и углубления сотрудничества стран — членов СЭВ в области подготовки научных кадров и их аттестации. Принято решение создать временную рабочую группу экспертов заинтересованных стран — членов СЭВ в области аттестации научных и научно-педагогических кадров высшей квалификации. Предложено также просить Международный центр научной и технической информации оказать содействие в подготовке и выпуске периодических информаций по проблемам аттестации научных кадров в странах — членах СЭВ.

С информацией об организации и контроле за работой курсов и семинаров по повышению квалификации выпускников вузов в странах — членах СЭВ из числа граждан других стран — членов СЭВ, подготовленной на основе материалов НРБ, ВНР, ГДР и СССР, выступил представитель Секретариата СЭВ В. Андриешин.

Повестка дня заседания включала и другие научные и организационные вопросы: результаты разработки по теме «Методы определения потребности и прогнозирования структуры и динамики научных и научно-педагогических кадров», подготовка международных семинаров и т. д. Были одобрены мероприятия по сотрудничеству на 1981—1983 гг. Постоянной рабочей группы и комиссии НТО социалистических стран по координации в области подготовки и повышения квалификации специалистов, план работы по этим вопросам на 1981—1982 гг.

В. Соколов

ВСЕСОЮЗНАЯ ШКОЛА МОЛОДЫХ УЧЕНЫХ В ТБИЛИСИ

В ноябре 1980 г. в Тбилиси работала Всесоюзная школа молодых ученых по истории политической экономии на тему «В. И. Ленин и развитие политической экономии социализма». Школа была организована по инициативе отделов научной молодежи ЦК ВЛКСМ и ЦК ЛКСМ Грузинской ССР; организаторы — Институт экономики АН СССР и Институт экономики и права АН ГССР.

Слушателями школы были молодые ученые из 10 союзных республик — работники институтов экономики Академии наук СССР и академий наук союзных республик. преподаватели кафедр политической экономии 25 государственных университетов, преподаватели кафедр политической экономии 17 крупнейших экономических вузов страны.

Лекторами школы были ведущие научные работники Института экономики АН СССР, представители Института экономики и права АН ГССР, МГУ имени М. В. Ломоносова. В работе школы приняли участие зам. зав. отделом научной молодежи ЦК ВЛКСМ Н. Слепцов, секретарь ЦК ЛКСМ Грузии М. Циклаури. На открытии школы с приветственным словом выступил Президент АН Грузинской ССР, акад. АН ГССР, член-корр. АН СССР Е. Харадзе.

Организаторы школы поставили перед собой следующие задачи: ознакомить молодых ученых-экономистов с основными результатами и направлениями научных исследований в области политической экономии социализма, осуществляемыми в последнее время (при этом основное внимание уделялось использованию ленинского теоретического наследия в решении актуальных вопросов политической экономии социализма); дать возможность научной молодежи установить непосредственный контакт с ведущими учеными-экономистами; рассказать о научных исследованиях, в которых они участвуют. Характер поставленных задач определил порядок работы школы: лекционные занятия сочетались с обсуждениями за Круглым столом, беседами по группам интересов, дискуссиями. Занятия проходили по проблемным секциям: В. И. Ленин и политическая экономия социализма; ленинские идеи о цели социалистического производства, об основном экономическом законе социализма; социалистический механизм хозяйствования и пути его совершенствования; В. И. Ленин о взаимодействии экономических и юридических отношений, об экономической роли социалистического государства, хозяйственном расчете, организации социалистического соревнования; ленинское учение о характере общественного труда при социализме и о производительности труда; В. И. Ленин о закономерностях расширенного социалистического воспроизводства, о создании материально-технической базы коммунизма и о научно-техническом прогрессе; роль ленинского теоретического наследия в разработке вопросов экономической истории СССР; В. И. Ленин — критик антинаучных концепций социализма.

В школе была организована также встреча представителей советов молодых ученых научно-исследовательских институтов и вузов.

А. Глушецкий

РАБОЧЕЕ И СВОБОДНОЕ ВРЕМЯ НА ЭТАПЕ РАЗВИТОГО СОЦИАЛИЗМА

Состоявшееся в 1980 г. в Институте экономики АН СССР заседание секции «Закономерности перерастания социалистического труда в коммунистический» Научного совета АН СССР «Экономические закономерности развития социализма и его перерастания в коммунизм» было посвящено обсуждению доклада к. э. н. А. Максимова (ИЭ АН СССР) «Рабочее и свободное время на этапе развитого социалистического общества».

В докладе рассматривались сущность свободного времени как экономической категории, вопросы взаимосвязи рабочего и свободного времени на различных этапах развития социалистической экономики. Подчеркивалась необходимость разграничения механизма действия закона экономии времени и закона повышения производительности труда, отмечалась неправомерность отнесения затрат труда колхозников, рабочих и служащих в личном подсобном хозяйстве к «внерабочему» времени; была приведена структура совокупного фонда общественного времени; сформулирован ряд предложений, направленных на более рациональное использование рабочего и свободного времени.

В ходе обсуждения доклада участники заседания, в целом присоединившись к основным положениям доклада, высказали ряд точек зрения на категории рабочего, свободного и внерабочего времени и пути его рационального использования.

Ж. Благодетелева

ЮБИЛЕЙ УЧЕНОГО

4 февраля 1981 г. в Академии общественных наук при ЦК КПСС состоялось чествование члена-корр. АН СССР Генриха Абрамовича Козлова в связи с его 80-летием. Выступившие на заседании ректор АОН при ЦК КПСС д. э. н. В. Медведев, ректор московской Высшей партийной школы проф. В. Манцев, академик-секретарь Отделения экономики АН СССР акад. Н. Федоренко, акад. Т. Хачатуров и другие отмечали большие заслуги юбиляра в разработке актуальных проблем политической экономии, в научно-организаторской, педагогической и пропагандистской деятельности.

Г. А. Козлов — коммунист с 60-летним стажем. Его общественно-политическая деятельность началась в 1916 г. Он участвовал в борьбе за установление Советской власти в Литве, избирался членом ЦК и секретарем ЦК комсомола Белоруссии. В течение ряда лет работал в Госплане СССР, Госбанке (членом правления), партийном аппарате.

Более 50 лет юбиляр ведет научно-педагогическую работу, из них 40 лет занимается подготовкой партийных кадров в ВПШ при ЦК КПСС и затем — в АОН при ЦК КПСС. Свыше 30 лет руководил кафедрой политической экономии ВПШ при ЦК КПСС. Под его руководством разработана программа учебного курса политической экономии, изданы систематизированный курс лекций «Политическая экономия» (в четырех томах), учебное пособие по политической экономии для университетов марксизма-ленинизма и других звеньев системы партийной учебы (в двух томах). Курс лекций был выпущен в ГДР, а учебное пособие — в ЧССР, ряде союзных республик СССР, оно переведено на английский, французский и испанский языки. Большая редакторская и авторская работа была проделана по выпуску в свет двухтомного учебника «Политическая экономия» для экономических вузов и факультетов и однотомного — для неэкономических вузов.

Много времени уделяет юбиляр подготовке и воспитанию научных кадров. Он является председателем специализированного Совета по экономическим проблемам в АОН при ЦК КПСС. Под его научным руководством более 60 аспирантов подготовили и успешно защитили диссертации. Его лекции — пример творческой разработки положений марксизма-ленинизма — пользуются большой популярностью среди слушателей и аспирантов Академии, Института повышения квалификации АОН при ЦК КПСС.

Г. А. Козлов внес значительный вклад в исследование актуальных проблем политической экономии социализма и капитализма. Им написано и опубликовано свыше 190 научных работ (в том числе 10 монографий) общим объемом более 380 печатных листов, не считая многочисленных выступлений в газетах и общественно-политических журналах.

Существенный вклад внес ученый в исследование процесса создания и развития политэкономии социализма, роли В. И. Ленина в этом процессе, значения ленинского учения для современной теории и практики коммунистического строительства.

Большую работу Г. А. Козлов ведет в журнале «Вопросы экономики», членом редколлегии и редактором отдела политэкономии которого является много лет.

Своим трудолюбием, партийной принципиальностью, внимательным отношением к людям Г. А. Козлов завоевал глубокое уважение и авторитет среди экономической общественности. Его многолетняя и безупречная работа получила высокую оценку. Он награжден орденом Октябрьской Революции (за заслуги в развитии экономической науки, подготовке партийных и государственных кадров и в связи с 80-летием со дня рождения), орденом Дружбы народов, тремя орденами Трудового Красного Знамени, тремя орденами «Знак Почета», многими медалями.

АВТОРЫ СТАТЕЙ

БЕЛОУСОВ **Рэм Александрович**	— доктор экономических наук, профессор, руководитель кафедры управления социально-экономическими процессами АОН при ЦК КПСС
ЛУКИНОВ **Иван Илларионович**	— академик АН УССР, директор института экономики АН УССР
ХАВИНА **Сева Абрамовна**	— доктор экономических наук, старший научный сотрудник ИЭ АН СССР
БЕСЧИНСКИЙ **Анатолий Аркадьевич**	— доктор экономических наук, заведующий сектором Постоянно действующей комиссии АН СССР по долгосрочному прогнозированию развития энергетики
КОГАН **Юрий Мордхаевич**	— доктор экономических наук, зав. лабораторией Государственного научно-исследовательского энергетического института имени Г. М. Кржижановского
ГЛАГОЛЕВА **Галина Михайловна**	— кандидат экономических наук, старший научный сотрудник ИЭ АН СССР
ШАПИРО **Евгений Абрамович**	— кандидат экономических наук, старший научный сотрудник ЦНИОэкономики ВНИПИнефть
САВРАНСКАЯ **Людмила Леонидовна**	— зав. лабораторией ЦНИОэкономики ВНИПИнефть
АФАНАСЬЕВСКИЙ **Евгений Александрович**	— кандидат географических наук, заведующий сектором СОПСа при Госплане СССР
КОЧКАРЕВ **Виктор Васильевич**	— кандидат экономических наук, начальник управления Госбанка СССР
УЛТАНБАЕВ **Рафаэль Рафильбекович**	— кандидат экономических наук
СЕДОВ **Павел Леонидович**	— кандидат экономических наук
ЕВСТИГНЕЕВ **Рубен Николаевич**	— доктор экономических наук, профессор, зав. отделом ИЭМСС АН СССР

Адрес редакции: 121019. Москва. Г-19, Волхонка, 14. Тел. 203-96-71. Год издания 54-й.

Сдано в набор 06.03.81. Подписано к печати 02.04.81. А 02540. Формат 70×108[1]/[16]. Высокая печать. Усл. печ. л. 14. Учетно-изд. л. 15,97. Усл. кр-отт. 14,17. Тираж 53 000 экз. Изд. № 1027. Заказ № 339.

Ордена Ленина и ордена Октябрьской Революции типография газеты «Правда» имени В. И. Ленина. 125865, ГСП, Москва. А-137, ул. «Правды», 24.

Цена 50 коп.

ГОССТРАХ

ВЛАДЕЛЬЦАМ ТРАНСПОРТНЫХ СРЕДСТВ ПРЕДЛАГАЕТ СВОИ УСЛУГИ ГОССТРАХ

Возмещение ущерба при повреждении или гибели средств транспорта в результате аварий, различных стихийных бедствий, а также при их похищении (угоне) обеспечивает договор страхования.

Автомашины, мотоциклы, мотороллеры, мопеды, моторные, парусные, гребные лодки, катера и другие суда, находящиеся в личной собственности граждан, можно застраховать на год или более короткий период.

Плата за страхование устанавливается в зависимости от вида транспорта и размера страховой суммы и вносится при заключении договора. Если годовой платеж превышает 30 рублей, то уплатить его можно за два раза: половину суммы — при заключении договора, оставшуюся часть в течение 4-х месяцев после вступления договора в силу. Лицам, страховавшим средства транспорта более 2-х лет без перерыва и не допустившим за это время по своей вине аварии, предоставляется скидка в размере 10%, а более 3-х лет — в размере 15%.

Ознакомиться с условиями страхования и оформить договор можно у страхового агента или в инспекции Госстраха.

Госстрах РСФСР

«Вопросы экономики», 1981, № 4, 1—160.

www.ingramcontent.com/pod-product-compliance
Lightning Source LLC
LaVergne TN
LVHW080756300926
849162LV00008BA/1824